国际税收政策实用手册

《国际税收政策实用手册》编写组　编

中国税务出版社

图书在版编目（CIP）数据

国际税收政策实用手册／《国际税收政策实用手册》编写组编．--北京：中国税务出版社，2024.6

ISBN 978－7－5678－1506－3

Ⅰ．①国…　Ⅱ．①国…　Ⅲ．①国际税收－手册　Ⅳ．①F810.42－62

中国国家版本馆 CIP 数据核字（2024）第 102989 号

书　　名：国际税收政策实用手册
　　　　　GUOJI SHUISHOU ZHENGCE SHIYONG SHOUCE
作　　者：《国际税收政策实用手册》编写组　编
责任编辑：庞　博　张大卫
责任校对：姚浩晴
技术设计：林立志
出版发行：中国税务出版社
　　　　　北京市丰台区广安路 9 号国投财富广场 1 号楼 11 层
　　　　　邮政编码：100055
　　　　　网址：https：//www.taxation.cn
　　　　　投稿：https：//www.taxation.cn/qt/zztg
　　　　　发行中心电话：（010）83362083/85/86
　　　　　传真：（010）83362047/49
经　　销：各地新华书店
印　　刷：北京天宇星印刷厂
规　　格：787 毫米 × 1092 毫米　1/16
印　　张：21.75
字　　数：320000 字
版　　次：2024 年 6 月第 1 版　2024 年 6 月第 1 次印刷
书　　号：ISBN 978－7－5678－1506－3
定　　价：68.00 元

《国际税收政策实用手册》
编写组

主　　编： 孟　军

副 主 编： 郑力坚　黄碧波

编写人员： 沈　洁　王亚红　朱丹颖　宓金晶

编者说明

为帮助广大纳税人全面、准确地掌握国际税收政策，快速提升业务实操能力，满足国际税收岗位税务干部学习和培训需要，国家税务总局浙江省税务局精心组织编写了《国际税收政策实用手册》。

本手册汇编了截至2024年5月底发布的与国际税收相关的法律、法规、规章、规范性文件。在内容编排上，我们按照国际税收业务场景，对政策原文进行细分，对各类业务的基本规定、税法定义、征管要求、税务处理等进行逐条展示。为便于读者清晰、系统地掌握政策要求、内在逻辑和操作要领，我们对部分内容重新编制了序号，并对个别条文的表述作了补充和调整。读者在具体执行时，请以正式文件和最新规定为准。

国际税收政策涉及年限较长，条文较多，囿于时间和水平，手册不当或疏漏之处，敬请读者批评指正。

编　者

2024年5月

目　录

第二章　税收协定

第一章 非居民企业所得税

非居民是相对于居民而言的。在我国，这两个税法意义上的概念源于2008年1月1日起实施的《中华人民共和国企业所得税法》，该法将纳税人划分为“居民企业”和“非居民企业”，这是借鉴了国际通行的做法。

非居民既包括企业也包括个人。根据《中华人民共和国企业所得税法》的规定，与居民企业就其境内外全部所得纳税、对我国负有全面纳税义务不同，非居民企业仅就其来源于中国境内所得或者与其在中国境内设立的机构、场所有实际联系的境外所得纳税，对我国仅负有有限的纳税义务。

本章根据《中华人民共和国企业所得税法》及其实施条例、《中华人民共和国税收征收管理法》及其实施细则、我国政府与有关国家（地区）政府签署的避免双重征税协定（安排），以及财政部、国家税务总局等部门制定的相关文件加以归类编辑，以帮助纳税人、扣缴义务人依法履行纳税义务，协助税务人员准确理解和把握非居民税收政策要求，有效防范税收风险。

第一节　基本规定

一、定义

1. 居民企业

居民企业是指依法在中国境内成立，或者依照外国（地区）法律成立但实际管理机构在中国境内的企业。

摘自2018年12月29日《中华人民共和国企业所得税法》（中华人民共和国主席令第23号）第二条

依法在中国境内成立的企业，包括依照中国法律、行政法规在中国境内成立的企业、事业单位、社会团体以及其他取得收入的组织。

摘自2019年4月23日《中华人民共和国企业所得税法实施条例》（中华人民共和国国务院令第714号）第三条

2. 非居民企业

非居民企业是指依照外国（地区）法律成立且实际管理机构不在中国境内，但在中国境内设立机构、场所的，或者在中国境内未设立机构、场所，但有来源于中国境内所得的企业。

摘自2018年12月29日《中华人民共和国企业所得税法》（中华人民共和国主席令第23号）第二条

依照外国（地区）法律成立的企业，包括依照外国（地区）法律成立的企业和其他取得收入的组织。

摘自2019年4月23日《中华人民共和国企业所得税法实施条例》（中华人民共和国国务院令第714号）第三条

3. 实际管理机构

企业所得税法第二条所称实际管理机构，是指对企业的生产经营、人员、账务、财产等实施实质性全面管理和控制的机构。

摘自 2019 年 4 月 23 日《中华人民共和国企业所得税法实施条例》（中华人民共和国国务院令第 714 号）第四条

二、所得来源地规则

来源于中国境内、境外的所得，按照以下原则确定：

1. 销售货物所得，按照交易活动发生地确定；

2. 提供劳务所得，按照劳务发生地确定；

3. 转让财产所得，不动产转让所得按照不动产所在地确定，动产转让所得按照转让动产的企业或者机构、场所所在地确定，权益性投资资产转让所得按照被投资企业所在地确定；

4. 股息、红利等权益性投资所得，按照分配所得的企业所在地确定；

5. 利息所得、租金所得、特许权使用费所得，按照负担、支付所得的企业或者机构、场所所在地确定，或者按照负担、支付所得的个人的住所地确定；

6. 其他所得，由国务院财政、税务主管部门确定。

摘自 2019 年 4 月 23 日《中华人民共和国企业所得税法实施条例》（中华人民共和国国务院令第 714 号）第七条

三、国内法与税收协定的适用原则

中华人民共和国政府同外国政府订立的有关税收的协定与本法有不同规定的，依照协定的规定办理。

摘自 2018 年 12 月 29 日《中华人民共和国企业所得税法》（中华人民共和国主席令第 23 号）第五十八条

第二节　设立机构、场所的非居民企业

一、基本规定

1. 机构、场所的含义

企业所得税法第二条第三款所称机构、场所，是指在中国境内从事生产经营活动的机构、场所，包括：

（1）管理机构、营业机构、办事机构；

（2）工厂、农场、开采自然资源的场所；

（3）提供劳务的场所；

（4）从事建筑、安装、装配、修理、勘探等工程作业的场所；

（5）其他从事生产经营活动的机构、场所。

摘自2019年4月23日《中华人民共和国企业所得税法实施条例》（中华人民共和国国务院令第714号）第五条

2. 营业代理人视为机构、场所

非居民企业委托营业代理人在中国境内从事生产经营活动的，包括委托单位或者个人经常代其签订合同，或者储存、交付货物等，该营业代理人视为非居民企业在中国境内设立的机构、场所。

摘自2019年4月23日《中华人民共和国企业所得税法实施条例》（中华人民共和国国务院令第714号）第五条

3. 不动产管理视为机构、场所

非居民企业出租位于中国境内的房屋、建筑物等不动产，对未在中国境内设立机构、场所进行日常管理的，以其取得的租金收入全额计算缴纳企业所得税，由中国境内的承租人在每次支付或到期应支付时代扣代缴。

如果非居民企业委派人员在中国境内或者委托中国境内其他单位或个人对上述不动产进行日常管理的，应视为其在中国境内设立机构、场所，非居民企业应在税法规定的期限内自行申报缴纳企业所得税。

摘自2011年3月28日《国家税务总局关于非居民企业所得税管理若干问题的公告》（国家税务总局公告2011年第24号）

4. 派遣人员视为机构、场所

非居民企业（以下统称“派遣企业”）派遣人员在中国境内提供劳务，如果派遣企业对被派遣人员工作结果承担部分或全部责任和风险，通常考核评估被派遣人员的工作业绩，应视为派遣企业在中国境内设立机构、场所提供劳务；如果派遣企业属于税收协定缔约对方企业，且提供劳务的机构、场所具有相对的固定性和持久性，该机构、场所构成在中国境内设立的常设机构。

摘自2013年4月19日《国家税务总局关于非居民企业派遣人员在中国境内提供劳务征收企业所得税有关问题的公告》（国家税务总局公告2013年第19号）

5. 纳税义务

非居民企业在中国境内设立机构、场所的，应当就其所设机构、场所取得的来源于中国境内的所得，以及发生在中国境外但与其所设机构、场所有实际联系的所得，缴纳企业所得税。

摘自2018年12月29日《中华人民共和国企业所得税法》（中华人民共和国主席令第23号）第三条

6. 实际联系的含义

企业所得税法第三条所称实际联系，是指非居民企业在中国境内设立的机构、场所拥有据以取得所得的股权、债权，以及拥有、管理、控制据以取得所得的财产等。

摘自2019年4月23日《中华人民共和国企业所得税法实施条例》（中华人民共和国国务院令第714号）第八条

7. 应纳税所得额的确定

企业每一纳税年度的收入总额，减除不征税收入、免税收入、各项扣除以及允许弥补的以前年度亏损后的余额，为应纳税所得额。

摘自2018年12月29日《中华人民共和国企业所得税法》（中华人民共和国主席令第23号）第五条

8. 准予扣除的境外费用

非居民企业在中国境内设立的机构、场所，就其中国境外总机构发生的与该机构、场所生产经营有关的费用，能够提供总机构出具的费用汇集范围、定额、分配依据和方法等证明文件，并合理分摊的，准予扣除。

摘自2019年4月23日《中华人民共和国企业所得税法实施条例》（中华人民共和国国务院令第714号）第五十条

9. 企业所得税税率

企业所得税的税率为25%。

摘自2018年12月29日《中华人民共和国企业所得税法》（中华人民共和国主席令第23号）第四条

10. 应纳税额的计算

企业的应纳税所得额乘以适用税率，减除依照本法关于税收优惠的规定减免和抵免的税额后的余额，为应纳税额。

摘自2018年12月29日《中华人民共和国企业所得税法》（中华人民共和国主席令第23号）第二十二条

11. 权益性投资收益免税规定

企业的下列收入为免税收入：

在中国境内设立机构、场所的非居民企业从居民企业取得与该机构、场所有实际联系的股息、红利等权益性投资收益。

摘自2018年12月29日《中华人民共和国企业所得税法》（中华人民共和国主席令第23号）第二十六条第（三）项

企业所得税法第二十六条第（二）项和第（三）项所称股息、红利等权益性投资收益，不包括连续持有居民企业公开发行并上市流通的股票不足12个月取得的投资收益。

摘自2019年4月23日《中华人民共和国企业所得税法实施条例》（中华人民共和国国务院令第714号）第八十三条

12. 不享受小型微利企业的税收优惠

企业所得税法第二十八条规定的小型微利企业是指企业的全部生产经营活动产生的所得均负有我国企业所得税纳税义务的企业。因此，仅就来源于我国所得负有我国纳税义务的非居民企业，不适用该条规定的对符合条件的小型微利企业减按20%税率征收企业所得税的政策。

摘自2008年7月3日《国家税务总局关于非居民企业不享受小型微利企业所得税优惠政策问题的通知》（国税函〔2008〕650号）

13. 企业所得税纳税地点

非居民企业取得本法第三条第二款规定的所得，以机构、场所所在地为纳税地点。非居民企业在中国境内设立两个或者两个以上机构、场所，符合国务院税务主管部门规定条件的，可以选择由其主要机构、场所汇总缴纳企业所得税。

摘自2018年12月29日《中华人民共和国企业所得税法》（中华人民共和国主席令第23号）第五十一条

企业所得税法第五十一条所称主要机构、场所，应当同时符合下列条件：

（1）对其他各机构、场所的生产经营活动负有监督管理责任；

（2）设有完整的账簿、凭证，能够准确反映各机构、场所的收入、成本、费用和盈亏情况。

摘自2019年4月23日《中华人民共和国企业所得税法实施条例》（中华人民共和国国务院令第714号）第一百二十六条

14. 企业所得税纳税年度

自2008年1月1日起，外国企业一律以公历年度为纳税年度，按照《中华人民共和国企业所得税法》规定的税率计算缴纳企业所得税。

摘自2008年4月3日《国家税务总局关于外国企业所得税纳税年度有关问题的通知》（国税函〔2008〕301号）

15. 企业所得税纳税申报

企业所得税分月或者分季预缴。

企业应当自月份或者季度终了之日起十五日内，向税务机关报送预缴企业所得税纳税申报表，预缴税款。

企业应当自年度终了之日起五个月内，向税务机关报送年度企业所得税纳税申报表，并汇算清缴，结清应缴应退税款。

企业在报送企业所得税纳税申报表时，应当按照规定附送财务会计报告和其他有关资料。

摘自2018年12月29日《中华人民共和国企业所得税法》（中华人民共和国主席令第23号）第五十四条

二、外国企业常驻代表机构

1. 定义

本办法所称外国企业常驻代表机构，是指按照国务院有关规定，在工商行政管理部门登记或经有关部门批准，设立在中国境内的外国企业（包括港澳台企业）及其他组织的常驻代表机构。

摘自2010年2月20日《国家税务总局关于印发〈外国企业常驻代表机构税收管理暂行办法〉的通知》（国税发〔2010〕18号）

2. 税务登记

外国企业常驻代表机构应当自领取工商登记证件（或有关部门批准）之日起30日内，持以下资料，向其所在地主管税务机关申报办理税务登记：

（1）工商营业执照副本或主管部门批准文件的原件及复印件；

（2）组织机构代码证书副本原件及复印件；

（3）注册地址及经营地址证明（产权证、租赁协议）原件及其复印件；如为自有房产，应提供产权证或买卖契约等合法的产权证明原件及其复印件；如为租赁的场所，应提供租赁协议原件及其复印件，出租人为自然人的还应提供产权证明的原件及复印件；

（4）首席代表（负责人）护照或其他合法身份证件的原件及复印件；

（5）外国企业设立代表机构的相关决议文件及在中国境内设立的其他代表机构名单（包括名称、地址、联系方式、首席代表姓名等）；

（6）税务机关要求提供的其他资料。

代表机构税务登记内容发生变化或者驻在期届满、提前终止业务活动的，应当按照税收征管法及相关规定，向主管税务机关申报办理变更登记或者注销登记；代表机构应当在办理注销登记前，就其清算所得向主管税务机关申报并依法缴纳企业所得税。

摘自2010年2月20日《国家税务总局关于印发〈外国企业常驻代表机构税收管理暂行办法〉的通知》（国税发〔2010〕18号）

3. 核算与申报

代表机构应当按照有关法律、行政法规和国务院财政、税务主管部门的规定设置账簿，根据合法、有效凭证记账，进行核算，并应按照实际履行的功能和承担的风险相配比的原则，准确计算其应税收入和应纳税所得额，在季度终了之日起15日内向主管税务机关据实申报缴纳企业所得税，并按照《中华人民共和国增值税暂行条例》及其实施细则规定的纳税期限，向主管税务机关据实申报缴纳增值税。

摘自2010年2月20日《国家税务总局关于印发〈外国企业常驻代表机构税收管理暂行办法〉的通知》(国税发〔2010〕18号)

4. 应纳税所得额的核定

对账簿不健全，不能准确核算收入或成本费用，以及无法按照本办法第六条规定据实申报的代表机构，税务机关有权采取以下两种方式核定其应纳税所得额：

(1) 按经费支出换算收入：适用于能够准确反映经费支出但不能准确反映收入或成本费用的代表机构。计算公式：

应纳税所得额 = 本期经费支出额/(1 - 核定利润率) × 核定利润率

应纳企业所得税额 = 收入额 × 核定利润率 × 企业所得税税率

(2) 按收入总额核定应纳税所得额：适用于可以准确反映收入但不能准确反映成本费用的代表机构。计算公式：

应纳企业所得税额 = 收入总额 × 核定利润率 × 企业所得税税率

摘自2010年2月20日《国家税务总局关于印发〈外国企业常驻代表机构税收管理暂行办法〉的通知》(国税发〔2010〕18号)；根据2016年5月5日《国家税务总局关于修改按经费支出换算收入方式核定非居民企业应纳税所得额计算公式的公告》(国家税务总局公告2016年第28号)修改

5. 经费支出的范围

外国企业常驻代表机构的经费支出额包括：在中国境内、外支付给工作人员的工资薪金、奖金、津贴、福利费、物品采购费（包括汽车、办公设备等固定资产）、通讯费、差旅费、房租、设备租赁费、交通费、交际费、其他费用等。

(1) 购置固定资产所发生的支出，以及代表机构设立时或者搬迁等原因所发生的装修费支出，应在发生时一次性作为经费支出额换算收入计税。

（2）利息收入不得冲抵经费支出额；发生的交际应酬费，以实际发生数额计入经费支出额。

（3）以货币形式用于我国境内的公益、救济性质的捐赠、滞纳金、罚款，以及为其总机构垫付的不属于其自身业务活动所发生的费用，不应作为代表机构的经费支出额。

（4）其他费用包括：为总机构从中国境内购买样品所支付的样品费和运输费用；国外样品运往中国发生的中国境内的仓储费用、报关费用；总机构人员来华访问聘用翻译的费用；总机构为中国某个项目投标由代表机构支付的购买标书的费用，等等。

摘自2010年2月20日《国家税务总局关于印发〈外国企业常驻代表机构税收管理暂行办法〉的通知》（国税发〔2010〕18号）

6. 利润率的核定

代表机构的核定利润率不应低于15%。采取核定征收方式的代表机构，如能建立健全会计账簿，准确计算其应税收入和应纳税所得额，报主管税务机关备案，可调整为据实申报方式。

摘自2010年2月20日《国家税务总局关于印发〈外国企业常驻代表机构税收管理暂行办法〉的通知》（国税发〔2010〕18号）

三、非居民承包工程作业和提供劳务

1. 非居民的含义

非居民包括非居民企业和非居民个人。

摘自2009年1月20日《非居民承包工程作业和提供劳务税收管理暂行办法》（国家税务总局令第19号）

2. 非居民承包工程作业项目

非居民承包工程作业，是指在中国境内承包建筑、安装、装配、修缮、装饰、勘探及其他工程作业。

摘自2009年1月20日《非居民承包工程作业和提供劳务税收管理暂行办法》（国家税务总局令第19号）

3. 非居民提供劳务项目

非居民提供劳务是指在中国境内从事加工、修理修配、交通运输、仓储租赁、咨询经纪、设计、文化体育、技术服务、教育培训、旅游、娱乐及其他劳务活动。

摘自2009年1月20日《非居民承包工程作业和提供劳务税收管理暂行办法》（国家税务总局令第19号）

4. 非居民承包工程作业和提供劳务的税收管理

非居民在中国境内承包工程作业和提供劳务税收管理，是指对非居民增值税和企业所得税的纳税事项管理。涉及个人所得税、印花税等税收的管理，应依照有关规定执行。

摘自2009年1月20日《非居民承包工程作业和提供劳务税收管理暂行办法》（国家税务总局令第19号）

5. 税务登记

非居民企业在中国境内承包工程作业或提供劳务的，应当自项目合同或协议（以下简称合同）签订之日起30日内，向项目所在地主管税务机关办理税务登记手续。

依照法律、行政法规规定负有税款扣缴义务的境内机构和个人，应当自扣缴义务发生之日起30日内，向所在地主管税务机关办理扣缴税款登记手续。

非居民企业在中国境内承包工程作业或提供劳务的，应当在项目完工后15日内，向项目所在地主管税务机关报送项目完工证明、验收证明等相关文件复印件，并依据《税务登记管理办法》的有关规定申报办理注销税务登记。

摘自2009年1月20日《非居民承包工程作业和提供劳务税收管理暂行办法》（国家税务总局令第19号）

6. 向非居民发包工程的备案管理

境内机构和个人向非居民发包工程作业或劳务项目的，应当自项目合同签订之日起30日内，向主管税务机关报送《境内机构和个人发包工程作业或劳务项目报告表》，并附送非居民的税务登记证、合同、税务代理委托书复印件或非居民对有关事项的书面说明等资料。

境内机构和个人向非居民发包工程作业或劳务项目合同发生变更的，发包方或劳务受让方应自变更之日起 10 日内向所在地主管税务机关报送《非居民项目合同变更情况报告表》。

境内机构和个人向非居民发包工程作业或劳务项目，从境外取得的与项目款项支付有关的发票和其他付款凭证，应在自取得之日起 30 日内向所在地主管税务机关报送《非居民项目合同款项支付情况报告表》及付款凭证复印件。

境内机构和个人不向非居民支付工程价款或劳务费的，应当在项目完工开具验收证明前，向其主管税务机关报告非居民在项目所在地的项目执行进度、支付人名称及其支付款项金额、支付日期等相关情况。

境内机构和个人向非居民发包工程作业或劳务项目，与非居民的主管税务机关不一致的，应当自非居民申报期限届满之日起 15 日内向境内机构和个人的主管税务机关报送非居民申报纳税证明资料复印件。

摘自 2009 年 1 月 20 日《非居民承包工程作业和提供劳务税收管理暂行办法》（国家税务总局令第 19 号）

7. 对有疑义的境外付款凭证的税收处理

境内机构和个人从境外取得的付款凭证，主管税务机关对其真实性有疑义的，可要求其提供境外公证机构或者注册会计师的确认证明，经税务机关审核认可后，方可作为计账核算的凭证。

摘自 2009 年 1 月 20 日《非居民承包工程作业和提供劳务税收管理暂行办法》（国家税务总局令第 19 号）

8. 企业所得税纳税申报

非居民企业在中国境内承包工程作业或提供劳务项目的，企业所得税按纳税年度计算、分季预缴，年终汇算清缴，并在工程项目完工或劳务合同履行完毕后结清税款。

非居民企业进行企业所得税纳税申报时，应当如实报送纳税申报表，并附送下列资料：

（1）工程作业（劳务）决算（结算）报告或其他说明材料；

（2）参与工程作业或劳务项目外籍人员姓名、国籍、出入境时间、在华工作时间、地点、内容、报酬标准、支付方式、相关费用等情况的书面报告；

（3）财务会计报告或财务情况说明；

（4）非居民企业依据税收协定在中国境内未构成常设机构，需要享受税收协定待遇的，应提交《非居民企业承包工程作业和提供劳务享受税收协定待遇报告表》，并附送居民身份证明及税务机关要求提交的其他证明资料[①]。

非居民企业未按上述规定提交报告表及有关证明资料，或因项目执行发生变更等情形不符合享受税收协定待遇条件的，不得享受税收协定待遇，应依照企业所得税法规定缴纳税款。

摘自2009年1月20日《非居民承包工程作业和提供劳务税收管理暂行办法》（国家税务总局令第19号）

9. 指定扣缴

对非居民企业在中国境内取得工程作业和劳务所得应缴纳的所得税，税务机关可以指定工程价款或者劳务费的支付人为扣缴义务人。

摘自2018年12月29日《中华人民共和国企业所得税法》（中华人民共和国主席令第23号）第三十八条

10. 税务机关可以指定扣缴的情形

企业所得税法第三十八条规定的可以指定扣缴义务人的情形，包括：

（1）预计工程作业或者提供劳务期限不足一个纳税年度，且有证据表明不履行纳税义务的；

（2）没有办理税务登记或者临时税务登记，且未委托中国境内的代理人履行纳税义务的；

（3）未按照规定期限办理企业所得税纳税申报或者预缴申报的。

前款规定的扣缴义务人，由县级以上税务机关指定，并同时告知扣缴义务人所扣税款的计算依据、计算方法、扣缴期限和扣缴方式。

摘自2019年4月23日《中华人民共和国企业所得税法实施条例》（中华人民共和国国务院令第714号）第一百零六条

---

① 编者注：自2020年1月1日起，非居民纳税人享受协定待遇按照《国家税务总局关于发布〈非居民纳税人享受协定待遇管理办法〉的公告》（国家税务总局公告2019年第35号）执行。

11. 指定扣缴义务人

工程价款或劳务费的支付人所在地县（区）以上主管税务机关根据《境内机构和个人发包工程作业或劳务项目报告表》及非居民企业申报纳税证明资料或其他信息，确定符合企业所得税法实施条例第一百零六条所列指定扣缴的三种情形之一的，可指定工程价款或劳务费的支付人为扣缴义务人，并将《非居民企业承包工程作业和提供劳务企业所得税扣缴义务通知书》送达被指定方。

摘自2009年1月20日《非居民承包工程作业和提供劳务税收管理暂行办法》（国家税务总局令第19号）

12. 指定扣缴义务人的扣缴税款申报

扣缴义务人每次代扣的税款，应当自代扣之日起七日内缴入国库，并向所在地的税务机关报送扣缴企业所得税报告表。

摘自2018年12月29日《中华人民共和国企业所得税法》（中华人民共和国主席令第23号）第四十条

指定扣缴义务人应当在申报期限内向主管税务机关报送扣缴企业所得税报告表及其他有关资料。

摘自2009年1月20日《非居民承包工程作业和提供劳务税收管理暂行办法》（国家税务总局令第19号）

13. 税款追缴

扣缴义务人未依法履行扣缴义务或无法履行扣缴义务的，由非居民企业在项目所在地申报缴纳。主管税务机关应自确定未履行扣缴义务之日起15日内通知非居民企业在项目所在地申报纳税。

非居民企业逾期仍未缴纳税款的，项目所在地主管税务机关应自逾期之日起15日内，收集该非居民企业从中国境内取得其他收入项目的信息，包括收入类型，支付人的名称、地址，支付金额、方式和日期等，并向其他收入项目支付人发出《非居民企业欠税追缴告知书》，并依法追缴税款和滞纳金。

非居民企业有多个其他支付人的，项目所在地主管税务机关应根据信息准确性、收入金额、追缴成本等因素确定追缴顺序。其他支付人主管税务机关应当提供必要的信息，协助项目所在地主管税务机关执行追缴事宜。

欠缴税款的非居民企业法定代表人或非居民个人在出境前未按照规定结清应纳税款、滞纳金又不提供纳税担保的，税务机关可以通知出入境管理机关阻止其出境。对于非居民工程或劳务项目完毕，未按期结清税款并已离境的，主管税务机关可制作《税务事项告知书》，通过信函、电子邮件、传真等方式，告知该非居民限期履行纳税义务，同时通知境内发包方或劳务受让者协助追缴税款。

摘自2009年1月20日《非居民承包工程作业和提供劳务税收管理暂行办法》（国家税务总局令第19号）

14. 跟踪管理

主管税务机关应当按项目建档、分项管理的原则，建立非居民承包工程作业和提供劳务项目的管理台账和纳税档案，及时准确掌握工程和劳务项目的合同执行、施工进度、价款支付、对外付汇、税款缴纳等情况。

税务机关应当利用售付汇信息，包括境内机构和个人向非居民支付服务贸易款项的历史记录，以及当年新增发包项目付款计划等信息，对承包工程作业和提供劳务项目实施监控。对于付汇前有欠税情形的，应当及时通知纳税人或扣缴义务人缴纳，必要时可以告知有关外汇管理部门或指定外汇支付银行依法暂停付汇。

主管税务机关应对非居民参与国家、省、地市级重点建设项目，包括城市基础设施建设、能源建设、企业技术设备引进等项目中涉及的承包工程作业或提供劳务，以及其他有非居民参与的合同金额超过5000万元人民币的，实施重点税源监控管理；对承包方和发包方是否存在关联关系、合同实际执行情况、常设机构判定、境内外劳务收入划分等事项进行重点跟踪核查，对发现的问题，可以实施情报交换、反避税调查或税务稽查。

省（自治区、直辖市和计划单列市）税务机关应当于年度终了后45日内，将《非居民承包工程作业和提供劳务重点建设项目统计表》，以及项目涉及的企业所得税、增值税、印花税、个人所得税等税收收入和税源变动情况的分析报告报送国家税务总局（国际税务司）。

摘自2009年1月20日《非居民承包工程作业和提供劳务税收管理暂行办法》（国家税务总局令第19号）

15. 承包工程和提供劳务应承担的法律责任

非居民、扣缴义务人或代理人实施承包工程作业和提供劳务有关事项存在税收违法行为的，税务机关应按照税收征管法及其实施细则的有关规定处理。

摘自2009年1月20日《非居民承包工程作业和提供劳务税收管理暂行办法》（国家税务总局令第19号）

16. 发包工程或劳务项目应承担的法律责任

境内机构或个人发包工程作业或劳务项目，未按本办法第五条、第七条、第八条、第九条规定向主管税务机关报告有关事项的，由税务机关责令限期改正，可以处2000元以下的罚款；情节严重的，处2000元以上10000元以下的罚款。

摘自2009年1月20日《非居民承包工程作业和提供劳务税收管理暂行办法》（国家税务总局令第19号）

四、国际运输

1. 国际运输业务的定义

本办法所称从事国际运输业务，是指非居民企业以自有或者租赁的船舶、飞机、舱位，运载旅客、货物或者邮件等进出中国境内口岸的经营活动以及相关装卸、仓储等附属业务。

非居民企业以程租、期租、湿租的方式出租船舶、飞机取得收入的经营活动属于国际运输业务。

非居民企业以光租、干租等方式出租船舶、飞机，或者出租集装箱及其他装载工具给境内机构或者个人取得的租金收入，不属于本办法规定的国际运输业务收入，应按照企业所得税法第三条第三款的规定执行（税收协定有特殊规定的除外）。

摘自2014年6月30日《国家税务总局关于发布〈非居民企业从事国际运输业务税收管理暂行办法〉的公告》（国家税务总局公告2014年第37号）

2. 国际运输业务的纳税人

非居民企业从事本办法规定的国际运输业务，以取得运输收入的非居民企业为纳税人。

摘自2014年6月30日《国家税务总局关于发布〈非居民企业从事国际运输业务税收管理暂行办法〉的公告》（国家税务总局公告2014年第37号）

3. 国际运输业务的税务登记

非居民企业应自有关部门批准其经营资格或运输合同、协议签订之日起30日内，自行或委托代理人选择向境内一处业务口岸所在地主管税务机关办理税务登记，并同时提供经营资格证书、经营航线资料、相关业务合同以及境内联系人等相关信息。

非居民企业选择境内一处口岸办理税务登记后，应当在其他业务口岸发生业务时向所在地主管税务机关报送税务登记资料、运输合同及其他相关资料的复印件。

摘自2014年6月30日《国家税务总局关于发布〈非居民企业从事国际运输业务税收管理暂行办法〉的公告》（国家税务总局公告2014年第37号）

4. 国际运输业务的纳税申报

非居民企业按照本办法第五条规定已经办理税务登记的，应当按照税收征管法及有关法律法规设置账簿，根据合法、有效凭证记账，进行核算，准确计算应纳税所得额，自行或委托代理人向税务登记所在地主管税务机关依法申报缴纳企业所得税。

摘自2014年6月30日《国家税务总局关于发布〈非居民企业从事国际运输业务税收管理暂行办法〉的公告》（国家税务总局公告2014年第37号）

5. 国际运输业务所得的计算

非居民企业从事国际运输业务取得的所得应根据企业所得税法的规定，从收入总额中减除实际发生并与取得收入有关、合理的支出后的余额确定应纳税所得额。

收入总额是指非居民企业运载旅客、货物或者邮件等进出中国境内口岸所取得的客运收入、货运收入的总和。客运收入包括客票收入以及逾重行李运费、餐费、保险费、服务费和娱乐费等；货运收入包括基本运费以及各项附加费等。

非居民企业不能准确计算并据实申报其应纳税所得额的，由主管税务机关按照《国家税务总局关于印发〈非居民企业所得税核定征收管理办法〉的通知》（国税发〔2010〕19号）的规定核定其应纳税所得额。

摘自2014年6月30日《国家税务总局关于发布〈非居民企业从事国际运输业务税收管理暂行办法〉的公告》（国家税务总局公告2014年第37号）

6. 指定扣缴

非居民企业从事国际运输业务符合企业所得税法指定扣缴情形的，支付人所在地主管税务机关应按照《非居民承包工程作业和提供劳务税收管理暂行办法》（国家税务总局令第19号）第十四条规定的程序，指定支付人为扣缴义务人。支付人包括：

（1）向非居民企业或其境内子公司、分公司或代表机构，或者有权代表非居民企业收取款项的境内外代理人支付款项的单位或个人；

（2）通过其境外关联方或有特殊利益联系的第三方支付款项的单位或个人；

（3）其他符合企业所得税法规定的单位或个人。

摘自2014年6月30日《国家税务总局关于发布〈非居民企业从事国际运输业务税收管理暂行办法〉的公告》（国家税务总局公告2014年第37号）

7. 台账和档案管理

主管税务机关应当按照逐户建档、按户管理的原则，建立非居民企业从事国际运输业务的管理台账和纳税档案，及时、准确掌握其收取运费及相关款项、税款缴纳、享受税收协定待遇等情况。

摘自2014年6月30日《国家税务总局关于发布〈非居民企业从事国际运输业务税收管理暂行办法〉的公告》（国家税务总局公告2014年第37号）

8. 部门协作

主管税务机关应与港务、航管、海关、商检、海监、外汇管理、商务等部门加强合作，获取相关税源信息，对非居民企业进出境内口岸、履行纳税义务、收取运费及相关款项等情况实施监控。

摘自 2014 年 6 月 30 日《国家税务总局关于发布〈非居民企业从事国际运输业务税收管理暂行办法〉的公告》（国家税务总局公告 2014 年第 37 号）

9. 海峡两岸海上直航业务的税收管理

（1）自 2008 年 12 月 15 日起，对台湾航运公司从事海峡两岸海上直航业务取得的来源于大陆的所得，免征企业所得税。

享受企业所得税免税政策的台湾航运公司应当按照企业所得税法实施条例的有关规定，单独核算其从事上述业务在大陆取得的收入和发生的成本、费用；未单独核算的，不得享受免征企业所得税政策。

（2）本通知所称台湾航运公司，是指取得交通运输部颁发的“台湾海峡两岸间水路运输许可证”且上述许可证上注明的公司登记地址在台湾的航运公司。

摘自 2009 年 1 月 19 日《财政部　国家税务总局关于海峡两岸海上直航营业税和企业所得税政策的通知》（财税〔2009〕4 号）

10. 海峡两岸空中直航业务的税收管理

（1）自 2009 年 6 月 25 日起，对台湾航空公司从事海峡两岸空中直航业务取得的来源于大陆的所得，免征企业所得税。

享受企业所得税免税政策的台湾航空公司应当按照企业所得税法实施条例的有关规定，单独核算其从事上述业务在大陆取得的收入和发生的成本、费用；未单独核算的，不得享受免征企业所得税政策。

（2）本通知所称台湾航空公司，是指取得中国民用航空局颁发的“经营许可”或依据《海峡两岸空运协议》和《海峡两岸空运补充协议》规定，批准经营两岸旅客、货物和邮件不定期（包机）运输业务，且公司登记地址在台湾的航空公司。

摘自 2010 年 9 月 6 日《财政部　国家税务总局关于海峡两岸空中直航营业税和企业所得税政策的通知》（财税〔2010〕63 号）

五、非居民企业所得税的核定征收管理

1. 适用范围

本办法适用于企业所得税法第三条第二款规定的非居民企业，外国企业常驻代表机构企业所得税核定办法按照有关规定办理。

摘自 2010 年 2 月 20 日《国家税务总局关于印发〈非居民企业所得税核定征收管理办法〉的通知》(国税发〔2010〕19 号)

2. 应纳税所得额的核定方法

非居民企业因会计账簿不健全，资料残缺难以查账，或者其他原因不能准确计算并据实申报其应纳税所得额的，税务机关有权采取以下方法核定其应纳税所得额。

(1) 按收入总额核定应纳税所得额：适用于能够正确核算收入或通过合理方法推定收入总额，但不能正确核算成本费用的非居民企业。计算公式如下：

应纳税所得额 = 收入总额 × 经税务机关核定的利润率

(2) 按成本费用核定应纳税所得额：适用于能够正确核算成本费用，但不能正确核算收入总额的非居民企业。计算公式如下：

应纳税所得额 = 成本费用总额/(1 - 经税务机关核定的利润率) × 经税务机关核定的利润率

(3) 按经费支出换算收入核定应纳税所得额：适用于能够正确核算经费支出总额，但不能正确核算收入总额和成本费用的非居民企业。计算公式如下：

应纳税所得额 = 本期经费支出总额/(1 - 核定利润率) × 核定利润率

摘自 2010 年 2 月 20 日《国家税务总局关于印发〈非居民企业所得税核定征收管理办法〉的通知》(国税发〔2010〕19 号)；根据 2016 年 5 月 5 日《国家税务总局关于修改按经费支出换算收入方式核定非居民企业应纳税所得额计算公式的公告》(国家税务总局公告 2016 年第 28 号) 修改

3. 利润率的确定标准

税务机关可按照以下标准确定非居民企业的利润率：

(1) 从事承包工程作业、设计和咨询劳务的，利润率为 15% ~30%；

（2）从事管理服务的，利润率为30%～50%；

（3）从事其他劳务或劳务以外经营活动的，利润率不低于15%。

税务机关有根据认为非居民企业的实际利润率明显高于上述标准的，可以按照比上述标准更高的利润率核定其应纳税所得额。

摘自2010年2月20日《国家税务总局关于印发〈非居民企业所得税核定征收管理办法〉的通知》（国税发〔2010〕19号）

4. 销售货物并提供劳务应税收入的确定

非居民企业与中国居民企业签订机器设备或货物销售合同，同时提供设备安装、装配、技术培训、指导、监督服务等劳务，其销售货物合同中未列明提供上述劳务服务收费金额，或者计价不合理的，主管税务机关可以根据实际情况，参照相同或相近业务的计价标准核定劳务收入。无参照标准的，以不低于销售货物合同总价款的10%为原则，确定非居民企业的劳务收入。

摘自2010年2月20日《国家税务总局关于印发〈非居民企业所得税核定征收管理办法〉的通知》（国税发〔2010〕19号）

5. 境内外劳务的划分

非居民企业为中国境内客户提供劳务取得的收入，凡其提供的服务全部发生在中国境内的，应全额在中国境内申报缴纳企业所得税。凡其提供的服务同时发生在中国境内外的，应以劳务发生地为原则划分其境内外收入，并就其在中国境内取得的劳务收入申报缴纳企业所得税。税务机关对其境内外收入划分的合理性和真实性有疑义的，可以要求非居民企业提供真实有效的证明，并根据工作量、工作时间、成本费用等因素合理划分其境内外收入；如非居民企业不能提供真实有效的证明，税务机关可视同其提供的服务全部发生在中国境内，确定其劳务收入并据以征收企业所得税。

摘自2010年2月20日《国家税务总局关于印发〈非居民企业所得税核定征收管理办法〉的通知》（国税发〔2010〕19号）

6. 不同劳务活动利润率的确定

采取核定征收方式征收企业所得税的非居民企业，在中国境内从事适用不同核定利润率的经营活动，并取得应税所得的，应分别核算并适用相应的利润率计算缴纳企业所得税；凡不能分别核算的，应从高适用利润率，计算缴纳企业所得税。

摘自2010年2月20日《国家税务总局关于印发〈非居民企业所得税核定征收管理办法〉的通知》（国税发〔2010〕19号）

7. 核定征收的程序

主管税务机关应及时向非居民企业送达《非居民企业所得税征收方式鉴定表》（以下简称《鉴定表》），非居民企业应在收到《鉴定表》后10个工作日内，完成《鉴定表》的填写并送达主管税务机关，主管税务机关在受理《鉴定表》后20个工作日内，完成该项征收方式的确认工作。

摘自2015年4月17日《国家税务总局关于修改〈非居民企业所得税核定征收管理办法〉等文件的公告》（国家税务总局公告2015年第22号）

税务机关发现非居民企业采用核定征收方式计算申报的应纳税所得额不真实，或者明显与其承担的功能风险不相匹配的，有权予以调整。

摘自2010年2月20日《国家税务总局关于印发〈非居民企业所得税核定征收管理办法〉的通知》（国税发〔2010〕19号）

六、非居民企业所得税的汇算清缴

1. 汇算清缴对象

依照外国（地区）法律成立且实际管理机构不在中国境内，但在中国境内设立机构、场所的非居民企业（以下称为企业），无论盈利或者亏损，均应按照企业所得税法及本办法规定参加所得税汇算清缴。

企业具有下列情形之一的，可不参加当年度的所得税汇算清缴：

（1）临时来华承包工程和提供劳务不足1年，在年度中间终止经营活动，且已经结清税款；

（2）汇算清缴期内已办理注销；

（3）其他经主管税务机关批准可不参加当年度所得税汇算清缴。

摘自2009年1月22日《国家税务总局关于印发〈非居民企业所得税汇算清缴管理办法〉的通知》（国税发〔2009〕6号）

2. 汇算清缴时限

（1）企业应当自年度终了之日起5个月内，向税务机关报送年度企业所得税纳税申报表，并汇算清缴，结清应缴应退税款。

（2）企业在年度中间终止经营活动的，应当自实际经营终止之日起60日内，向税务机关办理当期企业所得税汇算清缴。

摘自2009年1月22日《国家税务总局关于印发〈非居民企业所得税汇算清缴管理办法〉的通知》（国税发〔2009〕6号）

3. 年度申报的资料

企业办理所得税年度申报时，应当如实填写和报送下列报表、资料：

（1）年度企业所得税纳税申报表及其附表；

（2）年度财务会计报告；

（3）税务机关规定应当报送的其他有关资料。

摘自2009年1月22日《国家税务总局关于印发〈非居民企业所得税汇算清缴管理办法〉的通知》（国税发〔2009〕6号）

4. 年度申报的有关规定

（1）企业因特殊原因，不能在规定期限内办理年度所得税申报，应当在年度终了之日起5个月内，向主管税务机关提出延期申报申请。主管税务机关批准后，可以适当延长申报期限。

（2）企业采用电子方式办理纳税申报的，应附报纸质纳税申报资料。

（3）企业委托中介机构代理年度企业所得税纳税申报的，应附送委托人签章的委托书原件。

（4）企业申报年度所得税后，经主管税务机关审核，需补缴或退还所得税的，应在收到主管税务机关送达的《非居民企业所得税汇算清缴涉税事宜通知书》后，按规定时限将税款补缴入库，或按照主管税务机关的要求办理退税手续。

（5）企业补缴税款确因特殊困难需延期缴纳的，按税收征管法及其实施细则的有关规定办理。

（6）企业在所得税汇算清缴期限内，发现当年度所得税申报有误的，应当在年度终了之日起5个月内向主管税务机关重新办理年度所得税申报。

（7）企业报送报表期限的最后一日是法定休假日的，以休假日期满的次日为期限的最后一日；在期限内有连续三日以上法定休假日的，按休假日天数顺延。

摘自2009年1月22日《国家税务总局关于印发〈非居民企业所得税汇算清缴管理办法〉的通知》（国税发〔2009〕6号）

5. 法律责任

（1）企业未按规定期限办理年度所得税申报，且未经主管税务机关批准延期申报，或报送资料不全、不符合要求的，应在收到主管税务机关送达的《责令限期改正通知书》后按规定时限补报。

企业未按规定期限办理年度所得税申报，且未经主管税务机关批准延期申报的，主管税务机关除责令其限期申报外，可按照税收征管法的规定处以2000元以下的罚款，逾期仍不申报的，可处以2000元以上10000元以下的罚款，同时核定其年度应纳税额，责令其限期缴纳。企业在收到主管税务机关送达的《非居民企业所得税应纳税款核定通知书》后，应在规定时限内缴纳税款。

（2）企业未按规定期限办理所得税汇算清缴，主管税务机关除责令其限期办理外，对发生税款滞纳的，按照税收征管法的规定，加收滞纳金。

（3）企业同税务机关在纳税上发生争议时，依照税收征管法相关规定执行。

摘自2009年1月22日《国家税务总局关于印发〈非居民企业所得税汇算清缴管理办法〉的通知》（国税发〔2009〕6号）

七、非居民企业机构、场所汇总缴纳企业所得税

1. 汇总纳税的非居民企业需符合的条件

汇总纳税的非居民企业应在汇总纳税的年度中持续符合下列所有条件：

（1）汇总纳税的各机构、场所已在所在地主管税务机关办理税务登记，并取得纳税人识别号；

（2）主要机构、场所符合企业所得税法实施条例第一百二十六条规定，汇总纳税的各机构、场所不得采用核定方式计算缴纳企业所得税；

（3）汇总纳税的各机构、场所能够按照本公告规定准确计算本机构、场所的税款分摊额，并按要求向所在地主管税务机关办理纳税申报。

摘自2019年3月1日《国家税务总局　财政部　中国人民银行关于非居民企业机构场所汇总缴纳企业所得税有关问题的公告》（国家税务总局公告2019年第12号）

2. 汇总纳税的征收管理办法

汇总纳税的各机构、场所实行“统一计算、分级管理、就地预缴、汇总清算、财政调库”的企业所得税征收管理办法。除本公告另有规定外，相关税款计算、税款分摊、缴库或退库地点、缴库或退库比例、征管流程等事项，比照《财政部　国家税务总局　中国人民银行关于印发〈跨省市总分机构企业所得税分配及预算管理办法〉的通知》（财预〔2012〕40 号）、《财政部　国家税务总局　中国人民银行关于〈跨省市总分机构企业所得税分配及预算管理办法〉的补充通知》（财预〔2012〕453 号）、《国家税务总局关于印发〈跨地区经营汇总纳税企业所得税征收管理办法〉的公告》（国家税务总局公告 2012 年第 57 号）等适用于居民企业汇总缴纳企业所得税的规定执行。

符合汇总纳税条件的机构、场所不具有主体生产经营职能，不从纳入汇总缴纳企业所得税的其他机构、场所之外取得营业收入，仅具有内部辅助管理或服务职能的，可以纳入汇总计算缴纳企业所得税的范围，但不就地分摊缴纳企业所得税。除此之外，主要机构、场所比照居民企业总机构就地分摊缴纳企业所得税；被汇总机构、场所比照居民企业分支机构就地分摊缴纳企业所得税。

除国家税务总局另有规定外，汇总纳税的各机构、场所应按照企业所得税法第五十四条及其他有关规定，分季度预缴和年终汇算清缴企业所得税。

摘自 2019 年 3 月 1 日《国家税务总局　财政部　中国人民银行关于非居民企业机构场所汇总缴纳企业所得税有关问题的公告》（国家税务总局公告 2019 年第 12 号）

3. 应报送的资料

汇总纳税的各机构、场所应在首次办理汇总缴纳企业所得税申报时，向所在地主管税务机关报送以下信息资料：

（1）主要机构、场所名称及纳税人识别号；

（2）全部被汇总机构、场所名称及纳税人识别号；

（3）符合汇总缴纳企业所得税条件的财务会计核算制度安排。

已按上款规定报送的信息资料发生变更的，汇总纳税的各机构、场所应在发生变更后首次办理汇总缴纳企业所得税申报时，向所在地主管税务机关报告变化情况。

在办理季度预缴申报时，汇总纳税的各机构、场所应向所在地主管税务机关报送以下资料：

（1）非居民企业所得税申报表；

（2）季度财务报表（限于按实际利润预缴企业所得税的情形）。

在办理年度汇算清缴申报时，汇总纳税的各机构、场所应向所在地主管税务机关报送以下资料：

（1）非居民企业所得税申报表；

（2）年度财务报表。

摘自2019年3月1日《国家税务总局　财政部　中国人民银行关于非居民企业机构场所汇总缴纳企业所得税有关问题的公告》（国家税务总局公告2019年第12号）

4. 税务机关的协同管理

汇总纳税的各机构、场所主管税务机关对管理的机构、场所执行本公告规定负有日常管理和监督检查责任，各主管税务机关之间应及时沟通信息，协调管理。主要机构、场所主管税务机关应在每季度终了和年度汇算清缴期满后30日内，将主要机构、场所申报信息传递给各被汇总机构、场所主管税务机关。各被汇总机构、场所主管税务机关应在每季度终了和年度汇算清缴期满后30日内，将本地被汇总纳税机构、场所申报信息传递给主要机构、场所主管税务机关。

汇总纳税的各机构、场所主管税务机关不得对汇总纳税的各机构、场所同一税务处理事项作出不一致的处理决定。相关主管税务机关就有关处理事项不能达成一致的，报共同上级税务机关决定。

主要机构、场所主管税务机关发现主要机构、场所不具备本公告第二条规定条件的，在征得各被汇总机构、场所主管税务机关同意后，责令其限期改正，逾期不改正的，取消该非居民企业所有机构、场所相关年度企业所得税汇总缴纳方式，并通知各被汇总机构、场所主管税务机关。

被汇总机构、场所主管税务机关发现被汇总机构、场所不具备本公告第二条规定条件的，在征得主要机构、场所主管税务机关同意后，责令其限期改正，逾期不改正的，取消该被汇总机构、场所相关年度企业所得税汇总缴纳方式，并通知主要机构、场所及其他被汇总机构、场所主管税务机关。

摘自2019年3月1日《国家税务总局　财政部　中国人民银行关于非居

民企业机构场所汇总缴纳企业所得税有关问题的公告》(国家税务总局公告2019年第12号)

第三节　未设立机构场所的非居民企业

一、基本规定

1. 扣缴义务人

对非居民企业取得本法第三条第三款规定的所得应缴纳的所得税，实行源泉扣缴，以支付人为扣缴义务人。税款由扣缴义务人在每次支付或者到期应支付时，从支付或者到期应支付的款项中扣缴。

摘自2018年12月29日《中华人民共和国企业所得税法》(中华人民共和国主席令第23号)第三十七条

企业所得税法实施条例第一百零四条规定的支付人自行委托代理人或指定其他第三方代为支付相关款项，或者因担保合同或法律规定等原因由第三方保证人或担保人支付相关款项的，仍由委托人、指定人或被保证人、被担保人承担扣缴义务。

摘自2017年10月17日《国家税务总局关于非居民企业所得税源泉扣缴有关问题的公告》(国家税务总局公告2017年第37号)

2. 支付人的含义

企业所得税法第三十七条所称支付人，是指依照有关法律规定或者合同约定对非居民企业直接负有支付相关款项义务的单位或者个人。

摘自2019年4月23日《中华人民共和国企业所得税法实施条例》(中华人民共和国国务院令第714号)第一百零四条

3. 支付的含义

企业所得税法第三十七条所称支付，包括现金支付、汇拨支付、转账支付和权益兑价支付等货币支付和非货币支付。

摘自2019年4月23日《中华人民共和国企业所得税法实施条例》（中华人民共和国国务院令第714号）第一百零五条

4. 到期应支付的款项

企业所得税法第三十七条所称到期应支付的款项，是指支付人按照权责发生制原则应当计入相关成本、费用的应付款项。

摘自2019年4月23日《中华人民共和国企业所得税法实施条例》（中华人民共和国国务院令第714号）第一百零五条

5. 应付未付所得款项的企业所得税扣缴

中国境内企业（以下简称企业）和非居民企业签订与利息、租金、特许权使用费等所得有关的合同或协议，如果未按照合同或协议约定的日期支付上述所得款项，或者变更或修改合同或协议延期支付，但已计入企业当期成本、费用，并在企业所得税年度纳税申报中作税前扣除的，应在企业所得税年度纳税申报时按照企业所得税法有关规定代扣代缴企业所得税。

如果企业上述到期未支付的所得款项，不是一次性计入当期成本、费用，而是计入相应资产原价或企业筹办费，在该类资产投入使用或开始生产经营后分期摊入成本、费用，分年度在企业所得税前扣除的，应在企业计入相关资产的年度纳税申报时就上述所得全额代扣代缴企业所得税。

如果企业在合同或协议约定的支付日期之前支付利息、租金、特许权使用费等所得款项的，应在实际支付时按照企业所得税法有关规定代扣代缴企业所得税。

摘自2011年3月28日《国家税务总局关于非居民企业所得税管理若干问题的公告》（国家税务总局公告2011年第24号）

非居民企业采取分期收款方式取得应源泉扣缴所得税的同一项转让财产所得的，其分期收取的款项可先视为收回以前投资财产的成本，待成本全部收回后，再计算并扣缴应扣税款。

摘自2017年10月17日《国家税务总局关于非居民企业所得税源泉扣缴有关问题的公告》（国家税务总局公告2017年第37号）

6. 源泉扣缴所得适用税率

非居民企业取得本法第三条第三款规定的所得，适用税率为20%。

摘自2018年12月29日《中华人民共和国企业所得税法》（中华人民共和国主席令第23号）第四条

企业的下列所得，可以免征、减征企业所得税：本法第三条第三款规定的所得。

摘自2018年12月29日《中华人民共和国企业所得税法》（中华人民共和国主席令第23号）第二十七条第（五）项

非居民企业取得企业所得税法第二十七条第（五）项规定的所得，减按10%的税率征收企业所得税。

摘自2019年4月23日《中华人民共和国企业所得税法实施条例》（中华人民共和国国务院令第714号）第九十一条

7. 扣缴企业所得税应纳税所得额的计算

非居民企业取得本法第三条第三款规定的所得，按照下列方法计算其应纳税所得额：

（1）股息、红利等权益性投资收益和利息、租金、特许权使用费所得，以收入全额为应纳税所得额；

（2）转让财产所得，以收入全额减除财产净值后的余额为应纳税所得额；

（3）其他所得，参照前两项规定的方法计算应纳税所得额。

摘自2018年12月29日《中华人民共和国企业所得税法》（中华人民共和国主席令第23号）第十九条

根据《中华人民共和国企业所得税法》第十九条及《中华人民共和国企业所得税法实施条例》第一百零三条规定，在对非居民企业取得《中华人民共和国企业所得税法》第三条第三款规定的所得计算征收企业所得税时，不得扣除上述条款规定以外的其他税费支出。

摘自2008年9月25日《财政部　国家税务总局关于非居民企业征收企业所得税有关问题的通知》（财税〔2008〕130号）

营业税改征增值税试点中的非居民企业，取得《中华人民共和国企业所得税法》第三条第三款规定的所得，在计算缴纳企业所得税时，应以不含增值税的收入全额作为应纳税所得额。

摘自2013年2月19日《国家税务总局关于营业税改征增值税试点中非居民企业缴纳企业所得税有关问题的公告》（国家税务总局公告2013年第9号）

8. 以外币支付所得款项的计算

依照本法缴纳的企业所得税，以人民币计算。所得以人民币以外的货币计算的，应当折合成人民币计算并缴纳税款。

摘自2018年12月29日《中华人民共和国企业所得税法》（中华人民共和国主席令第23号）第五十六条

扣缴义务人支付或者到期应支付的款项以人民币以外的货币支付或计价的，分别按以下情形进行外币折算：

（1）扣缴义务人扣缴企业所得税的，应当按照扣缴义务发生之日人民币汇率中间价折合成人民币，计算非居民企业应纳税所得额。扣缴义务发生之日为相关款项实际支付或者到期应支付之日。

（2）取得收入的非居民企业在主管税务机关责令限期缴纳税款前自行申报缴纳应源泉扣缴税款的，应当按照填开税收缴款书之日前一日人民币汇率中间价折合成人民币，计算非居民企业应纳税所得额。

（3）主管税务机关责令取得收入的非居民企业限期缴纳应源泉扣缴税款的，应当按照主管税务机关作出限期缴税决定之日前一日人民币汇率中间价折合成人民币，计算非居民企业应纳税所得额。

摘自2017年10月17日《国家税务总局关于非居民企业所得税源泉扣缴有关问题的公告》（国家税务总局公告2017年第37号）

9. 含税合同中应税所得的税款计算

扣缴义务人与非居民企业签订与企业所得税法第三条第三款规定的所得有关的业务合同时，凡合同中约定由扣缴义务人实际承担应纳税款的，应将非居民企业取得的不含税所得换算为含税所得计算并解缴应扣税款。

摘自 2017 年 10 月 17 日《国家税务总局关于非居民企业所得税源泉扣缴有关问题的公告》（国家税务总局公告 2017 年第 37 号）

10. 源泉扣缴纳税地点的一般规定

非居民企业取得本法第三条第三款规定的所得，以扣缴义务人所在地为纳税地点。

摘自 2018 年 12 月 29 日《中华人民共和国企业所得税法》（中华人民共和国主席令第 23 号）第五十一条

11. 源泉扣缴申报的相关规定

扣缴义务人应当自扣缴义务发生之日起 7 日内向扣缴义务人所在地主管税务机关申报和解缴代扣税款。扣缴义务人发生到期应支付而未支付情形，应按照《国家税务总局关于非居民企业所得税管理若干问题的公告》（国家税务总局公告 2011 年第 24 号）第一条规定进行税务处理。

扣缴义务人在申报和解缴应扣税款时，应填报《中华人民共和国扣缴企业所得税报告表》。

扣缴义务人可以在申报和解缴应扣税款前报送有关申报资料；已经报送的，在申报时不再重复报送。

摘自 2017 年 10 月 17 日《国家税务总局关于非居民企业所得税源泉扣缴有关问题的公告》（国家税务总局公告 2017 年第 37 号）

12. 源泉扣缴所得享受税收协定的规定

在源泉扣缴和指定扣缴情况下，非居民纳税人自行判断符合享受协定待遇条件且需要享受协定待遇的，应当如实填写《非居民纳税人享受协定待遇信息报告表》，主动提交给扣缴义务人，并按照本办法第七条的规定归集和留存相关资料备查。

扣缴义务人收到《非居民纳税人享受协定待遇信息报告表》后，确认非居民纳税人填报信息完整的，依国内税收法律规定和协定规定扣缴，并如实将《非居民纳税人享受协定待遇信息报告表》作为扣缴申报的附表报送主管税务机关。

非居民纳税人未主动提交《非居民纳税人享受协定待遇信息报告表》给扣缴义务人或填报信息不完整的，扣缴义务人依国内税收法律规定扣缴。

摘自2019年10月14日《国家税务总局关于发布〈非居民纳税人享受协定待遇管理办法〉的公告》（国家税务总局公告2019年第35号）

13. 源泉扣缴的涉税资料管理

主管税务机关可以要求纳税人、扣缴义务人和其他知晓情况的相关方提供与应扣缴税款有关的合同和其他相关资料。扣缴义务人应当设立代扣代缴税款账簿和合同资料档案，准确记录非居民企业所得税扣缴情况。

摘自2017年10月17日《国家税务总局关于非居民企业所得税源泉扣缴有关问题的公告》（国家税务总局公告2017年第37号）

14. 未履行源泉扣缴义务的处理和税款追缴

按照企业所得税法第三十七条规定应当扣缴的税款，扣缴义务人应扣未扣的，由扣缴义务人所在地主管税务机关依照《中华人民共和国行政处罚法》第二十三条规定责令扣缴义务人补扣税款，并依法追究扣缴义务人责任；需要向纳税人追缴税款的，由所得发生地主管税务机关依法执行。扣缴义务人所在地与所得发生地不一致的，负责追缴税款的所得发生地主管税务机关应通过扣缴义务人所在地主管税务机关核实有关情况；扣缴义务人所在地主管税务机关应当自确定应纳税款未依法扣缴之日起5个工作日内，向所得发生地主管税务机关发送《非居民企业税务事项联络函》，告知非居民企业涉税事项。

摘自2017年10月17日《国家税务总局关于非居民企业所得税源泉扣缴有关问题的公告》（国家税务总局公告2017年第37号）

15. 未履行源泉扣缴义务的纳税规定

按照企业所得税法第三十七条规定应当扣缴的所得税，扣缴义务人未依法扣缴或者无法履行扣缴义务的，取得所得的非居民企业应当按照企业所得税法第三十九条规定，向所得发生地主管税务机关申报缴纳未扣缴税款，并填报《中华人民共和国扣缴企业所得税报告表》。

对企业所得税法实施条例第七条规定的不同所得，所得发生地主管税务机关按以下原则确定：

（1）不动产转让所得，为不动产所在地税务机关。

（2）权益性投资资产转让所得，为被投资企业的所得税主管税务机关。

（3）股息、红利等权益性投资所得，为分配所得企业的所得税主管税务机关。

（4）利息所得、租金所得、特许权使用费所得，为负担、支付所得的单位或个人的所得税主管税务机关。

非居民企业取得的同一项所得在境内存在多个所得发生地，涉及多个主管税务机关的，在按照企业所得税法第三十九条规定自行申报缴纳未扣缴税款时，可以选择一地办理本公告第九条规定的申报缴税事宜。受理申报地主管税务机关应在受理申报后5个工作日内，向扣缴义务人所在地和同一项所得其他发生地主管税务机关发送《非居民企业税务事项联络函》，告知非居民企业涉税事项。

摘自2017年10月17日《国家税务总局关于非居民企业所得税源泉扣缴有关问题的公告》（国家税务总局公告2017年第37号）

16. 对非居民企业未履行申报义务行为的处理

非居民企业未按照企业所得税法第三十九条规定申报缴纳税款的，税务机关可以责令限期缴纳，非居民企业应当按照税务机关确定的期限申报缴纳税款；非居民企业在税务机关责令限期缴纳前自行申报缴纳税款的，视为已按期缴纳税款。

摘自2017年10月17日《国家税务总局关于非居民企业所得税源泉扣缴有关问题的公告》（国家税务总局公告2017年第37号）

17. 追缴非居民企业应纳税款时采取的措施

主管税务机关在按照本公告第十二条规定追缴非居民企业应纳税款时，可以采取以下措施：

（1）责令该非居民企业限期申报缴纳应纳税款。

（2）收集、查实该非居民企业在中国境内其他收入项目及其支付人的相关信息，并向该其他项目支付人发出《税务事项通知书》，从该非居民企业其他收入项目款项中依照法定程序追缴欠缴税款及应缴的滞纳金。

其他项目支付人所在地与未扣税所得发生地不一致的，其他项目支付人所在地主管税务机关应给予配合和协助。

摘自2017年10月17日《国家税务总局关于非居民企业所得税源泉扣缴有关问题的公告》（国家税务总局公告2017年第37号）

18. 对扣缴义务人已扣但未解缴税款的情形

按照本公告规定应当源泉扣缴税款的款项已经由扣缴义务人实际支付，但未在规定的期限内解缴应扣税款，并具有以下情形之一的，应作为税款已扣但未解缴情形，按照有关法律、行政法规规定处理：

（1）扣缴义务人已明确告知收款人已代扣税款的；

（2）已在财务会计处理中单独列示应扣税款的；

（3）已在其纳税申报中单独扣除或开始单独摊销扣除应扣税款的；

（4）其他证据证明已代扣税款的。

除上款规定情形外，按本公告规定应该源泉扣缴的税款未在规定的期限内解缴入库的，均作为应扣未扣税款情形，按照有关法律、行政法规规定处理。

摘自2017年10月17日《国家税务总局关于非居民企业所得税源泉扣缴有关问题的公告》（国家税务总局公告2017年第37号）

二、股息、红利

1. 股息、红利等权益性投资收益的含义

企业所得税法第六条第（四）项所称股息、红利等权益性投资收益，是指企业因权益性投资从被投资方取得的收入。

摘自2019年4月23日《中华人民共和国企业所得税法实施条例》（中华人民共和国国务院令第714号）第十七条

2. 企业清算业务股息的确认

投资方企业从被清算企业分得的剩余资产，其中相当于从被清算企业累计未分配利润和累计盈余公积中应当分得的部分，应当确认为股息所得。

摘自2019年4月23日《中华人民共和国企业所得税法实施条例》（中华人民共和国国务院令第714号）第十一条

3. 撤回或减少投资的税务处理

投资企业从被投资企业撤回或减少投资，其取得的资产中，相当于初始出资的部分，应确认为投资收回；相当于被投资企业累计未分配利润和累计盈余公积按减少实收资本比例计算的部分，应确认为股息所得；其余部分确认为投资资产转让所得。

摘自2011年6月9日《国家税务总局关于企业所得税若干问题的公告》（国家税务总局公告2011年第34号）

4. 股息、红利等权益性投资收益扣缴时限

非居民企业取得应源泉扣缴的所得为股息、红利等权益性投资收益的，相关应纳税款扣缴义务发生之日为股息、红利等权益性投资收益实际支付之日。

摘自2017年10月17日《国家税务总局关于非居民企业所得税源泉扣缴有关问题的公告》（国家税务总局公告2017年第37号）

5. H股股息的税收处理

中国居民企业向境外H股非居民企业股东派发2008年及以后年度股息时，统一按10%的税率代扣代缴企业所得税。

非居民企业股东在获得股息之后，可以自行或通过委托代理人或代扣代缴义务人，向主管税务机关提出享受税收协定（安排）待遇的申请，提供证明自己为符合税收协定（安排）规定的实际受益所有人的资料。主管税务机关审核无误后，应就已征税款和根据税收协定（安排）规定税率计算的应纳税款的差额予以退税。

摘自2008年11月6日《国家税务总局关于中国居民企业向境外H股非居民企业股东派发股息代扣代缴企业所得税有关问题的通知》（国税函〔2008〕897号）

6. B股股息的税收处理

根据《中华人民共和国企业所得税法》及其实施条例规定，在中国境内外公开发行、上市股票（A股、B股和海外股）的中国居民企业，在向非居民企业股东派发2008年及以后年度股息时，应统一按10%的税率代扣代缴企业所得税。非居民企业股东需要享受税收协定待遇的，依照税收协定执行的有关规定办理。

摘自2009年7月24日《国家税务总局关于非居民企业取得B股等股票股息征收企业所得税问题的批复》（国税函〔2009〕394号）

7. QFII 股息、红利等项目所得的税收处理

QFII（合格境外机构投资者）取得来源于中国境内的股息、红利和利息收入，应当按照企业所得税法规定缴纳 10% 的企业所得税。如果是股息、红利，则由派发股息、红利的企业代扣代缴；如果是利息，则由企业在支付或到期支付时代扣代缴。

QFII 取得股息、红利和利息收入，需要享受税收协定（安排）待遇的，可向主管税务机关提出申请，主管税务机关审核无误后按照税收协定的规定执行①；涉及退税的，应及时予以办理。

摘自 2009 年 1 月 23 日《国家税务总局关于中国居民企业向 QFII 支付股息、红利、利息代扣代缴企业所得税有关问题的通知》（国税函〔2009〕47 号）

8. 香港市场投资者通过沪港通投资上海证券交易所（以下简称上交所）上市 A 股取得股息红利所得的税务处理

对香港市场投资者（包括企业和个人）投资上交所上市 A 股取得的股息红利所得，在香港中央结算有限公司（以下简称香港结算）不具备向中国结算提供投资者的身份及持股时间等明细数据的条件之前，暂不执行按持股时间实行差别化征税政策，由上市公司按照 10% 的税率代扣所得税，并向其主管税务机关办理扣缴申报。对于香港投资者中属于其他国家税收居民且其所在国与中国签订的税收协定规定股息红利所得税率低于 10% 的，企业或个人可以自行或委托代扣代缴义务人，向上市公司主管税务机关提出享受税收协定待遇的申请，主管税务机关审核后，应按已征税款和根据税收协定税率计算的应纳税款的差额予以退税。

摘自 2014 年 10 月 31 日《财政部　国家税务总局　证监会关于沪港股票市场交易互联互通机制试点有关税收政策的通知》（财税〔2014〕81 号）

9. 关于香港市场投资者通过深港通投资深圳证券交易所（以下简称深交所）上市 A 股取得股息红利所得的税务处理

---

① 编者注：自 2020 年 1 月 1 日起，非居民纳税人享受协定待遇按照《国家税务总局关于发布〈非居民纳税人享受协定待遇管理办法〉的公告》（国家税务总局公告 2019 年第 35 号）执行。

对香港市场投资者（包括企业和个人）投资深交所上市 A 股取得的股息红利所得，在香港中央结算有限公司（以下简称香港结算）不具备向中国结算提供投资者的身份及持股时间等明细数据的条件之前，暂不执行按持股时间实行差别化征税政策，由上市公司按照 10% 的税率代扣所得税，并向其主管税务机关办理扣缴申报。对于香港投资者中属于其他国家税收居民且其所在国与中国签订的税收协定规定股息红利所得税率低于 10% 的，企业或个人可以自行或委托代扣代缴义务人，向上市公司主管税务机关提出享受税收协定待遇退还多缴税款的申请，主管税务机关查实后，对符合退税条件的，应按已征税款和根据税收协定税率计算的应纳税款的差额予以退税。

摘自 2016 年 12 月 1 日《财政部　国家税务总局　证监会关于深港股票市场交易互联互通机制试点有关税收政策的通知》（财税〔2016〕127 号）

10. 关于香港市场投资者通过基金互认从内地基金分配收益的所得税问题

对香港市场投资者（包括企业和个人）通过基金互认从内地基金分配取得的收益，由内地上市公司向该内地基金分配股息红利时，对香港市场投资者按照 10% 的税率代扣所得税；或发行债券的企业向该内地基金分配利息时，对香港市场投资者按照 7% 的税率代扣所得税，并由内地上市公司或发行债券的企业向其主管税务机关办理扣缴申报。该内地基金向投资者分配收益时，不再扣缴所得税。

内地基金管理人应当向相关证券登记结算机构提供内地基金的香港市场投资者的相关信息。

摘自 2015 年 12 月 14 日《财政部　国家税务总局　证监会关于内地与香港基金互认有关税收政策的通知》（财税〔2015〕125 号）

11. 境外投资者以分配利润直接投资暂不征收预提所得税

对境外投资者从中国境内居民企业分配的利润，用于境内直接投资暂不征收预提所得税政策的适用范围，由外商投资鼓励类项目扩大至所有非禁止外商投资的项目和领域。

本通知自 2018 年 1 月 1 日起执行。境外投资者在 2018 年 1 月 1 日（含当日）以后取得的股息、红利等权益性投资收益可适用本通知，已缴税款按本通知第五条规定执行。

摘自2018年9月29日《财政部　税务总局　国家发展改革委　商务部关于扩大境外投资者以分配利润直接投资暂不征收预提所得税政策适用范围的通知》（财税〔2018〕102号）

12. 境外投资者暂不征收预提所得税须满足的条件

境外投资者暂不征收预提所得税须同时满足以下条件：

（1）境外投资者以分得利润进行的直接投资，包括境外投资者以分得利润进行的增资、新建、股权收购等权益性投资行为，但不包括新增、转增、收购上市公司股份（符合条件的战略投资除外）。具体是指：

①新增或转增中国境内居民企业实收资本或者资本公积；

②在中国境内投资新建居民企业；

③从非关联方收购中国境内居民企业股权；

④财政部、税务总局规定的其他方式。

境外投资者采取上述投资行为所投资的企业统称为被投资企业。

（2）境外投资者分得的利润属于中国境内居民企业向投资者实际分配已经实现的留存收益而形成的股息、红利等权益性投资收益。

（3）境外投资者用于直接投资的利润以现金形式支付的，相关款项从利润分配企业的账户直接转入被投资企业或股权转让方账户，在直接投资前不得在境内外其他账户周转；境外投资者用于直接投资的利润以实物、有价证券等非现金形式支付的，相关资产所有权直接从利润分配企业转入被投资企业或股权转让方，在直接投资前不得由其他企业、个人代为持有或临时持有。

摘自2018年9月29日《财政部　税务总局　国家发展改革委　商务部关于扩大境外投资者以分配利润直接投资暂不征收预提所得税政策适用范围的通知》（财税〔2018〕102号）

境外投资者以分得的利润用于补缴其在境内居民企业已经认缴的注册资本，增加实收资本或资本公积的，属于符合“新增或转增中国境内居民企业实收资本或者资本公积”情形。

境外投资者按照金融主管部门的规定，通过人民币再投资专用存款账户划转再投资资金，并在相关款项从利润分配企业账户转入境外投资者人民币再投资专用存款账户的当日，再由境外投资者人民币再投资专用存款账户转入被投资企业或股权转让方账户的，视为符合“境外投资者用于直接投资的利润以现金形式支付的，相关款项从利润分配企业的账户直接转入被投资企业或股权转让方账户，在直接投资前不得在境内外其他账户周转”的规定。

摘自 2018 年 10 月 29 日《国家税务总局关于扩大境外投资者以分配利润直接投资暂不征收预提所得税政策适用范围有关问题的公告》（国家税务总局公告 2018 年第 53 号）

13. 享受暂不征收预提所得税政策的征管规定

境外投资者符合本通知第二条规定条件的，应按照税收管理要求进行申报并如实向利润分配企业提供其符合政策条件的资料。利润分配企业经适当审核后认为境外投资者符合本通知规定的，可暂不按照企业所得税法第三十七条规定扣缴预提所得税，并向其主管税务机关履行备案手续。

摘自 2018 年 9 月 29 日《财政部　税务总局　国家发展改革委　商务部关于扩大境外投资者以分配利润直接投资暂不征收预提所得税政策适用范围的通知》（财税〔2018〕102 号）

境外投资者按照《通知》[①] 第三条规定享受暂不征税政策时，应当填写《非居民企业递延缴纳预提所得税信息报告表》，并提交给利润分配企业。

利润分配企业应当按照《通知》第三条规定审核境外投资者提交的资料信息，并确认以下结果后，执行暂不征税政策：

（1）境外投资者填报的信息完整，没有缺项；

（2）利润实际支付过程与境外投资者填报信息吻合；

（3）境外投资者填报信息涉及利润分配企业的内容真实、准确。

利润分配企业已按照《通知》第三条规定执行暂不征税政策的，应在实际支付利润之日起 7 日内，向主管税务机关提交以下资料：

（1）由利润分配企业填写的《中华人民共和国扣缴企业所得税报告表》；

（2）由境外投资者提交并经利润分配企业补填信息后的《非居民企业递延缴纳预提所得税信息报告表》。

利润分配企业主管税务机关应在收到《非居民企业递延缴纳预提所得税信息

① 编者注：《通知》指《财政部　税务总局　国家发展改革委　商务部关于扩大境外投资者以分配利润直接投资暂不征收预提所得税政策适用范围的通知》（财税〔2018〕102 号）。

报告表》后10个工作日内，向《通知》第二条第一项规定的被投资企业（以下称被投资企业）主管税务机关或其他相关税务机关发送《非居民企业税务事项联络函》，转发相关信息。

摘自2018年10月29日《国家税务总局关于扩大境外投资者以分配利润直接投资暂不征收预提所得税政策适用范围有关问题的公告》（国家税务总局公告2018年第53号）

14. 享受暂不征收预提所得税政策的后续管理

税务部门依法加强后续管理。境外投资者已享受本通知规定的暂不征收预提所得税政策，经税务部门后续管理核实不符合规定条件的，除属于利润分配企业责任外，视为境外投资者未按照规定申报缴纳企业所得税，依法追究延迟纳税责任，税款延迟缴纳期限自相关利润支付之日起计算。

摘自2018年9月29日《财政部　税务总局　国家发展改革委　商务部关于扩大境外投资者以分配利润直接投资暂不征收预提所得税政策适用范围的通知》（财税〔2018〕102号）

按照《通知》[①] 第四条或者第六条规定补缴税款的，境外投资者可按照有关规定享受税收协定待遇，但是仅可适用相关利润支付时有效的税收协定。后续税收协定另有规定的，按后续税收协定执行。

境外投资者按照《通知》第四条或者第六条规定补缴税款时，应当填写《中华人民共和国扣缴企业所得税报告表》，并提交给利润分配企业主管税务机关。

被投资企业主管税务机关或者其他税务机关发现以下情况的，应在5个工作日内以《非居民企业税务事项联络函》反馈给利润分配企业主管税务机关：

（1）被投资企业不符合享受暂不征税政策条件的相关事实或信息；

（2）境外投资者处置已享受暂不征税政策的投资的相关事实或信息。

主管税务机关在税务管理中可以依法要求境外投资者、利润分配企业、被投资企业、股权转让方等相关单位或个人限期提供与境外投资者享受暂不征税政策相关的资料和信息。

利润分配企业未按照本公告第五条审核确认境外投资者提交的资料信息，致

① 编者注：《通知》指《财政部　税务总局　国家发展改革委　商务部关于扩大境外投资者以分配利润直接投资暂不征收预提所得税政策适应范围的通知》（财税〔2018〕102号）。

使不应享受暂不征税政策的境外投资者实际享受了暂不征税政策的，利润分配企业主管税务机关依照有关规定追究利润分配企业应扣未扣税款的责任，并依法向境外投资者追缴应当缴纳的税款。

境外投资者填报信息有误，致使其本不应享受暂不征税政策，但实际享受暂不征税政策的，利润分配企业主管税务机关依照《通知》第四条规定处理。

摘自 2018 年 10 月 29 日《国家税务总局关于扩大境外投资者以分配利润直接投资暂不征收预提所得税政策适用范围有关问题的公告》（国家税务总局公告 2018 年第 53 号）

15. 可享受但未享受暂不征收预提所得税政策的税务处理

境外投资者按照本通知规定可以享受暂不征收预提所得税政策但未实际享受的，可在实际缴纳相关税款之日起三年内申请追补享受该政策，退还已缴纳的税款。

摘自 2018 年 9 月 29 日《财政部　税务总局　国家发展改革委　商务部关于扩大境外投资者以分配利润直接投资暂不征收预提所得税政策适用范围的通知》（财税〔2018〕102 号）

16. 享受暂不征收预提所得税政策后发生重组的税务处理

境外投资者享受本通知规定的暂不征收预提所得税政策待遇后，被投资企业发生重组符合特殊性重组条件，并实际按照特殊性重组进行税务处理的，可继续享受暂不征收预提所得税政策待遇，不按本通知第六条规定补缴递延的税款。

摘自 2018 年 9 月 29 日《财政部　税务总局　国家发展改革委　商务部关于扩大境外投资者以分配利润直接投资暂不征收预提所得税政策适用范围的通知》（财税〔2018〕102 号）

17. 境外投资者收回分配利润的税务处理

境外投资者通过股权转让、回购、清算等方式实际收回享受暂不征收预提所得税政策待遇的直接投资，在实际收取相应款项后 7 日内，按规定程序向税务部门申报补缴递延的税款。

摘自 2018 年 9 月 29 日《财政部　税务总局　国家发展改革委　商务部关于扩大境外投资者以分配利润直接投资暂不征收预提所得税政策适用范围的通知》（财税〔2018〕102 号）

按照《通知》[①] 第四条或者第六条规定补缴税款的，境外投资者可按照有关规定享受税收协定待遇，但是仅可适用相关利润支付时有效的税收协定。后续税收协定另有规定的，按后续税收协定执行。

境外投资者按照《通知》第四条或者第六条规定补缴税款时，应当填写《中华人民共和国扣缴企业所得税报告表》，并提交给利润分配企业主管税务机关。

境外投资者部分处置持有的包含已享受暂不征税政策和未享受暂不征税政策的同一项中国境内居民企业投资，视为先行处置已享受暂不征税政策的投资。

境外投资者未按照《通知》第六条规定补缴递延税款的，利润分配企业主管税务机关追究境外投资者延迟缴纳税款责任，税款延迟缴纳期限自实际收取相关款项后第 8 日（含第 8 日）起计算。

摘自 2018 年 10 月 29 日《国家税务总局关于扩大境外投资者以分配利润直接投资暂不征收预提所得税政策适用范围有关问题的公告》（国家税务总局公告 2018 年第 53 号）

18. 关于外国投资者从外商投资企业取得利润的优惠政策

2008 年 1 月 1 日之前外商投资企业形成的累积未分配利润，在 2008 年以后分配给外国投资者的，免征企业所得税；2008 年及以后年度外商投资企业新增利润分配给外国投资者的，依法缴纳企业所得税。

摘自 2008 年 2 月 22 日《财政部　国家税务总局关于企业所得税若干优惠政策的通知》（财税〔2008〕1 号）

19. 跨境混合性投资业务企业所得税处理

境外投资者在境内从事混合性投资业务，满足《国家税务总局关于企业混合性投资业务企业所得税处理问题的公告》（2013 年第 41 号）第一条规定的条件的，可以按照该公告第二条第一款的规定进行企业所得税处理，但同时符合以下两种情形的除外：

（1）该境外投资者与境内被投资企业构成关联关系；

（2）境外投资者所在国家（地区）将该项投资收益认定为权益性投资收益，

① 编者注：《通知》指《财政部　税务总局　国家发展改革委　商务部关于扩大境外投资者以分配利润直接投资暂不征收预提所得税政策适用范围的通知》（财税〔2018〕102 号）。

且不征收企业所得税。

同时符合上述第（1）项和第（2）项规定情形的，境内被投资企业向境外投资者支付的利息应视为股息，不得进行税前扣除。

摘自2021年6月22日《国家税务总局关于企业所得税若干政策征管口径问题的公告》（国家税务总局公告2021年第17号）

企业混合性投资业务，是指兼具权益和债权双重特性的投资业务。同时符合下列条件的混合性投资业务，按本公告进行企业所得税处理：

（1）被投资企业接受投资后，需要按投资合同或协议约定的利率定期支付利息（或定期支付保底利息、固定利润、固定股息，下同）；

（2）有明确的投资期限或特定的投资条件，并在投资期满或者满足特定投资条件后，被投资企业需要赎回投资或偿还本金；

（3）投资企业对被投资企业净资产不拥有所有权；

（4）投资企业不具有选举权和被选举权；

（5）投资企业不参与被投资企业日常生产经营活动。

符合本公告第一条规定的混合性投资业务，按下列规定进行企业所得税处理：

（1）对于被投资企业支付的利息，投资企业应于被投资企业应付利息的日期，确认收入的实现并计入当期应纳税所得额；被投资企业应于应付利息的日期，确认利息支出，并按税法和《国家税务总局关于企业所得税若干问题的公告》（2011年第34号）第一条的规定，进行税前扣除。

（2）对于被投资企业赎回的投资，投资双方应于赎回时将赎价与投资成本之间的差额确认为债务重组损益，分别计入当期应纳税所得额。

摘自2013年7月15日《国家税务总局关于企业混合性投资业务企业所得税处理问题的公告》（国家税务总局公告2013年第41号）

三、利息

1. 利息收入的含义

企业所得税法第六条第（五）项所称利息收入，是指企业将资金提供他人使用但不构成权益性投资，或者因他人占用本企业资金取得的收入，包括存款利息、贷款利息、债券利息、欠款利息等收入。

利息收入，按照合同约定的债务人应付利息的日期确认收入的实现。

摘自2019年4月23日《中华人民共和国企业所得税法实施条例》（中华人民共和国国务院令第714号）第十八条

2. QFII利息所得的税收处理

QFII取得来源于中国境内的股息、红利和利息收入，应当按照企业所得税法规定缴纳10%的企业所得税。如果是股息、红利，则由派发股息、红利的企业代扣代缴；如果是利息，由企业在支付或到期应支付时代扣代缴。

QFII取得股息、红利和利息收入，需要享受税收协定（安排）待遇的，可向主管税务机关提出申请，主管税务机关审核无误后按照税收协定的规定执行[①]；涉及退税的，应及时予以办理。

摘自2009年1月23日《国家税务总局关于中国居民企业向QFII支付股息、红利、利息代扣代缴企业所得税有关问题的通知》（国税函〔2009〕47号）

3. 境内机构向境外分行支付利息的税务处理

境外分行是指我国银行在境外设立的不具备所在国家（地区）法人资格的分行。境外分行作为中国居民企业在境外设立的分支机构，与其总机构属于同一法人。境外分行开展境内业务，并从境内机构取得的利息，为该分行的收入，计入分行的营业利润，按《财政部　国家税务总局关于企业境外所得税收抵免有关问题的通知》（财税〔2009〕125号）的相关规定，与总机构汇总缴纳企业所得税。境内机构向境外分行支付利息时，不代扣代缴企业所得税。

境外分行从境内取得的利息，如果据以产生利息的债权属于境内总行或总行其他境内分行的，该项利息应为总行或其他境内分行的收入。总行或其他境内分行和境外分行之间应严格区分此类收入，不得将本应属于总行或其他境内分行的境内业务及收入转移到境外分行。

境外分行从境内取得的利息如果属于代收性质，据以产生利息的债权属于境外非居民企业，境内机构向境外分行支付利息时，应代扣代缴企业所得税。

摘自2015年7月19日《国家税务总局关于境内机构向我国银行的境外分

① 编者注：自2020年1月1日起，非居民纳税人享受协定待遇按照《国家税务总局关于发布〈非居民纳税人享受协定待遇管理办法〉的公告》（国家税务总局公告2019年第35号）执行。

行支付利息扣缴企业所得税有关问题的公告》（国家税务总局公告2015年第47号）

税收协定列名的免税外国金融机构设在第三国的非法人分支机构与其总机构属于同一法人，除税收协定中明确规定只有列名金融机构的总机构可以享受免税待遇情况外，该分支机构取得的利息可以享受中国与其总机构所在国签订的税收协定中规定的免税待遇。

属于中国居民企业的银行在境外设立的非法人分支机构同样是中国的居民，该分支机构取得的来源于中国的利息，不论是由中国居民还是外国居民设在中国的常设机构支付，均不适用我国与该分支机构所在国签订的税收协定，应适用我国国内法的相关规定。

摘自2010年6月2日《国家税务总局关于境外分行取得来源于境内利息所得扣缴企业所得税问题的通知》（国税函〔2010〕266号）

4. 免征企业所得税的利息所得

（1）外国政府向中国政府提供贷款取得的利息所得；

（2）国际金融组织向中国政府和居民企业提供优惠贷款取得的利息所得；

（3）经国务院批准的其他所得。

摘自2007年12月6日《中华人民共和国企业所得税法实施条例》（国务院令第512号）第九十一条

实施条例第九十一条第（二）项所称国际金融组织，包括国际货币基金组织、世界银行、亚洲开发银行、国际开发协会、国际农业发展基金、欧洲投资银行以及财政部和国家税务总局确定的其他国际金融组织；所称优惠贷款，是指低于金融企业同期同类贷款利率水平的贷款。

摘自2009年4月24日《财政部　国家税务总局关于执行企业所得税优惠政策若干问题的通知》（财税〔2009〕69号）

5. 融资租赁方式租金所得的税务处理

在中国境内未设立机构、场所的非居民企业，以融资租赁方式将设备、物件等租给中国境内企业使用，租赁期满后设备、物件所有权归中国境内企业（包括租赁期满后作价转让给中国境内企业)，非居民企业按照合同约定的期限收取租金，应以租赁费（包括租赁期满后作价转让给中国境内企业的价款）扣除设备、物件价款后的余额，作为贷款利息所得计算缴纳企业所得税，由中国境内企业在支付时代扣代缴。

摘自2011年3月28日《国家税务总局关于非居民企业所得税管理若干问题的公告》（国家税务总局公告2011年第24号）

6. 担保费所得的税务处理

非居民企业取得来源于中国境内的担保费，应按照企业所得税法对利息所得规定的税率计算缴纳企业所得税。上述来源于中国境内的担保费，是指中国境内企业、机构或个人在借贷、买卖、货物运输、加工承揽、租赁、工程承包等经济活动中，接受非居民企业提供的担保所支付或负担的担保费或相同性质的费用。

摘自2011年3月28日《国家税务总局关于非居民企业所得税管理若干问题的公告》（国家税务总局公告2011年第24号）

7. 境外机构投资境内债券市场企业所得税和增值税的税务处理

自2021年11月7日起至2025年12月31日止，对境外机构投资境内债券市场取得的债券利息收入暂免征收企业所得税和增值税。

上述暂免征收企业所得税的范围不包括境外机构在境内设立的机构、场所取得的与该机构、场所有实际联系的债券利息。

摘自2021年11月22日《财政部　税务总局关于延续境外机构投资境内债券市场企业所得税、增值税政策的公告》（财政部　税务总局公告2021年34号）

8. 跨境混合性投资业务企业所得税处理

企业混合性投资业务，是指兼具权益和债权双重特性的投资业务。同时符合下列条件的混合性投资业务，按本公告进行企业所得税处理：

（1）被投资企业接受投资后，需要按投资合同或协议约定的利率定期支付利息（或定期支付保底利息、固定利润、固定股息，下同）；

（2）有明确的投资期限或特定的投资条件，并在投资期满或者满足特定投资条件后，被投资企业需要赎回投资或偿还本金；

（3）投资企业对被投资企业净资产不拥有所有权；

（4）投资企业不具有选举权和被选举权；

（5）投资企业不参与被投资企业日常生产经营活动。

符合本公告第一条规定的混合性投资业务，按下列规定进行企业所得税处理：

（1）对于被投资企业支付的利息，投资企业应于被投资企业应付利息的日期，确认收入的实现并计入当期应纳税所得额；被投资企业应于应付利息的日期，确认利息支出，并按税法和《国家税务总局关于企业所得税若干问题的公告》（2011 年第 34 号）第一条的规定，进行税前扣除。

（2）对于被投资企业赎回的投资，投资双方应于赎回时将赎价与投资成本之间的差额确认为债务重组损益，分别计入当期应纳税所得额。

摘自 2013 年 7 月 15 日《国家税务总局关于企业混合性投资业务企业所得税处理问题的公告》（国家税务总局公告 2013 年第 41 号）

9. 关联债资比超标的税务处理

所得税法第四十六条规定不得在计算应纳税所得额时扣除的利息支出，不得结转到以后纳税年度；应按照实际支付给各关联方利息占关联方利息总额的比例，在各关联方之间进行分配，其中，分配给实际税负高于企业的境内关联方的利息准予扣除；直接或间接实际支付给境外关联方的利息应视同分配的股息，按照股息和利息分别适用的所得税税率差补征企业所得税，如已扣缴的所得税税款多于按股息计算应征所得税税款，多出的部分不予退税。

摘自 2009 年 1 月 8 日《国家税务总局关于印发〈特别纳税调整实施办法（试行）〉的通知》（国税发〔2009〕2 号）

四、租金

1. 租金收入的含义

企业所得税法第六条第（六）项所称租金收入，是指企业提供固定资产、包装物或者其他有形资产的使用权取得的收入。

租金收入，按照合同约定的承租人应付租金的日期确认收入的实现。

摘自2019年4月23日《中华人民共和国企业所得税法实施条例》（中华人民共和国国务院令第714号）第十九条

2. 出租不动产租金所得的税务处理

非居民企业出租位于中国境内的房屋、建筑物等不动产，对未在中国境内设立机构、场所进行日常管理的，以其取得的租金收入全额计算缴纳企业所得税，由中国境内的承租人在每次支付或到期应支付时代扣代缴。

摘自2011年3月28日《国家税务总局关于非居民企业所得税管理若干问题的公告》（国家税务总局公告2011年第24号）

五、特许权使用费

1. 特许权使用费收入的含义

企业所得税法第六条第（七）项所称特许权使用费收入，是指企业提供专利权、非专利技术、商标权、著作权以及其他特许权的使用权取得的收入。

摘自2019年4月23日《中华人民共和国企业所得税法实施条例》（中华人民共和国国务院令第714号）第二十条

2. 特许权使用费收入实现的确认

特许权使用费收入，按照合同约定的特许权使用人应付特许权使用费的日期确认收入的实现。

摘自2019年4月23日《中华人民共和国企业所得税法实施条例》（中华人民共和国国务院令第714号）第二十条

六、转让财产所得

1. 转让财产收入的含义

企业所得税法第六条第（三）项所称转让财产收入，是指企业转让固定资产、生物资产、无形资产、股权、债权等财产取得的收入。

摘自2019年4月23日《中华人民共和国企业所得税法实施条例》（中华人民共和国国务院令第714号）第十六条

2. 取得剩余资产所得的税务处理

投资方企业从被清算企业分得的剩余资产，其中相当于从被清算企业累计未分配利润和累计盈余公积中应当分得的部分，应当确认为股息所得；剩余资产减除上述股息所得后的余额，超过或者低于投资成本的部分，应当确认为投资资产转让所得或者损失。

摘自2019年4月23日《中华人民共和国企业所得税法实施条例》（中华人民共和国国务院令第714号）第十一条

被清算企业的股东分得的剩余资产的金额，其中相当于被清算企业累计未分配利润和累计盈余公积中按该股东所占股份比例计算的部分，应确认为股息所得；剩余资产减除股息所得后的余额，超过或低于股东投资成本的部分，应确认为股东的投资转让所得或损失。

被清算企业的股东从被清算企业分得的资产应按可变现价值或实际交易价格确定计税基础。

摘自2009年4月30日《财政部　国家税务总局关于企业清算业务企业所得税处理若干问题的通知》（财税〔2009〕60号）

投资企业从被投资企业撤回或减少投资，其取得的资产中，相当于初始出资的部分，应确认为投资收回；相当于被投资企业累计未分配利润和累计盈余公积按减少实收资本比例计算的部分，应确认为股息所得；其余部分确认为投资资产转让所得。

摘自2011年6月9日《国家税务总局关于企业所得税若干问题的公告》（国家税务总局公告2011年第34号）

3. 土地使用权转让所得的税务处理

非居民企业在中国境内未设立机构、场所而转让中国境内土地使用权，或者虽设立机构、场所但取得的土地使用权转让所得与其所设机构、场所没有实际联系的，应以其取得的土地使用权转让收入总额减除计税基础后的余额作为土地使用权转让所得计算缴纳企业所得税，并由扣缴义务人在支付时代扣代缴。

摘自2011年3月28日《国家税务总局关于非居民企业所得税管理若干问题的公告》（国家税务总局公告2011年第24号）

4. 股权转让所得的税务处理

企业所得税法第十九条第二项规定的转让财产所得包含转让股权等权益性投资资产（以下称“股权”）所得。股权转让收入减除股权净值后的余额为股权转让所得应纳税所得额。

摘自2017年10月17日《国家税务总局关于非居民企业所得税源泉扣缴有关问题的公告》（国家税务总局公告2017年第37号）

5. 股权转让收入的含义

股权转让收入是指股权转让人转让股权所收取的对价，包括货币形式和非货币形式的各种收入。

摘自2017年10月17日《国家税务总局关于非居民企业所得税源泉扣缴有关问题的公告》（国家税务总局公告2017年第37号）

6. 股权净值的含义

股权净值是指取得该股权的计税基础。股权的计税基础是股权转让人投资入股时向中国居民企业实际支付的出资成本，或购买该项股权时向该股权的原转让人实际支付的股权受让成本。股权在持有期间发生减值或者增值，按照国务院财政、税务主管部门规定可以确认损益的，股权净值应进行相应调整。企业在计算股权转让所得时，不得扣除被投资企业未分配利润等股东留存收益中按该项股权所可能分配的金额。

多次投资或收购的同项股权被部分转让的，从该项股权全部成本中按照转让比例计算确定被转让股权对应的成本。

摘自2017年10月17日《国家税务总局关于非居民企业所得税源泉扣缴有关问题的公告》（国家税务总局公告2017年第37号）

7. 不同币种财产转让所得的计算

财产转让收入或财产净值以人民币以外的货币计价的，分扣缴义务人扣缴税款、纳税人自行申报缴纳税款和主管税务机关责令限期缴纳税款三种情形，先将以非人民币计价项目金额比照本公告第四条规定折合成人民币金额；再按企业所得税法第十九条第二项及相关规定计算非居民企业财产转让所得应纳税所得额。

财产净值或财产转让收入的计价货币按照取得或转让财产时实际支付或收取

的计价币种确定。原计价币种停止流通并启用新币种的，按照新旧货币市场转换比例转换为新币种后进行计算。

摘自 2017 年 10 月 17 日《国家税务总局关于非居民企业所得税源泉扣缴有关问题的公告》（国家税务总局公告 2017 年第 37 号）

8. 非居民间接转让财产的范围

非居民企业通过实施不具有合理商业目的的安排，间接转让中国居民企业股权等财产，规避企业所得税纳税义务的，应按照企业所得税法第四十七条的规定，重新定性该间接转让交易，确认为直接转让中国居民企业股权等财产。

本公告所称中国居民企业股权等财产，是指非居民企业直接持有，且转让取得的所得按照中国税法规定，应在中国缴纳企业所得税的中国境内机构、场所财产，中国境内不动产，在中国居民企业的权益性投资资产等（以下称中国应税财产）。

间接转让中国应税财产，是指非居民企业通过转让直接或间接持有中国应税财产的境外企业（不含境外注册中国居民企业，以下称境外企业）股权及其他类似权益（以下称股权），产生与直接转让中国应税财产相同或相近实质结果的交易，包括非居民企业重组引起境外企业股东发生变化的情形。间接转让中国应税财产的非居民企业称股权转让方。

摘自 2015 年 2 月 3 日《国家税务总局关于非居民企业间接转让财产企业所得税若干问题的公告》（国家税务总局公告 2015 年第 7 号）

9. 间接转让中国应税财产所得的税务处理顺序

适用本公告第一条规定的股权转让方取得的转让境外企业股权所得归属于中国应税财产的数额（以下称间接转让中国应税财产所得），应按以下顺序进行税务处理：

（1）对归属于境外企业及直接或间接持有中国应税财产的下属企业在中国境内所设机构、场所财产的数额（以下称间接转让机构、场所财产所得），应作为与所设机构、场所有实际联系的所得，按照企业所得税法第三条第二款规定征税；

（2）除适用本条第（1）项规定情形外，对归属于中国境内不动产的数额（以下称间接转让不动产所得），应作为来源于中国境内的不动产转让所得，按照企业所得税法第三条第三款规定征税；

（3）除适用本条第（1）项或第（2）项规定情形外，对归属于在中国居民企业的权益性投资资产的数额（以下称间接转让股权所得），应作为来源于中国境内的权益性投资资产转让所得，按照企业所得税法第三条第三款规定征税。

摘自 2015 年 2 月 3 日《国家税务总局关于非居民企业间接转让财产企业所得税若干问题的公告》（国家税务总局公告 2015 年第 7 号）

10. 综合判断合理商业目的考虑因素

判断合理商业目的，应整体考虑与间接转让中国应税财产交易相关的所有安排，结合实际情况综合分析以下相关因素：

（1）境外企业股权主要价值是否直接或间接来自于中国应税财产；

（2）境外企业资产是否主要由直接或间接在中国境内的投资构成，或其取得的收入是否主要直接或间接来源于中国境内；

（3）境外企业及直接或间接持有中国应税财产的下属企业实际履行的功能和承担的风险是否能够证实企业架构具有经济实质；

（4）境外企业股东、业务模式及相关组织架构的存续时间；

（5）间接转让中国应税财产交易在境外应缴纳所得税情况；

（6）股权转让方间接投资、间接转让中国应税财产交易与直接投资、直接转让中国应税财产交易的可替代性；

（7）间接转让中国应税财产所得在中国可适用的税收协定或安排情况；

（8）其他相关因素。

摘自 2015 年 2 月 3 日《国家税务总局关于非居民企业间接转让财产企业所得税若干问题的公告》（国家税务总局公告 2015 年第 7 号）

11. 直接认定为不具有合理商业目的的情形

除本公告第五条和第六条规定情形外，与间接转让中国应税财产相关的整体安排同时符合以下情形的，无需按本公告第三条进行分析和判断，应直接认定为不具有合理商业目的：

（1）境外企业股权 75% 以上价值直接或间接来自于中国应税财产；

（2）间接转让中国应税财产交易发生前一年内任一时点，境外企业资产总额（不含现金）的 90% 以上直接或间接由在中国境内的投资构成，或间接转让中国应税财产交易发生前一年内，境外企业取得收入的 90% 以上直接或间接来源于中国境内；

（3）境外企业及直接或间接持有中国应税财产的下属企业虽在所在国家（地区）登记注册，以满足法律所要求的组织形式，但实际履行的功能及承担的风险有限，不足以证实其具有经济实质；

（4）间接转让中国应税财产交易在境外应缴所得税税负低于直接转让中国应税财产交易在中国的可能税负。

摘自 2015 年 2 月 3 日《国家税务总局关于非居民企业间接转让财产企业所得税若干问题的公告》（国家税务总局公告 2015 年第 7 号）

12. 间接转让财产的豁免条款

与间接转让中国应税财产相关的整体安排符合以下情形之一的，不适用本公告第一条的规定：

（1）非居民企业在公开市场买入并卖出同一上市境外企业股权取得间接转让中国应税财产所得；

（2）在非居民企业直接持有并转让中国应税财产的情况下，按照可适用的税收协定或安排的规定，该项财产转让所得在中国可以免予缴纳企业所得税。

摘自 2015 年 2 月 3 日《国家税务总局关于非居民企业间接转让财产企业所得税若干问题的公告》（国家税务总局公告 2015 年第 7 号）

13. 间接转让财产安全港规则

间接转让中国应税财产同时符合以下条件的，应认定为具有合理商业目的：

（1）交易双方的股权关系具有下列情形之一：

①股权转让方直接或间接拥有股权受让方 80% 以上的股权；

②股权受让方直接或间接拥有股权转让方 80% 以上的股权；

③股权转让方和股权受让方被同一方直接或间接拥有 80% 以上的股权。

境外企业股权 50% 以上（不含 50%）价值直接或间接来自于中国境内不动产的，本条第（1）项第①、②、③目的持股比例应为 100%。

上述间接拥有的股权按照持股链中各企业的持股比例乘积计算。

（2）本次间接转让交易后可能再次发生的间接转让交易相比在未发生本次间接转让交易情况下的相同或类似间接转让交易，其中国所得税负担不会减少。

（3）股权受让方全部以本企业或与其具有控股关系的企业的股权（不含上市企业股权）支付股权交易对价。

摘自2015年2月3日《国家税务总局关于非居民企业间接转让财产企业所得税若干问题的公告》（国家税务总局公告2015年第7号）

14. 间接转让财产需提交的资料

间接转让中国应税财产的交易双方及被间接转让股权的中国居民企业可以向主管税务机关报告股权转让事项，并提交以下资料：

（1）股权转让合同或协议（为外文文本的需同时附送中文译本，下同）；

（2）股权转让前后的企业股权架构图；

（3）境外企业及直接或间接持有中国应税财产的下属企业上两个年度财务、会计报表；

（4）间接转让中国应税财产交易不适用本公告第一条的理由。

间接转让中国应税财产的交易双方和筹划方，以及被间接转让股权的中国居民企业，应按照主管税务机关要求提供以下资料：

（1）本公告第九条规定的资料（已提交的除外）；

（2）有关间接转让中国应税财产交易整体安排的决策或执行过程信息；

（3）境外企业及直接或间接持有中国应税财产的下属企业在生产经营、人员、账务、财产等方面的信息，以及内外部审计情况；

（4）用以确定境外股权转让价款的资产评估报告及其他作价依据；

（5）间接转让中国应税财产交易在境外应缴纳所得税情况；

（6）与适用公告第五条和第六条有关的证据信息；

（7）其他相关资料。

摘自2015年2月3日《国家税务总局关于非居民企业间接转让财产企业所得税若干问题的公告》（国家税务总局公告2015年第7号）

15. 对间接转让财产避税行为的税务处理

主管税务机关需对间接转让中国应税财产交易进行立案调查及调整的，应按照一般反避税的相关规定执行。

摘自2015年2月3日《国家税务总局关于非居民企业间接转让财产企业所得税若干问题的公告》（国家税务总局公告2015年第7号）

16. 境外投资方间接转让财产特殊情况的税务处理

股权转让方通过直接转让同一境外企业股权导致间接转让两项以上中国应税财产，按照本公告的规定应予征税，涉及两个以上主管税务机关的，股权转让方应分别到各所涉主管税务机关申报缴纳企业所得税。

各主管税务机关应相互告知税款计算方法，取得一致意见后组织税款入库；如不能取得一致意见的，应报其共同上一级税务机关协调。

摘自2015年2月3日《国家税务总局关于非居民企业间接转让财产企业所得税若干问题的公告》（国家税务总局公告2015年第7号）

17. QFII和RQFII取得中国境内的股票等权益性投资资产转让所得的税收处理

经国务院批准，从2014年11月17日起，对合格境外机构投资者（简称QFII）、人民币合格境外机构投资者（简称RQFII）取得来源于中国境内的股票等权益性投资资产转让所得，暂免征收企业所得税。在2014年11月17日之前QFII和RQFII取得的上述所得应依法征收企业所得税。

本通知适用于在中国境内未设立机构、场所，或者在中国境内虽设立机构、场所，但取得的上述所得与其所设机构、场所没有实际联系的QFII、RQFII。

摘自2014年10月31日《财政部　国家税务总局　证监会关于QFII和RQFII取得中国境内的股票等权益性投资资产转让所得暂免征收企业所得税问题的通知》（财税〔2014〕79号）

18. 香港市场投资者通过沪港通投资上海证券交易所（以下简称上交所）上市A股的转让差价所得税务处理

对香港市场投资者（包括企业和个人）投资上交所上市A股取得的转让差价所得，暂免征收所得税。

摘自2014年10月31日《财政部　国家税务总局　证监会关于沪港股票市场交易互联互通机制试点有关税收政策的通知》（财税〔2014〕81号）

19. 香港市场投资者通过深港通投资深圳证券交易所（以下简称深交所）上市A股的转让差价所得税务处理

对香港市场投资者（包括企业和个人）投资深交所上市A股取得的转让差

价所得，暂免征收所得税。

摘自2016年11月5日《财政部　国家税务总局　证监会关于深港股票市场交易互联互通机制试点有关税收政策的通知》（财税〔2016〕127号）

20. 关于香港市场投资者通过基金互认买卖内地基金份额取得的转让差价税务处理问题

对香港市场投资者（包括企业和个人）通过基金互认买卖内地基金份额取得的转让差价所得，暂免征收所得税。

摘自2015年12月14日《财政部　国家税务总局　证监会关于内地与香港基金互认有关税收政策的通知》（财税〔2015〕125号）

七、重组业务的税务处理

1. 适用特殊性税务处理的企业重组应具备的条件

（1）具有合理的商业目的，且不以减少、免除或者推迟缴纳税款为主要目的。

（2）被收购、合并或分立部分的资产或股权比例符合本通知规定的比例。

（3）企业重组后的连续12个月内不改变重组资产原来的实质性经营活动。

（4）重组交易对价中涉及股权支付金额符合本通知规定比例。

（5）企业重组中取得股权支付的原主要股东，在重组后连续12个月内，不得转让所取得的股权。

企业发生涉及中国境内与境外之间（包括港澳台地区）的股权和资产收购交易，除应符合本通知第五条规定的条件外，还应同时符合下列条件，才可选择适用特殊性税务处理规定：

（1）非居民企业向其100%直接控股的另一非居民企业转让其拥有的居民企业股权，没有因此造成以后该项股权转让所得预提税负担变化，且转让方非居民企业向主管税务机关书面承诺在3年（含3年）内不转让其拥有受让方非居民企业的股权；

（2）非居民企业向与其具有100%直接控股关系的居民企业转让其拥有的另一居民企业股权；

（3）居民企业以其拥有的资产或股权向其100%直接控股的非居民企业进行

投资；

（4）财政部、国家税务总局核准的其他情形。

摘自2009年4月30日《财政部　国家税务总局关于企业重组业务企业所得税处理若干问题的通知》（财税〔2009〕59号）

本公告所称股权转让是指非居民企业发生《财政部　国家税务总局关于企业重组业务企业所得税处理若干问题的通知》（财税〔2009〕59号）第七条第（一）、（二）项规定的情形；其中《通知》第七条第（一）项规定的情形包括因境外企业分立、合并导致中国居民企业股权被转让的情形。

摘自2013年12月12日《国家税务总局关于非居民企业股权转让适用特殊性税务处理有关问题的公告》（国家税务总局公告2013年第72号）

2. 股权收购的特殊性税务处理

企业重组符合本通知第五条规定条件的，交易各方对其交易中的股权支付部分，可以按以下规定进行特殊性税务处理：

股权收购，收购企业购买的股权不低于被收购企业全部股权的50%，且收购企业在该股权收购发生时的股权支付金额不低于其交易支付总额的85%，可以选择按以下规定处理：

（1）被收购企业的股东取得收购企业股权的计税基础，以被收购股权的原有计税基础确定。

（2）收购企业取得被收购企业股权的计税基础，以被收购股权的原有计税基础确定。

（3）收购企业、被收购企业的原有各项资产和负债的计税基础和其他相关所得税事项保持不变。

摘自2009年4月30日《财政部　国家税务总局关于企业重组业务企业所得税处理若干问题的通知》（财税〔2009〕59号）；根据2014年12月25日《财政部　国家税务总局关于促进企业重组有关企业所得税处理问题的通知》（财税〔2014〕109号）修改

3. 非居民企业股权转让适用特殊性税务处理备案

非居民企业股权转让选择特殊性税务处理的，应于股权转让合同或协议生效且完成工商变更登记手续30日内进行备案。属于《通知》[①] 第七条第（一）项情形的，由转让方向被转让企业所在地所得税主管税务机关备案；属于《通知》第七条第（二）项情形的，由受让方向其所在地所得税主管税务机关备案。

股权转让方或受让方可以委托代理人办理备案事项；代理人在代为办理备案事项时，应向主管税务机关出具备案人的书面授权委托书。

摘自2013年12月12日《国家税务总局关于非居民企业股权转让适用特殊性税务处理有关问题的公告》（国家税务总局公告2013年第72号）

4. 非居民企业股权转让适用特殊性税务处理备案时填报的资料

股权转让方、受让方或其授权代理人（以下简称备案人）办理备案时应填报以下资料：

（1）《非居民企业股权转让适用特殊性税务处理备案表》；

（2）股权转让业务总体情况说明，应包括股权转让的商业目的、证明股权转让符合特殊性税务处理条件、股权转让前后的公司股权架构图等资料；

（3）股权转让业务合同或协议（外文文本的同时附送中文译本）；

（4）工商等相关部门核准企业股权变更事项证明资料；

（5）截至股权转让时，被转让企业历年的未分配利润资料；

（6）税务机关要求的其他材料。

以上资料已经向主管税务机关报送的，备案人可不再重复报送。其中以复印件向税务机关提交的资料，备案人应在复印件上注明"本复印件与原件一致"字样，并签字后加盖备案人印章；报送中文译本的，应在中文译本上注明"本译文与原文表述内容一致"字样，并签字后加盖备案人印章。

摘自2013年12月12日《国家税务总局关于非居民企业股权转让适用特殊性税务处理有关问题的公告》（国家税务总局公告2013年第72号）

5. 非居民股权转让选择特殊性税务处理享受协定待遇问题

非居民企业发生股权转让属于《通知》[②] 第七条第（一）项情形且选择特殊性税务处理的，转让方和受让方不在同一国家或地区的，若被转让企业股权转让

①② 编者注：《通知》指《财政部 国家税务总局关于企业重组业务企业所得税处理若干问题的通知》（财税〔2009〕59号）。

前的未分配利润在转让后分配给受让方的，不享受受让方所在国家（地区）与中国签订的税收协定（含税收安排）的股息减税优惠待遇，并由被转让企业按税法相关规定代扣代缴企业所得税，到其所在地所得税主管税务机关申报缴纳。

摘自2013年12月12日《国家税务总局关于非居民企业股权转让适用特殊性税务处理有关问题的公告》（国家税务总局公告2013年第72号）

6. 跨境重组的资料报送

发生《通知》[①] 第七条第（三）项规定的重组，居民企业应向其所在地主管税务机关报送以下资料：

（1）当事方的重组情况说明，申请文件中应说明股权转让的商业目的；

（2）双方所签订的股权转让协议；

（3）双方控股情况说明；

（4）由评估机构出具的资产或股权评估报告。报告中应分别列示涉及的各单项被转让资产和负债的公允价值；

（5）证明重组符合特殊性税务处理条件的资料，包括股权或资产转让比例，支付对价情况，以及12个月内不改变资产原来的实质性经营活动、不转让所取得股权的承诺书等；

（6）税务机关要求的其他材料。

摘自2010年7月26日《国家税务总局关于发布〈企业重组业务企业所得税管理办法〉的公告》（国家税务总局公告2010年第4号）

7. 跨境重组税收管理

本通知第七条第（三）项所指的居民企业以其拥有的资产或股权向其100%直接控股关系的非居民企业进行投资，其资产或股权转让收益如选择特殊性税务处理，可以在10个纳税年度内均匀计入各年度应纳税所得额。

摘自2009年4月30日《财政部　国家税务总局关于企业重组业务企业所得税处理若干问题的通知》（财税〔2009〕59号）

---

① 编者注：《通知》指《财政部　国家税务总局关于企业重组业务企业所得税处理若干问题的通知》（财税〔2009〕59号）。

企业发生财税〔2009〕59号文件第七条第（三）项规定的重组，居民企业应准确记录应予确认的资产或股权转让收益总额，并在相应年度的企业所得税汇算清缴时对当年确认额及分年结转额的情况做出说明。

主管税务机关应建立台账，对居民企业取得股权的计税基础和每年确认的资产或股权转让收益进行比对分析，加强后续管理。

摘自2015年6月24日《国家税务总局关于企业重组业务企业所得税征收管理若干问题的公告》（国家税务总局公告2015年第48号）

第四节　对外支付税务备案管理

一、基本规定

1. 需要进行税务备案的对外付汇项目

境内机构和个人向境外单笔支付等值5万美元以上（不含等值5万美元，下同）下列外汇资金，除本公告第三条规定的情形外，均应向所在地主管税务机关进行备案：

（1）境外机构或个人从境内获得的包括运输、旅游、通信、建筑安装及劳务承包、保险服务、金融服务、计算机和信息服务、专有权利使用和特许、体育文化和娱乐服务、其他商业服务、政府服务等服务贸易收入；

（2）境外个人在境内的工作报酬，境外机构或个人从境内获得的股息、红利、利润、直接债务利息、担保费以及非资本转移的捐赠、赔偿、税收、偶然性所得等收益和经常转移收入；

（3）境外机构或个人从境内获得的融资租赁租金、不动产的转让收入、股权转让所得以及外国投资者其他合法所得。

摘自2013年7月9日《国家税务总局　国家外汇管理局关于服务贸易等项目对外支付税务备案有关问题的公告》（国家税务总局　国家外汇管理局公告2013年第40号）

2. 不需要办理税务备案的对外支付项目

境内机构和个人对外支付下列外汇资金，无需办理和提交《备案表》：

（1）境内机构在境外发生的差旅、会议、商品展销等各项费用；

（2）境内机构在境外代表机构的办公经费，以及境内机构在境外承包工程的工程款；

（3）境内机构发生在境外的进出口贸易佣金、保险费、赔偿款；

（4）进口贸易项下境外机构获得的国际运输费用；

（5）保险项下保费、保险金等相关费用；

（6）从事运输或远洋渔业的境内机构在境外发生的修理、油料、港杂等各项费用；

（7）境内旅行社从事出境旅游业务的团费以及代订、代办的住宿、交通等相关费用；

（8）亚洲开发银行和世界银行集团下属的国际金融公司从我国取得的所得或收入，包括投资合营企业分得的利润和转让股份所得、在华财产（含房产）出租或转让收入以及贷款给我国境内机构取得的利息；

（9）外国政府和国际金融组织向我国提供的外国政府（转）贷款［含外国政府混合（转）贷款］和国际金融组织贷款项下的利息。本项所称国际金融组织是指国际货币基金组织、世界银行集团、国际开发协会、国际农业发展基金组织、欧洲投资银行等；

（10）外汇指定银行或财务公司自身对外融资如境外借款、境外同业拆借、海外代付以及其他债务等项下的利息；

（11）我国省级以上国家机关对外无偿捐赠援助资金；

（12）境内证券公司或登记结算公司向境外机构或境外个人支付其依法获得的股息、红利、利息收入及有价证券卖出所得收益；

（13）境内个人境外留学、旅游、探亲等因私用汇；

（14）境内机构和个人办理服务贸易、收益和经常转移项下退汇；

（15）国家规定的其他情形。

摘自2013年7月9日《国家税务总局　国家外汇管理局关于服务贸易等项目对外支付税务备案有关问题的公告》（国家税务总局　国家外汇管理局公告2013年第40号）

3. 下列事项无需办理税务备案：

（1）外国投资者以境内直接投资合法所得在境内再投资；

（2）财政预算内机关、事业单位、社会团体非贸易非经营性付汇业务。

摘自2021年6月29日《国家税务总局　国家外汇管理局关于服务贸易等项目对外支付税务备案有关问题的补充公告》（国家税务总局　国家外汇管理局公告2021年第19号）

二、对外支付税务备案程序

1. 境内机构和个人办理对外支付税务备案的程序

境内机构和个人（以下称备案人）在办理对外支付税务备案时，应向主管税务机关提交加盖公章的合同（协议）或相关交易凭证复印件（外文文本应同时附送中文译本），并填报《服务贸易等项目对外支付税务备案表》（一式两份，以下简称《备案表》）。

摘自2013年7月9日《国家税务总局　国家外汇管理局关于服务贸易等项目对外支付税务备案有关问题的公告》（国家税务总局　国家外汇管理局公告2013年第40号）

备案人可以通过以下方式获取和填报《服务贸易等项目对外支付税务备案表》（以下简称《备案表》）：

（1）通过电子税务局等在线方式填报；

（2）从各省、自治区、直辖市和计划单列市税务局官方网站下载并填报；

（3）在主管税务机关办税服务厅领取并填报。

备案人选择在电子税务局等在线方式办理备案的，应完整、如实填写《备案表》并提交相关资料。备案人完成备案后，可凭《备案表》编号和验证码，按照外汇管理相关规定，到银行办理付汇手续。

备案人选择在办税服务厅办理备案的，对于提交资料齐全、《备案表》填写完整的，主管税务机关无需当场进行纳税事项审核，应在系统录入《备案表》信息、生成《备案表》编号和验证码。备案人可凭《备案表》编号和验证码，按照外汇管理相关规定，到银行办理付汇手续。

摘自2021年6月29日《国家税务总局　国家外汇管理局关于服务贸易等项目对外支付税务备案有关问题的补充公告》（国家税务总局　国家外汇管理局公告2021年第19号）

2. 多次支付一次备案

境内机构和个人（以下称备案人）对同一笔合同需要多次对外支付的，仅需在首次付汇前办理税务备案。

摘自2021年6月29日《国家税务总局　国家外汇管理局关于服务贸易等项目对外支付税务备案有关问题的补充公告》（国家税务总局　国家外汇管理局公告2021年第19号）

3. 未按规定缴纳税款的处理

主管税务机关审查发现对外支付项目未按规定缴纳税款的，应书面告知纳税人或扣缴义务人履行申报纳税或源泉扣缴义务，依法追缴税款，按照税收法律法规的有关规定实施处罚。

摘自2013年7月9日《国家税务总局　国家外汇管理局关于服务贸易等项目对外支付税务备案有关问题的公告》（国家税务总局　国家外汇管理局公告2013年第40号）

政策依据

1. 《中华人民共和国企业所得税法》（中华人民共和国主席令第23号）

2. 《中华人民共和国企业所得税法实施条例》（中华人民共和国国务院令第714号）

3. 《财政部　国家税务总局关于企业所得税若干优惠政策的通知》（财税〔2008〕1号）

4. 《国家税务总局关于外国企业所得税纳税年度有关问题的通知》（国税函〔2008〕301号）

5. 《国家税务总局关于非居民企业不享受小型微利企业所得税优惠政策问题的通知》（国税函〔2008〕650号）

6. 《财政部　国家税务总局关于非居民企业征收企业所得税有关问题的通知》（财税〔2008〕130号）

7. 《国家税务总局关于中国居民企业向境外H股非居民企业股东派发股息代扣代缴企业所得税有关问题的通知》（国税函〔2008〕897号）

8.《国家税务总局关于加强非居民企业来源于我国利息所得扣缴企业所得税工作的通知》（国税函〔2008〕955 号）

9.《财政部　国家税务总局关于海峡两岸海上直航营业税和企业所得税政策的通知》（财税〔2009〕4 号）

10.《非居民承包工程作业和提供劳务税收管理暂行办法》（国家税务总局令第 19 号）

11.《国家税务总局关于印发〈非居民企业所得税汇算清缴管理办法〉的通知》（国税发〔2009〕6 号）

12.《国家税务总局关于中国居民企业向 QFII 支付股息、红利、利息代扣代缴企业所得税有关问题的通知》（国税函〔2009〕47 号）

13.《财政部　国家税务总局关于执行企业所得税优惠政策若干问题的通知》（财税〔2009〕69 号）

14.《财政部　国家税务总局关于企业清算业务企业所得税处理若干问题的通知》（财税〔2009〕60 号）

15.《财政部　国家税务总局关于企业重组业务企业所得税处理若干问题的通知》（财税〔2009〕59 号）

16.《国家税务总局关于非居民企业取得 B 股等股票股息征收企业所得税问题的批复》（国税函〔2009〕394 号）

17.《国家税务总局关于印发〈非居民企业所得税核定征收管理办法〉的通知》（国税发〔2010〕19 号）

18.《国家税务总局关于印发〈外国企业常驻代表机构税收管理暂行办法〉的通知》（国税发〔2010〕18 号）

19.《国家税务总局关于境外分行取得来源于境内利息所得扣缴企业所得税问题的通知》（国税函〔2010〕266 号）

20.《财政部　国家税务总局关于海峡两岸空中直航营业税和企业所得税政策的通知》（财税〔2010〕63 号）

21.《国家税务总局关于非居民企业所得税管理若干问题的公告》（国家税务总局公告 2011 年第 24 号）

22.《国家税务总局关于企业所得税若干问题的公告》（国家税务总局公告 2011 年第 34 号）

23.《国家税务总局关于营业税改征增值税试点中非居民企业缴纳企业所得

税有关问题的公告》（国家税务总局公告 2013 年第 9 号）

24.《国家税务总局关于非居民企业派遣人员在中国境内提供劳务征收企业所得税有关问题的公告》（国家税务总局公告 2013 年第 19 号）

25.《国家税务总局　国家外汇管理局关于服务贸易等项目对外支付税务备案有关问题的公告》（国家税务总局　国家外汇管理局公告 2013 年第 40 号）

26.《国家税务总局关于非居民企业股权转让适用特殊性税务处理有关问题的公告》（国家税务总局公告 2013 年第 72 号）

27.《国家税务总局关于发布〈非居民企业从事国际运输业务税收管理暂行办法〉的公告》（国家税务总局公告 2014 年第 37 号）

28.《财政部　国家税务总局　证监会关于 QFII 和 RQFII 取得中国境内的股票等权益性投资资产转让所得暂免征收企业所得税问题的通知》（财税〔2014〕79 号）

29.《财政部　国家税务总局　证监会关于沪港股票市场交易互联互通机制试点有关税收政策的通知》（财税〔2014〕81 号）

30.《财政部　国家税务总局关于促进企业重组有关企业所得税处理问题的通知》（财税〔2014〕109 号）

31.《国家税务总局关于非居民企业间接转让财产企业所得税若干问题的公告》（国家税务总局公告 2015 年第 7 号）

32.《国家税务总局关于修改〈非居民企业所得税核定征收管理办法〉等文件的公告》（国家税务总局公告 2015 年第 22 号）

33.《国家税务总局关于境内机构向我国银行的境外分行支付利息扣缴企业所得税有关问题的公告》（国家税务总局公告 2015 年第 47 号）

34.《国家税务总局关于企业重组业务企业所得税征收管理若干问题的公告》（国家税务总局公告 2015 年第 48 号）

35.《财政部　国家税务总局　证监会关于内地与香港基金互认有关税收政策的通知》（财税〔2015〕125 号）

36.《国家税务总局关于修改按经费支出换算收入方式核定非居民企业应纳税所得额计算公式的公告》（国家税务总局公告 2016 年第 28 号）

37.《财政部　国家税务总局　证监会关于深港股票市场交易互联互通机制试点有关税收政策的通知》（财税〔2016〕127 号）

38.《国家税务总局关于非居民企业所得税源泉扣缴有关问题的公告》（国

家税务总局公告 2017 年第 37 号）

39.《财政部　税务总局　国家发展改革委　商务部关于扩大境外投资者以分配利润直接投资暂不征收预提所得税政策适用范围的通知》（财税〔2018〕102 号）

40.《国家税务总局关于扩大境外投资者以分配利润直接投资暂不征收预提所得税政策适用范围有关问题的公告》（国家税务总局公告 2018 年第 53 号）

41.《国家税务总局　财政部　中国人民银行关于非居民企业机构场所汇总缴纳企业所得税有关问题的公告》（国家税务总局公告 2019 年第 12 号）

42.《国家税务总局关于企业混合性投资业务企业所得税处理问题的公告》（国家税务总局公告 2013 年第 41 号）

43.《国家税务总局关于企业所得税若干政策征管口径问题的公告》》（国家税务总局公告 2021 年第 17 号）

44.《国家税务总局　国家外汇管理局关于服务贸易等项目对外支付税务备案有关问题的补充公告》（国家税务总局　国家外汇管理局公告 2021 年第 19 号）

45.《财政部　税务总局关于延续境外机构投资境内债券市场企业所得税、增值税政策的公告》（财政部　税务总局公告 2021 年 34 号）

第二章 税收协定

税收协定是指两个或两个以上主权国家，为了协调相互之间的税收管辖关系和处理有关税务问题，通过谈判缔结的书面协议。国际上谈签税收协定一般依据《经济合作与发展组织税收协定范本》（简称“OECD范本”）和《联合国关于发达国家与发展中国家间避免双重征税的协定范本》（简称“UN范本”）。截至2023年12月底，我国已与111个国家（地区）正式签署了避免双重征税协定，其中与105个国家（地区）的协定已生效，和香港、澳门两个特别行政区签署了税收安排，与台湾签署了税收协议（以下统称税收协定）。

为了做好税收协定的解释与执行工作，国家税务总局选取中国与新加坡签署的税收协定（以下简称中新协定）为样本，根据《维也纳条约法公约》《中华人民共和国企业所得税法》及其实施条例、《中华人民共和国个人所得税法》及其实施条例，制定了《〈中华人民共和国政府和新加坡共和国政府关于对所得避免双重征税和防止偷漏税的协定〉及议定书条文解释》（国税发〔2010〕75号）[以下简称中新协定条文解释，根据《国家税务总局关于税收协定执行若干问题的公告》（国家税务总局公告2018年第11号），中新协定条文解释的第八条和第十七条废止]，并明确我国对外所签税收协定有关条文规定与中新协定条文规定内容一致的，中新协定条文解释规定同样适用于其他税收协定相同条文的解释及执行，中新协定条文解释与此前下发的有关税收协定解释与执行文件不同的，以中新协定条文解释为准。因此，本章主要根据中新协定及其条文解释加以分类编辑。

此外，为保证跨国企业有序纳税、消除双重不征税隐患，2017年6月7日，我国与其他66个国家和地区共同签署了《实施税收协定相关措施以防止税基侵蚀和利润转移（BEPS）的多边公约》（以下简称《公约》），为最大范围落实BEPS成果，除2个已纳入BEPS成果的协定外，我国将其余100个协定都纳入《公约》修订范围。因此，本章第四节简要介绍了《公约》的内容。

第一节　税收协定相关条文解释

一、协定适用的人

协定适用的范围为“缔约国一方或同时为双方居民的人”。

有三层含义：

（1）协定适用于“人”；

（2）这些人必须是居民；

（3）这些身为居民的人必须属于缔约国一方或双方。

一般来说，除具体条款另有约定外，协定不适用于任何第三方居民。

摘自2010年7月26日《国家税务总局关于印发〈中华人民共和国政府和新加坡共和国政府关于对所得避免双重征税和防止偷漏税的协定〉及议定书条文解释的通知》（国税发〔2010〕75号）

二、协定适用的税种范围

1. 协定适用税种应符合的条件

（1）必须是对所得征收的税收。

（2）必须是政府（包括地方政府）征收的税收。

对征收方式协定没有限定，可以采取直接征收或源泉扣缴等方式。

摘自2010年7月26日《国家税务总局关于印发〈中华人民共和国政府和新加坡共和国政府关于对所得避免双重征税和防止偷漏税的协定〉及议定书条文解释的通知》（国税发〔2010〕75号）

2. 协定适用的税种

本协定是缔约双方对所得订立的避免双重征税和防止偷漏税的条约，因此适用的税种为所得税类税种。第二款对所得税做出了定义。在中国，资本利得属于本协定第二条第二款所称“全部所得”的范围。一般来说，有关收费，如与个人福利有直接联系的社会保险费等，不视为对所得征收的税收。

摘自2010年7月26日《国家税务总局关于印发〈中华人民共和国政府

和新加坡共和国政府关于对所得避免双重征税和防止偷漏税的协定〉及议定书条文解释的通知》（国税发〔2010〕75号）

3. 协定适用税种的列举

第三款是对协定适用税种的列举。原则上本协定不适用于列举税种之外的其他税种。但根据协定议定书第二条的约定，新加坡居民以船舶或飞机从事国际运输业务取得的收入在中国适用本协定时，除所得税外还包括营业税（已改为增值税）。

摘自2010年7月26日《国家税务总局关于印发〈中华人民共和国政府和新加坡共和国政府关于对所得避免双重征税和防止偷漏税的协定〉及议定书条文解释的通知》（国税发〔2010〕75号）

4. 协定签订后税种变化的适用

第四款规定，协定也适用于协定签订之日后征收的属于增加或代替现行税种的任何相同或实质相似的税种。但发生变化一方的主管当局应及时将相关变化通知对方，如果国内法律的重大变动会影响到协定义务时，一般来说需要双方主管当局互相确认后才能适用。

摘自2010年7月26日《国家税务总局关于印发〈中华人民共和国政府和新加坡共和国政府关于对所得避免双重征税和防止偷漏税的协定〉及议定书条文解释的通知》（国税发〔2010〕75号）

税收协定缔约对方税种范围一览表

序号	缔约国（地区）对方	税收协定适用税种
1	日本	所得税；法人税；居民税 重建专项所得税；重建专项法人税（国家税务总局公告2012年第49号） 地方法人税（国家税务总局公告2015年第13号）
2	美国	根据国内收入法征收的联邦所得税
3	法国	所得税；公司税；公司税缴款；包括上述各种税的源泉扣缴、预扣款或预付款

续表

序号	缔约国（地区）对方	税收协定适用税种
4	英国	所得税；公司税；财产收益税
5	比利时	个人所得税；公司所得税；法人实体税；非居民税；社会保障缴款附加；包括这些税收的预缴税和这些税收及预缴税的任何附加税
6	德国（联邦）	个人所得税；企业所得税；贸易税；以及财产税；包括以上税种的附加税种
7	马来西亚	所得税和超额利润税；补充所得税，即锡利润税、开发税和木材利润税；石油所得税
8	挪威	对所得征收的国家税；对所得征收的郡的市政税；对所得征收的市政税；国家平衡基金税；对财产征收的国家税；对财产征收的市政税；按照石油税收法令对所得和财产征收的国家税；对非居民艺术家报酬征收的国家税；海员税
		国家征收的所得税；郡征收的所得税；市征收的所得税；国家对勘探和开发海底石油资源及相关活动和作业（包括对生产的石油进行管道运输）所得征收的税收；国家对非居民演艺人员的报酬征收的税收*
9	丹麦	国家所得税；地方所得税
10	新加坡	所得税
11	加拿大	加拿大政府征收的所得税
12	芬兰	国家所得税；公司所得税；乡镇税；教会税；对利息所得源泉扣缴的税；对非居民所得源泉扣缴的税
13	瑞典	国家所得税，包括对股息征收的预提税；非居民所得税；非居民艺术家和运动员所得税；市政所得税；扩大经营目的税（中瑞 1999 年附加议定书）
14	新西兰	所得税
15	泰国	所得税；石油所得税
16	意大利	个人所得税；公司所得税；地方所得税；无论这些税是否通过源泉扣缴征收
		个人所得税；公司所得税；就生产性活动征收的地方税；无论这些税是否通过源泉扣缴的方式征收*

续表

序号	缔约国（地区）对方	税收协定适用税种
17	荷兰	所得税；工资税；公司税，包括按照《采矿法》、《荷属安的列斯BES三岛采矿法案》、《荷属安的列斯BES三岛采矿令》和《荷属安的列斯BES三岛萨巴银行石油法案》从自然资源开采净利润中征收的政府份额；股息税
18	斯洛伐克	利润税；工资税；文学艺术活动所得税；农业利润税；人口所得税；房屋租金税
19	波兰	所得税；工资薪金税；平衡税；不动产税；农业税
20	澳大利亚	按照澳大利亚联邦的联邦法律征收的所得税，和对有关勘探开发海洋石油征收的资源租用税 矿产资源租赁税（国家税务总局公告2013年第20号）
21	波黑	对所得征收的税收；对工人个人所得征收的税收；对来自农业活动的个人所得征收的税收；对来自经济活动的个人所得征收的税收；对来自专业活动的个人所得征收的税收；对来自版权、专利和技术革新的特许权使用费征收的税收；对从财产和财产权利取得的收入征收的税收；对财产征收的税收；对公民的全部收入征收的税收；对外国人从事经济和专业活动的所得征收的税收；对外国人在国内的联合劳动组织投资取得的利润征收的税收；对在境内未设机构的外国人从事运输活动的利润征收的税收
22	保加利亚	个人所得税；企业所得税；财产税；最终年度税（中保2002议定书）
23	巴基斯坦	所得税；特别税；附加税
24	科威特	公司所得税；控股公司应向“科威特科学发展基金会”支付的净利润的百分之五（KFAS）；财产税（The Zakat）
25	瑞士	联邦、州和镇：（1）对所得（全部所得、薪金所得、财产所得、工商利润、财产收益和其他所得）征收的税收；和（2）对财产（全部财产、动产和不动产、营业财产、实收股本和准备金，以及其他财产）征收的税收
26	塞浦路斯	所得税；财产收益税；特别捐税（用于共和国防务）；不动产税
27	西班牙	个人所得税；公司所得税；非居民所得税
28	罗马尼亚	所得税；利润税
29	奥地利	所得税；公司税；董事税；财产税；替代遗产财产税；工商企业税，包括对工资总额征收的税收；土地税；农林企业税；闲置土地价值税
30	巴西	联邦所得税，不包括追加所得税和对次要活动征收的税收

续表

序号	缔约国（地区）对方	税收协定适用税种
31	蒙古	个人所得税；外商投资企业所得税；外国企业所得税；地方所得税
32	匈牙利	个人所得税；利润税
33	马耳他	所得税
34	阿联酋	所得税；公司税；附加税
35	卢森堡	个人所得税；公司税；对公司董事费征收的税收；财产税；地区贸易税
36	韩国	所得税；公司税；居民税 协定第二条韩国方面的税种应理解为包括韩国在所得税或者公司税的税基上直接或者间接附加征收的农村发展特别税（中韩第二议定书）
37	俄罗斯	团体利润税；个人所得税
38	巴布亚新几内亚	根据巴布亚新几内亚法律征收的所得税
39	印度	所得税及其附加
40	毛里求斯	所得税
41	克罗地亚	所得税；利润税
42	白俄罗斯	法人所得和利润税；个人所得税；及不动产税
43	斯洛文尼亚	对法人利润，包括对斯洛文尼亚共和国境内设有代理机构的外国人从事运输服务的所得征收的税收；对个人所得，包括工资和薪金、农业活动所得、经营所得、财产收益、特许权使用费及不动产和动产所得征收的税收
44	以色列	所得税（包括公司税和财产收益税）；根据土地增值税法对不动产转让收益征收的税收；和根据财产税法对不动产征收的税收
45	越南	个人所得税；利润税；利润汇出税
46	土耳其	所得税；公司税；对所得税和公司税征收的税收
47	乌克兰	对企业的利润征收的税收；公民所得税
48	亚美尼亚	利润税；所得税；财产税
49	牙买加	所得税；有关财产收益的转让税
50	冰岛	国民所得税；特别国民所得税；市镇所得税；和对银行机构取得的所得征收的税收
51	立陶宛	对法人利润征收的税收；对自然人所得征收的税收；对使用国有资产的企业征收的税收；不动产税

续表

序号	缔约国（地区）对方	税收协定适用税种
52	拉脱维亚	企业所得税；个人所得税；财产税
53	乌兹别克斯坦	企业、协会及社团组织所得税；乌兹别克斯坦共和国公民、外籍个人及无国籍人员个人所得税
54	孟加拉国	所得税
55	塞尔维亚和黑山	公司利润税；公民所得税；财产税；对从事国际运输活动取得的收入征收的税收
56	苏丹	所得税；财产收益税
57	马其顿	个人所得税；利润税；财产税
58	埃及	不动产所得税（包括农业土地税和建筑税）；统一的个人所得税；公司利润税；国家金融资源开发税；对上述各税按百分比例征收的附加税
59	葡萄牙	个人所得税；公司所得税；和公司所得税地方附加
60	爱沙尼亚	所得税；地方所得税
61	老挝	企业利润（所得）税；个人所得税
62	塞舌尔	营业税；石油所得税
63	菲律宾	对个人、公司、产业和信托征收的所得税；股票交易税
64	爱尔兰	所得税；公司税；财产权益税
65	南非	标准税；附加公司所得税
66	巴巴多斯	所得税；公司税（包括分支机构利润税和保险费所得税）；石油经营收益税
67	摩尔多瓦	所得税
68	卡塔尔	所得税
69	古巴	利润税；个人所得税
70	委内瑞拉	公司所得税；营业财产税
71	尼泊尔	按照所得税法征收的所得税
72	哈萨克斯坦	法人所得税；个人所得税
73	印度尼西亚	按照 1984 年所得税法征收的所得税（根据 1983 年第七号法修订）
74	阿曼	根据皇家修订法令第 47/1981 号征收的公司所得税；根据皇家修订法令第 77/1989 号征收的商业和工业利润税

续表

序号	缔约国（地区）对方	税收协定适用税种
75	尼日利亚	个人所得税；公司所得税；石油利润税；财产收益税；教育税
76	突尼斯	所得税；公司税
77	伊朗	所得税
78	巴林	所得税（所得税法第22/1979号）
79	希腊	个人所得税；法人所得税
80	吉尔吉斯	对法人利润及其他收入征收的税；个人所得税
81	摩洛哥	一般所得税；公司税
82	斯里兰卡	所得税（包括对投资委员会颁发许可证的企业营业额征收的所得税）
83	特立尼达和多巴哥	所得税；公司税；石油利润税；附加石油税；失业税
84	阿尔巴尼亚	所得税（包括公司利润税和个人所得税）；小规模经营活动税；财产税
85	文莱	根据所得税法征收的所得税（第35号）；根据所得税（石油）法征收的石油利润税（第119号）
86	阿塞拜疆	法人利润税；个人所得税
87	格鲁吉亚	企业利润税；企业财产税；个人所得税；个人财产税
88	墨西哥	联邦所得税
89	沙特阿拉伯	扎卡特税；所得税（包括天然气投资税）
90	阿尔及利亚	全球所得税；公司利润税；职业行为税；财产税；矿区使用费以及碳氢化合物勘探、研究、开采和管道运输活动成果税
91	塔吉克斯坦	自然人所得税；法人利润税；不动产税
92	埃塞俄比亚	按第286/2002号公告规定对所得和利润征收的税收；按相应公告对采矿、石油和农业活动所得征收的税收
93	土库曼斯坦	法人利润（所得）税；个人所得税
94	捷克	个人所得税；法人所得税
95	赞比亚	所得税
96	叙利亚	商业、工业和非商业利润所得税；薪金工资所得税；非居民所得税；动产和不动产收入所得税；对上述税收按比例征收的附加税；包括地方当局征收的附加税

续表

序号	缔约国（地区）对方	税收协定适用税种
97	乌干达	所得税*
98	博茨瓦纳	所得税，包括对财产收益的征税
99	厄瓜多尔	个人所得税；社团和其他类似实体的所得税
100	智利	根据所得税法所征收的税收
101	津巴布韦	所得税；非居民股东税；非居民酬金税；非居民特许权使用费税；财产收益税；居民利息税
102	柬埔寨	利润税，包括预提税、最低税、股息分配附加利润税和财产收益税；工资税；本协定的任何规定均不得妨碍征收最低税
103	肯尼亚	根据《所得税法案》征收的所得税*
104	加蓬	公司税或单一税率的最低税；自然人所得税；薪金附加税；租赁不动产特别税；以及预提、预缴或提前支付的上述税收*
105	刚果（布）	个人所得税；公司所得税
106	安哥拉	个人所得税；公司所得税；对不动产所得征收的税收；对财产收益征收的税收
107	阿根廷	所得税；核定最低所得税；个人资产税*
108	卢旺达	个人所得税；公司所得税
109	塞内加尔	*
110	喀麦隆	*
111	中国香港	利得税；薪俸税；物业税，不论是否按个人入息课税征收
112	中国澳门	职业税；所得补充税；凭单印花税；房屋税
113	中国台湾	营利事业所得税、综合所得税及所得基本税额*

编者注：1. 此表根据国家税务总局网站截至2023年12月底的税收协定（安排）资料整理，仅供参考，详细情况以税收协定（安排）文本为准。

2. “＊”表示截至2024年4月底协定已签订但尚未生效或协定内容尚未公布。

三、一般定义

1. “国家”的定义

协定对“中国”一语的定义和对“新加坡”一语的定义，意在规定协定适用的地理范围。需要特别说明的是，我国对外签署的税收协定仅适用于中国税收法律覆盖的地区，不适用于香港特别行政区、澳门特别行政区和台湾地区。

摘自2010年7月26日《国家税务总局关于印发〈中华人民共和国政府和新加坡共和国政府关于对所得避免双重征税和防止偷漏税的协定〉及议定书条文解释的通知》(国税发〔2010〕75号)

2. “人”的定义

协定规定“人”这一用语包括“个人、公司和其他团体”。这里所说的“其他团体”具有广泛的含义，包括各种协会、基金会等。根据协定议定书第一条的规定，如果缔约国一方国内法把信托视为该国的税收居民，则“其他团体”也包括在缔约国一方建立的信托。

摘自2010年7月26日《国家税务总局关于印发〈中华人民共和国政府和新加坡共和国政府关于对所得避免双重征税和防止偷漏税的协定〉及议定书条文解释的通知》(国税发〔2010〕75号)

3. “公司”的定义

协定中“公司”一语应作广义理解，指任何“法人团体或税收上视同法人团体的实体”。

摘自2010年7月26日《国家税务总局关于印发〈中华人民共和国政府和新加坡共和国政府关于对所得避免双重征税和防止偷漏税的协定〉及议定书条文解释的通知》(国税发〔2010〕75号)

4. “缔约国一方企业”和“缔约国另一方企业”的定义

协定中“缔约国一方企业”和“缔约国另一方企业”分别指缔约国双方各自的居民企业。关于“居民”及“居民企业”的判定，参见协定“居民”条款的规定。

摘自2010年7月26日《国家税务总局关于印发〈中华人民共和国政府和新加坡共和国政府关于对所得避免双重征税和防止偷漏税的协定〉及

议定书条文解释的通知》（国税发〔2010〕75号）

5.“国际运输”的定义

协定中“国际运输”一语的定义表明，缔约国一方企业从事以船舶和飞机经营的运输，除了企业经营运输的航程仅在缔约国境内各地之间以外，其余应作为国际运输。作为国际运输同一航程的一部分，在缔约国一方境内各地之间的运输部分也属于“国际运输”的范围。例如，新加坡航空公司的飞机从新加坡飞抵上海，然后作为同一航程的一部分，继续飞行至北京，那么这两段航程都应属于“国际运输”的范围。

摘自2010年7月26日《国家税务总局关于印发〈中华人民共和国政府和新加坡共和国政府关于对所得避免双重征税和防止偷漏税的协定〉及议定书条文解释的通知》（国税发〔2010〕75号）

6.“主管当局”的定义

协定中“主管当局”是约定代表缔约国行使协定权利以及履行协定义务的部门或人。在中国是国家税务总局或其授权代表（具体指税务总局局领导或国际税务司司领导）；在新加坡是财政部长或其授权的代表。任何其他部门或个人未经授权不得签发涉及协定规定的主管当局文书或往来信函。

摘自2010年7月26日《国家税务总局关于印发〈中华人民共和国政府和新加坡共和国政府关于对所得避免双重征税和防止偷漏税的协定〉及议定书条文解释的通知》（国税发〔2010〕75号）

7.“国民”的定义

协定对“国民”一语的定义，一般是指拥有本国国籍或公民身份的个人以及按本国法律取得合法地位的法人或团体。

摘自2010年7月26日《国家税务总局关于印发〈中华人民共和国政府和新加坡共和国政府关于对所得避免双重征税和防止偷漏税的协定〉及议定书条文解释的通知》（国税发〔2010〕75号）

8.未明确定义的用语

在实施协定时，对于未经协定明确定义的用语（上下文另有解释的除外），有关缔约国国内法对该用语有解释权。根据该款规定，有关用语的定义应适用案件发生时该国有关法律的规定，且税法对相关用语的解释优先于其他法律的解释。

摘自2010年7月26日《国家税务总局关于印发〈中华人民共和国政府和新加坡共和国政府关于对所得避免双重征税和防止偷漏税的协定〉及议定书条文解释的通知》（国税发〔2010〕75号）

四、居民

1. 协定居民的定义

居民应是在一国负有全面纳税义务的人，这是判定居民身份的必要条件。这里所指的“纳税义务”并不等同于事实上的征税，例如，符合一定条件的基金会、慈善组织可能被一国免予征税，但他们如果属于该国税法规定的纳税义务范围，受该国税法的规范，则仍被认为负有纳税义务，可视为协定意义上的居民。

但是，在一国负有纳税义务的人未必都是该国居民。例如，某新加坡公民因工作需要，来中国境内工作产生了中国个人所得税纳税义务，但不应仅因其负有纳税义务而判定该个人为中国居民，而应根据协定关于个人居民的判定标准进一步确定其居民身份。

另外，缔约国一方居民也包括“该缔约国、地方当局或法定机构”。其中“法定机构”一语是按新加坡方面的要求根据新加坡国内法的规定列入的，指依照新加坡议会法案设立，并执行政府职能的机构，如“新加坡经济发展局”和“新加坡旅游局”等机构。

摘自2010年7月26日《国家税务总局关于印发〈中华人民共和国政府和新加坡共和国政府关于对所得避免双重征税和防止偷漏税的协定〉及议定书条文解释的通知》（国税发〔2010〕75号）

2. 中国国内法对居民的判定标准

（1）居民个人

根据《中华人民共和国个人所得税法》相关规定，在中国境内有住所，或者无住所而一个纳税年度内在中国境内居住累计满183天的个人，为居民个人。

纳税年度，自公历1月1日起至12月31日止。

（2）居民企业

根据《中华人民共和国企业所得税法》及其实施条例的相关规定，我国的居民企业是指依法在中国境内成立，或者依照外国（地区）法律成立但实际管理机构在中国的企业。

中国居民从新加坡取得所得，若新方主管当局要求其提供中国居民身份证明以享受本协定待遇的，按《国家税务总局关于做好〈中国税收居民身份证明〉开具工作的通知》（国税函〔2008〕829号）[①] 执行。

摘自2010年7月26日《国家税务总局关于印发〈中华人民共和国政府和新加坡共和国政府关于对所得避免双重征税和防止偷漏税的协定〉及议定书条文解释的通知》（国税发〔2010〕75号）

3. 新加坡居民身份的判定

应按照新加坡的法律确定的标准进行。新加坡税务当局开具的居民身份证明为信函方式。信函使用的样式可参见《国家税务总局关于印发部分国家（地区）税收居民证明样式的通知》（国税函〔2009〕395号）。但如新加坡税务当局开具证明时间是年末（11月以后），其信函表述则与样式略有不同，较样式简单，但确认性更强。各地在执行时，如对纳税人提供的证明有疑问，导致确认居民身份困难，可层报税务总局向对方国家主管当局确认。

摘自2010年7月26日《国家税务总局关于印发〈中华人民共和国政府和新加坡共和国政府关于对所得避免双重征税和防止偷漏税的协定〉及议定书条文解释的通知》（国税发〔2010〕75号）

4. 居民个人到第三国从事劳务活动时适用协定的判定

缔约国一方居民到第三国从事经营活动时，应根据情况判断是否可适用本协定，例如：

新加坡个人到第三国从事劳务活动，凡依照第三国税收法律以及第三国与新加坡之间的税收协定已构成第三国居民的，其在第三国从事劳务活动时如与中国发生业务往来并从中国取得的所得则不再适用本协定规定，应适用该第三国与中国的税

---

① 编者注：自2016年10月1日起废止。按《国家税务总局关于开具〈中国税收居民身份证明〉有关事项的公告》（国家税务总局公告2016年第40号）和《国家税务总局关于调整〈中国税收居民身份证明〉有关事项的公告》（国家税务总局公告2019年第17号）执行。

收协定的规定。如果该第三国与中国没有税收协定，则适用中国国内法规定。

摘自2010年7月26日《国家税务总局关于印发〈中华人民共和国政府和新加坡共和国政府关于对所得避免双重征税和防止偷漏税的协定〉及议定书条文解释的通知》（国税发〔2010〕75号）

5. 居民企业到第三国从事经营活动时适用协定的判定

缔约国一方居民到第三国从事经营活动时，应根据情况判断是否可适用本协定，例如：

（1）新加坡居民企业设在第三国的常设机构[①]是该居民企业的组成部分，与该居民企业属同一法律实体，不属于第三国居民，其从中国取得的所得适用本协定的规定。

（2）中国居民企业设在第三国的常设机构是该居民企业的组成部分，不属于第三国居民，其从新加坡取得的所得适用本协定的规定。

（3）同样，中国居民企业设在新加坡的常设机构是该居民企业的组成部分，其从第三国取得的所得，涉及交纳第三国税款时适用中国与该第三国的协定。值得注意的是，上述中国居民企业设在新加坡的常设机构取得来源于中国境内的所得，在按我国国内法相关规定纳税时，该常设机构不能以新加坡居民身份对上述来源于中国境内的所得，向中国税务机关要求享受中新协定待遇。

摘自2010年7月26日《国家税务总局关于印发〈中华人民共和国政府和新加坡共和国政府关于对所得避免双重征税和防止偷漏税的协定〉及议定书条文解释的通知》（国税发〔2010〕75号）

6. 个人双重居民身份的判定

根据第四条第一款的规定，同一人有可能同时为中国和新加坡居民。

为了解决这种情况下个人最终居民身份的归属，第二款进一步规定了确定标准。需特别注意的是，这些标准的使用是有先后顺序的，只有当使用前一标准无法解决问题时，才使用后一标准。

（1）永久性住所

永久性住所包括任何形式的住所，例如由个人租用的住宅或公寓、租用的房

① 编者注：关于常设机构的定义，参见本章第一节“五、常设机构”相关内容。

间等，但该住所必须具有永久性，即个人已安排长期居住，而不是为了某些原因（如旅游、商务考察等）临时逗留。

（2）重要利益中心

重要利益中心要参考个人家庭和社会关系、职业、政治、文化和其他活动、营业地点、管理财产所在地等因素综合评判。其中特别注重的是个人的行为，即个人一直居住、工作并且拥有家庭和财产的国家通常为其重要利益中心之所在。

（3）习惯性居处

在出现以下两种情况之一时，应采用习惯性居处的标准来判定个人居民身份的归属：一是个人在缔约国双方均有永久性住所且无法确定重要经济利益中心所在国；二是个人的永久性住所不在缔约国任何一方，比如该个人不断地穿梭于缔约国一方和另一方旅馆之间。

第一种情况下对习惯性居处的判定，要注意其在双方永久性住所的停留时间，同时还应考虑其在同一个国家不同地点停留的时间；第二种情况下对习惯性居处的判定，要将此人在一个国家所有的停留时间加总考虑，而不问其停留的原因。

（4）国籍

如果该个人在缔约国双方都有或都没有习惯性居处，应以该人的国籍作为判定居民身份的标准。当采用上述标准依次判断仍然无法确定其身份时，可由缔约国双方主管当局按照协定第二十四条规定的程序，通过相互协商解决。

摘自2010年7月26日《国家税务总局关于印发〈中华人民共和国政府和新加坡共和国政府关于对所得避免双重征税和防止偷漏税的协定〉及议定书条文解释的通知》（国税发〔2010〕75号）

7. “公司和其他团体”双重居民身份的判定

除个人以外（即公司和其他团体），同时为缔约国双方居民的人，应认定其是“实际管理机构”所在国的居民。如果缔约国双方因判定实际管理机构的标准不同而不能达成一致意见的，应由缔约国双方主管当局按照协定第二十四条规定的程序，通过相互协商解决。

摘自2010年7月26日《国家税务总局关于印发〈中华人民共和国政府和新加坡共和国政府关于对所得避免双重征税和防止偷漏税的协定〉及议定书条文解释的通知》（国税发〔2010〕75号）

五、常设机构

1. 常设机构概念的用途

常设机构的概念主要用于确定缔约国一方对缔约国另一方企业利润的征税权。即，按此确定在什么情况下中国税务机关可以对新加坡的企业征税。根据协定第七条的规定，中国不得对新加坡企业的利润征税，除非该企业通过其设在中国的常设机构进行营业。

摘自2010年7月26日《国家税务总局关于印发〈中华人民共和国政府和新加坡共和国政府关于对所得避免双重征税和防止偷漏税的协定〉及议定书条文解释的通知》（国税发〔2010〕75号）

2. 常设机构条款优先原则

处理本条与其他相关条款关系时，通常应遵循常设机构条款优先的原则。例如，若据以支付股息（第十条）、利息（第十一条）或特许权使用费（第十二条）的股权、债权、权利或财产等与常设机构有实际联系的，有关所得应该归属于常设机构的利润征税。

摘自2010年7月26日《国家税务总局关于印发〈中华人民共和国政府和新加坡共和国政府关于对所得避免双重征税和防止偷漏税的协定〉及议定书条文解释的通知》（国税发〔2010〕75号）

3. 常设机构的一般定义

第一款对“常设机构”一语做一般定义。即，常设机构是指一个相对固定的营业场所。

摘自2010年7月26日《国家税务总局关于印发〈中华人民共和国政府和新加坡共和国政府关于对所得避免双重征税和防止偷漏税的协定〉及议定书条文解释的通知》（国税发〔2010〕75号）

4. 常设机构所具备的特点

（1）该营业场所是实质存在的。

（2）该营业场所是相对固定的，并且在时间上具有一定的持久性。

（3）全部或部分的营业活动是通过该营业场所进行的。

摘自2010年7月26日《国家税务总局关于印发〈中华人民共和国政府和新加坡共和国政府关于对所得避免双重征税和防止偷漏税的协定〉及议定书条文解释的通知》(国税发〔2010〕75号)

5. 对“营业场所是相对固定的，并且在时间上具有一定持久性”的理解

该营业场所是相对固定的，并且在时间上具有一定的持久性。该特征应从以下几个方面理解：

(1) 固定的营业场所包括缔约国一方企业在缔约国另一方从事经营活动经登记注册设立的办事处、分支机构等固定场所，也包括为缔约国一方企业提供服务而使用的办公室或其他类似的设施，如在某酒店长期租用的房间。

(2) 对某些经常在相邻的地点之间移动的营业活动，虽然营业场所看似不固定，但如果这种在一定区域内的移动是该营业活动的固有性质，一般可认定为存在单一固定场所。例如，某办事处根据需要在一个宾馆内租用不同的房间或租用不同的楼层，该宾馆可被视为一个营业场所；又如，某商人在同一个商场或集市内的不同地点设立摊位，该商场或集市也可构成该商人的营业场所。

(3) 该营业场所应在时间上具有一定程度的持久性，而不是临时的。同时，营业活动暂时的间断或者停顿并不影响场所时间上的持久性。

(4) 如果某一营业场所是基于短期使用目的而设立，但实际存在时间却超出了临时性的范围，则可构成固定场所并可追溯性地构成常设机构。反之，一个以持久性为目的的营业场所如果发生特殊情况，例如投资失败提前清算，即使实际只存在了一段很短的时间，同样可以判定自其设立起就构成常设机构。

摘自2010年7月26日《国家税务总局关于印发〈中华人民共和国政府和新加坡共和国政府关于对所得避免双重征税和防止偷漏税的协定〉及议定书条文解释的通知》(国税发〔2010〕75号)

6. 对“全部或部分的营业活动是通过该营业场所进行的”的理解

全部或部分的营业活动是通过该营业场所进行的。即，一方企业通过在另一方设立常设机构进行营业活动，将其全部或部分活动延伸到另一方，不包括其在常设机构之外的地方直接从事的活动。如果一方企业通过在另一方的常设机构在另一方不同地点进行营业活动，则应判定其只有单一常设机构存在，且应将不同地点的营业活动产生的利润归属于该常设机构。如果一方企业在另一方不

同地点直接从事营业活动，则该一方企业有可能在另一方不同地点构成多个常设机构。

"营业"一语的实际含义不仅仅包括生产经营活动，还包括非营利机构从事的业务活动，为该机构进行准备性或辅助性的活动除外。但此等非营利机构在中国的常设机构是否获得"营业利润"，则需要根据本协定第七条的规定再做判断。

"通过"该营业场所进行活动应作广义理解，包括企业在其可支配的地点从事活动的任何情形。例如，某道路修筑企业应被认为"通过"修筑行为发生地从事营业活动。当新加坡企业与中国不同城市的客户直接订立合同，如果合同是由新方企业设在中方的营业场所履行的，应认为该新方企业"通过"该场所从事营业活动。另外，如果该场所为新方企业与中方企业形成客户关系做出实质贡献，即使合同是两个企业间直接订立的，也应认为该新方企业"通过"该场所从事营业活动。

摘自2010年7月26日《国家税务总局关于印发〈中华人民共和国政府和新加坡共和国政府关于对所得避免双重征税和防止偷漏税的协定〉及议定书条文解释的通知》(国税发〔2010〕75号)

7. 对列举常设机构的理解

第二款列举了在通常情况下构成常设机构的场所。这些列举并非是穷尽的，并不影响对其他场所按照第一款概括性的定义进行常设机构判定。在理解时应注意：

(1) 列举中第一项"管理场所"是指代表企业负有部分管理职责的办事处或事务所等场所，不同于总机构，也不同于作为判定居民公司标准的"实际管理机构"。

(2) 列举中最后一项"矿场、油井或气井、采石场或者其他开采自然资源的场所"是指经过投资，拥有开采经营权或与之相关的合同权益，并从事生产经营的场所。至于为勘探或开发上述矿藏资源的承包工程作业，则应按照本协定第五条第三款（一）项的规定，根据作业持续的时间是否超过六个月来判断其是否构成常设机构。

摘自2010年7月26日《国家税务总局关于印发〈中华人民共和国政府和新加坡共和国政府关于对所得避免双重征税和防止偷漏税的协定〉及议定书条文解释的通知》(国税发〔2010〕75号)

常设机构增列项目一览表

国别	增列项目
3个月：美国（※）、澳大利亚（※）、菲律宾、阿塞拜疆 90天：柬埔寨、安哥拉 6个月：印度尼西亚（※）、巴巴多斯（※）、巴布亚新几内亚 183天：印度、斯里兰卡、新西兰 12个月：牙买加（※）、克罗地亚、哈萨克斯坦（※）、丹麦（※） 无时间限制：英国、爱尔兰、文莱	为勘探或开采自然资源所使用的装置、钻井机或船只，仅以使用期以上的为限（含※代表还包括钻井机或船只等其他内容）
马来西亚、巴布亚新几内亚、印度、卢旺达、埃塞俄比亚	木材或其他林业产品的场所
马来西亚、泰国、澳大利亚、印度、埃及、摩尔多瓦、卡塔尔、尼泊尔、印度尼西亚、摩洛哥、文莱、埃塞俄比亚、毛里求斯、老挝、柬埔寨、卢旺达	农场或种植园（林场、果园、葡萄园等）
泰国、印度、孟加拉国、尼泊尔、毛里求斯、印度尼西亚、巴林、埃塞俄比亚、柬埔寨、卢旺达	与为他人提供储存设施的人有关的仓库
巴基斯坦	永久性展销场所
乌克兰、印尼、巴林	用于销售的场所
巴基斯坦	永久性展销场所
马耳他	海上石油钻井
尼日利亚、摩洛哥、乌干达、埃塞俄比亚	工厂直销店
巴林	炼油厂
埃塞俄比亚	商业性仓库
意大利	将服务和建筑条款包含进列举项目

注：此表根据国家税务总局网站截至2023年12月底已生效的税收协定安排及议定书资料整理，仅供参考，详细情况以税收协定（安排）文本为准。

8. 承包工程作业构成常设机构的判定

对于缔约国一方企业在缔约对方的建筑工地，建筑、装配或安装工程，或者与其有关的监督管理活动，仅在此类工地、工程或活动持续时间为六个月以上的，构成常设机构，未达到该规定时间的则不构成常设机构。

摘自2010年7月26日《国家税务总局关于印发〈中华人民共和国政府和新加坡共和国政府关于对所得避免双重征税和防止偷漏税的协定〉及议定书条文解释的通知》（国税发〔2010〕75号）

9. 承包工程作业构成常设机构持续时间的计算

确定承包工程作业活动的起止日期，可以按其所签订的合同从实施合同（包括一切准备活动）开始之日起，至作业（包括试运行作业）全部结束交付使用之日止进行计算。凡上述活动时间持续六个月以上的（不含六个月，跨年度的应连续计算），应视该企业在活动所在国构成常设机构。

摘自2010年7月26日《国家税务总局关于印发〈中华人民共和国政府和新加坡共和国政府关于对所得避免双重征税和防止偷漏税的协定〉及议定书条文解释的通知》（国税发〔2010〕75号）

10. 与承包工程有关的监督管理活动构成常设机构的判定

“与其有关的监督管理活动”是指伴随建筑工地，建筑、装配或安装工程发生的监督管理活动，既包括在项目分包情况时，由分承包商进行作业，总承包商负责指挥监督的活动；也包括独立监理企业从事的监督管理活动。对由总承包商负责的监督管理活动，其时间的计算与整个工地、工程的持续时间一致；对由独立监理企业承包的监督管理活动，应视其为独立项目，并根据其负责监理的工地、工程或项目的持续时间进行活动时间的判定。

摘自2010年7月26日《国家税务总局关于印发〈中华人民共和国政府和新加坡共和国政府关于对所得避免双重征税和防止偷漏税的协定〉及议定书条文解释的通知》（国税发〔2010〕75号）

11. 在一个工地或同一工程连续承包多个作业项目构成常设机构的判定

如果新加坡企业在中国一个工地或同一工程连续承包两个及两个以上作业项目，应从第一个项目作业开始至最后完成的作业项目止计算其在中国进行工程作业的连续日期，不以每个工程作业项目分别计算。所谓为一个工地或同一工程连续承包两个及两个以上作业项目，是指在商务关系和地理上是同一整体的几个合同项目，不包括该企业承包的或者是以前承包的与本工地或工程没有关联的其他作业项目。

例如，一个建筑工地从商务关系和地理位置上形成不可分割的整体时，即使分别签订几个合同，该建筑工地仍为单一的整体。再如一些修建公路、挖掘运河、安装水管、铺设管道等活动，其工程作业地点是随工程进展不断改变或迁移的，虽然在某一特定地点工作时间连续未达到规定时间，但要视整体工程看是否达到构成常设机构的时间。一般来说，同一企业在同一工地上承包的项目可认为是商务关系相关联的项目。

摘自2010年7月26日《国家税务总局关于印发〈中华人民共和国政府和新加坡共和国政府关于对所得避免双重征税和防止偷漏税的协定〉及议定书条文解释的通知》（国税发〔2010〕75号）

12. 因故中途停顿作业对构成常设机构日期判定的影响

对工地、工程或者与其有关的监督管理活动开始计算其连续日期以后，因故（如设备、材料未运到或季节气候等原因）中途停顿作业，但工程作业项目并未终止或结束，人员和设备物资等也未全部撤出，应持续计算其连续日期，不得扣除中间停顿作业的日期。

摘自2010年7月26日《国家税务总局关于印发〈中华人民共和国政府和新加坡共和国政府关于对所得避免双重征税和防止偷漏税的协定〉及议定书条文解释的通知》（国税发〔2010〕75号）

13. 转包工程构成常设机构的判定

如果企业将承包工程作业的一部分转包给其他企业，分包商在建筑工地施工的时间应算作总包商在建筑工程上的施工时间。如果分包商实施合同的日期在前，可自分包商开始实施合同之日起计算该企业承包工程作业的连续日期。同时，不影响分包商就其所承担的工程作业单独判定其是否构成常设机构。

摘自2010年7月26日《国家税务总局关于印发〈中华人民共和国政府和新加坡共和国政府关于对所得避免双重征税和防止偷漏税的协定〉及议定书条文解释的通知》（国税发〔2010〕75号）

14. 建筑工地工程构成常设机构判定标准

建筑工地工程构成常设机构判定标准一览表

<table>
<tr><th>项目</th><th>期限</th><th>适用国家（地区）</th></tr>
<tr><td rowspan="6">建筑工地、建筑、装配或安装工程，或者与其有关的监督管理活动，但仅以该工地、工程或活动连续______（期限）以上的为限</td><td>6 个月</td><td>日本、美国、马来西亚、新加坡、泰国、芬兰、加拿大、瑞典、荷兰、斯洛伐克、波兰、澳大利亚、保加利亚、巴基斯坦、科威特、瑞士、奥地利、巴西、卢森堡、韩国、越南、葡萄牙、菲律宾、巴布亚新几内亚、孟加拉国、巴巴多斯、印度尼西亚、突尼斯、格鲁吉亚、墨西哥、特多、摩洛哥、中国香港、中国澳门、沙特阿拉伯、尼日利亚、文莱、智利（包括勘探自然资源）、乌干达、卢旺达、荷兰、特立尼达和多巴哥、挪威</td></tr>
<tr><td>183 天</td><td>印度、斯里兰卡、尼泊尔、安哥拉</td></tr>
<tr><td>9 个月</td><td>阿曼、委内瑞拉、阿尔巴尼亚、捷克、卡塔尔、叙利亚、赞比亚、柬埔寨</td></tr>
<tr><td>12 个月</td><td>德国、丹麦、爱沙尼亚（咨询活动）、比利时、中国台湾、津巴布韦、厄瓜多尔、博茨瓦纳、瑞士、捷克、塞浦路斯、匈牙利、毛里求斯、斯洛文尼亚、以色列、土耳其、亚美尼亚、牙买加、冰岛、乌兹别克斯坦、老挝、埃及、南非、摩尔多瓦、克罗地亚、马其顿、塞舌尔、古巴、哈萨克斯坦、伊朗、巴林、吉尔吉斯、阿塞拜疆、塔吉克斯坦、希腊、马耳他、土库曼斯坦、立陶宛、拉脱维亚、意大利、西班牙、塞尔维亚和黑山</td></tr>
<tr><td>18 个月</td><td>苏丹、蒙古、乌克兰、俄罗斯、白俄罗斯</td></tr>
<tr><td>24 个月</td><td>阿联酋</td></tr>
<tr><td rowspan="2">建筑工地、建筑、装配或安装工程，仅以连续______（期限）以上的为限</td><td>6 个月</td><td>英国、爱尔兰、格鲁吉亚、阿尔及利亚、埃塞俄比亚、刚果（布）、法国</td></tr>
<tr><td>12 个月</td><td>新西兰、罗马尼亚</td></tr>
</table>

注：此表根据国家税务总局网站截至 2023 年 12 月底已生效的税收协定安排及议定书资料整理，仅供参考，详细情况以税收协定（安排）文本为准。

15. 提供劳务构成常设机构的判定

缔约国一方企业派其雇员或其雇佣的其他人员到缔约对方提供劳务，仅以任何十二个月内这些人员为从事劳务活动在对方停留连续或累计超过 183 天的，构成常设机构。

该规定针对的是缔约国一方企业派其雇员到缔约国另一方从事劳务活动的行为。

摘自2010年7月26日《国家税务总局关于印发〈中华人民共和国政府和新加坡共和国政府关于对所得避免双重征税和防止偷漏税的协定〉及议定书条文解释的通知》（国税发〔2010〕75号）

协定关于时间长度计算的表述一览表

<table>
<tr><th>项目</th><th>期限</th><th>适用国家（地区）</th></tr>
<tr><td>缔约国一方企业通过雇员或其他人员，在缔约国另一方为同一项目或相关联的项目提供的劳务，包括咨询劳务，仅以在任何12个月中连续或累计超过____的为限［注：根据《国家税务总局关于税收协定执行若干问题的公告》（国家税务总局公告2018年第11号）第一条的规定，常设机构条款中关于劳务活动构成常设机构的表述为“在任何十二个月中连续或累计超过六个月”的，按照“在任何十二个月中连续或累计超过183天”的表述执行。］</td><td>6个月</td><td>日本、美国、马来西亚、丹麦、新加坡、加拿大、瑞典、斯洛伐克、波兰、保加利亚、澳大利亚、科威特（没有12个月范围）、奥地利、巴西、卢森堡、韩国、越南、冰岛、葡萄牙、菲律宾、巴布亚新几内亚、孟加拉国、巴巴多斯、印度尼西亚、特立尼达和多巴哥、摩洛哥、沙特阿拉伯、阿塞拜疆、文莱、波黑、津巴布韦、法国、中国香港、中国澳门</td></tr>
<tr><td rowspan="2">缔约国一方企业通过雇员或其他人员，在缔约国另一方为同一项目或相关联的项目提供的劳务，包括咨询劳务，仅以在任何12个月中连续或累计超过____的为限［注：根据《国家税务总局关于税收协定执行若干问题的公告》（国家税务总局公告2018年第11号）第一条的规定，常设机构条款中关于劳务活动构成常设机构的表述为“在任何十二个月中连续或累计超过六个月”的，按照“在任何十二个月中连续或累计超过183天”的表述执行。］</td><td>183天</td><td>荷兰、斯里兰卡、泰国、尼泊尔、中国澳门、塔吉克斯坦、土库曼斯坦、赞比亚、乌干达、博茨瓦纳、厄瓜多尔（没有12个月范围，包括技术、管理劳务）、瑞士、德国、罗马尼亚、俄罗斯、英国、马耳他、新西兰（勘探开采活动）、卢旺达、比利时、挪威、芬兰、意大利、西班牙、中国台湾</td></tr>
<tr><td>9个月</td><td>阿曼、阿尔巴尼亚、捷克</td></tr>
<tr><td>缔约国一方企业通过雇员或其他人员，在缔约国另一方为同一项目或相关联的项目提供的劳务，包括咨询劳务，仅以在任何24个月中连续或累计超过____的为限</td><td>12个月</td><td>塞浦路斯、毛里求斯、以色列、牙买加、苏丹、埃及、南非、克罗地亚、塞舌尔、古巴</td></tr>
</table>

续表

项目	期限	适用国家（地区）
缔约国一方企业通过雇员或其他人员，在缔约国另一方为同一项目或相关联的项目提供的劳务，包括咨询劳务，仅以连续或累计超过____的为限	12 个月	匈牙利、斯洛文尼亚、土耳其、亚美尼亚、哈萨克斯坦、吉尔吉斯、乌克兰
	18 个月	蒙古、白俄罗斯、乌克兰
	24 个月	阿联酋
缔约国一方企业通过雇员或者其他人员，在缔约国另一方提供第十二条（特许权使用费和技术服务费）所规定的技术服务以外的劳务，但仅以该项活动在该缔约国另一方连续或累计超过____的为限	183 天	印度
在缔约国一方由企业，为该企业或按照与该企业的合同而使用的主要设备，仅以超过____的为限	6 个月	巴布亚新几内亚
企业通过一个或多个个人在缔约国另一方提供劳务，以该劳务在任何 12 个月中连续或累计超过____的为限	183 天	智利
无上述内容协定		巴基斯坦、立陶宛、拉脱维亚、爱沙尼亚、乌兹别克斯坦、塞尔维亚和黑山、老挝、爱尔兰、摩尔多瓦、突尼斯、格鲁吉亚、墨西哥、委内瑞拉、马其顿、伊朗、巴林、阿尔及利亚、埃塞俄比亚、希腊、叙利亚、卡塔尔、尼日利亚、柬埔寨、刚果（布）、安哥拉

注：1. 日本、奥地利的议定书明确提供与销售或者出租机器设备有关的咨询劳务，应不作为常设机构。

2. 此表根据国家税务总局网站截至 2023 年 12 月底已生效的税收协定安排及议定书的资料整理，仅供参考，详细情况以税收协定（安排）文本为准。

16. “雇员或雇佣的其他人员”的含义

“雇员或雇佣的其他人员”是指本企业的员工，或者该企业聘用的在其控制下按照其指示向缔约对方提供劳务的个人。

摘自 2010 年 7 月 26 日《国家税务总局关于印发〈中华人民共和国政府和新加坡共和国政府关于对所得避免双重征税和防止偷漏税的协定〉及

议定书条文解释的通知》（国税发〔2010〕75 号）

17. 劳务活动的含义

本款所称的劳务活动，指从事工程、技术、管理、设计、培训、咨询等专业服务活动。例如：

（1）对工程作业项目的实施提供技术指导、协助、咨询等服务（不负责具体的施工和作业）；

（2）对生产技术的使用和改革、经营管理的改进、项目可行性分析以及设计方案的选择等提供的服务；

（3）在企业经营、管理等方面提供的专业服务，等。

摘自 2010 年 7 月 26 日《国家税务总局关于印发〈中华人民共和国政府和新加坡共和国政府关于对所得避免双重征税和防止偷漏税的协定〉及议定书条文解释的通知》（国税发〔2010〕75 号）

18. 对“商业相关性或连贯性”的理解

同一企业从事的有商业相关性或连贯性的若干个项目应视为“同一项目或相关联的项目”。这里所说的“商业相关性或连贯性”，需视具体情况而定，在判断若干个项目是否为关联项目时，应考虑下列因素：

（1）这些项目是否被包含在同一个总合同里；

（2）如果这些项目分属于不同的合同，这些合同是否与同一人或相关联的人所签订；前一项目的实施是否是后一项目实施的必要条件；

（3）这些项目的性质是否相同；

（4）这些项目是否由相同的人员实施；等。

摘自 2010 年 7 月 26 日《国家税务总局关于印发〈中华人民共和国政府和新加坡共和国政府关于对所得避免双重征税和防止偷漏税的协定〉及议定书条文解释的通知》（国税发〔2010〕75 号）

19. 对提供劳务构成常设机构时间的理解

对劳务活动在任何十二个月中连续或累计超过 183 天的规定，应从以下几个方面掌握：

（1）若某新加坡企业为中国境内某项目提供劳务（包括咨询劳务），以该企业派其雇员为实施服务项目第一次抵达中国之日期起至完成并交付服务项目的日期止作为计算期间，计算相关人员在中国境内的停留天数。

（2）具体计算时，应按所有雇员为同一个项目提供劳务活动不同时期在中国境内连续或累计停留的时间来掌握，对同一时间段内的同一批人员的工作不分别计算。例如，新加坡企业派遣10名员工为某项目在中国境内工作3天，这些员工在中国境内的工作时间为3天，而不是按每人3天共30天来计算。

（3）如果同一个项目历经数年，新加坡企业只在某一个“十二个月”期间派雇员来中国境内提供劳务超过183天，而在其他期间内派人到中国境内提供劳务未超过183天，仍应判定该企业在中国构成常设机构。常设机构是针对该企业在中国境内为整个项目提供的所有劳务而言，而不是针对某一个“十二个月”期间内提供的劳务。所以，在整个项目进行中，如果新加坡企业于其中一个“十二个月”期间在中国境内提供劳务超过183天，则应认为该企业在中国构成常设机构。

摘自2010年7月26日《国家税务总局关于印发〈中华人民共和国政府和新加坡共和国政府关于对所得避免双重征税和防止偷漏税的协定〉及议定书条文解释的通知》（国税发〔2010〕75号）

20. 提供技术支持、指导等服务的条文适用

如果新加坡企业在向中国客户转让专有技术使用权的同时，也委派人员到中国境内为该项技术的使用提供有关支持、指导等服务并收取服务费，无论其服务费是单独收取还是包括在技术价款中，该服务费均应视为特许权使用费，适用协定第十二条特许权使用费条款的规定。但如果上述人员提供的服务是通过该新加坡企业设在中国的某固定场所进行的或通过其他场所进行，但服务时间达到协定规定构成常设机构的时间标准的，按本款规定，则构成了常设机构，对归属于常设机构部分的服务所得应执行协定第七条的规定。

摘自2010年7月26日《国家税务总局关于印发〈中华人民共和国政府和新加坡共和国政府关于对所得避免双重征税和防止偷漏税的协定〉及议定书条文解释的通知》（国税发〔2010〕75号）

21. 常设机构范围的例外规定

缔约国一方企业在缔约国另一方仅由于仓储、展览、采购及信息收集等活动

的目的设立的具有准备性或辅助性的固定场所，不应被认定为常设机构。

摘自2010年7月26日《国家税务总局关于印发〈中华人民共和国政府和新加坡共和国政府关于对所得避免双重征税和防止偷漏税的协定〉及议定书条文解释的通知》（国税发〔2010〕75号）

22. 不构成常设机构的情形

“常设机构”一语特别包括办事处，但不包括：

（1）专为储存、陈列或者交付本企业货物或者商品的目的而使用的设施；

（2）专为储存、陈列或者交付的目的而保存本企业货物或者商品的库存；

（3）专为另一企业加工的目的而保存本企业货物或者商品的库存；

（4）专为本企业采购货物或者商品，或者搜集情报的目的所设的固定营业场所；

（5）专为本企业进行其他准备性或辅助性活动的目的所设的固定营业场所；

（6）专为本款第（1）项至第（5）项活动的结合所设的固定营业场所，如果由于这种结合使该固定营业场所全部活动属于准备性质或辅助性质。

摘自1999年9月13日《国家税务总局关于外国企业常驻代表机构是否构成税收协定所述常设机构问题的解释的通知》（国税函〔1999〕607号）

23. “准备性或辅助性”活动场所通常具备的特点

（1）该场所不独立从事经营活动，并其活动也不构成企业整体活动基本的或重要的组成部分；

（2）该场所进行第四款列举的活动时，仅为本企业服务，不为其他企业服务；

（3）其职责限于事务性服务，且不起直接营利作用。

摘自2010年7月26日《国家税务总局关于印发〈中华人民共和国政府和新加坡共和国政府关于对所得避免双重征税和防止偷漏税的协定〉及议定书条文解释的通知》（国税发〔2010〕75号）

24. 准备性质或辅助性质场所构成常设机构的特殊规定

有些情况下，一些机构场所形式上符合本款的规定，但从其业务实质看仍应认定为常设机构。例如：

（1）某新加坡企业的主营业务是为客户提供采购服务并收取服务费，该企业在中国设立办事处，为其在中国进行采购活动。这种情况下，该中国办事处的采购活动看似属于本款第（四）项所说的“专为本企业采购货物或商品”的范围，但由于该办事处业务性质与新加坡企业总部的业务性质完全相同，所以该办事处的活动不是准备性或辅助性的。

（2）某新加坡企业在中国境内设立固定场所，维修、保养该企业销售给中国客户的机器设备，或专为中国客户提供零配件。这种情况下，因其从事的活动是企业总部为客户服务的基本及重要组成部分，所以该固定场所的活动不是准备性或辅助性的。

（3）某新加坡企业在中国设立从事宣传活动的办事处，该办事处不仅为本企业进行业务宣传，同时也为其他企业进行业务宣传。这种情况下，该办事处的活动不是准备性或辅助性的。

此外，如果某固定场所既从事第四款规定的不构成常设机构的活动，也从事构成常设机构的活动，则应视其构成常设机构，并对这两项营业活动的所得合并征税。例如，企业用于交付货物的仓库同时也兼营商品销售，应判定为常设机构并征税。

摘自2010年7月26日《国家税务总局关于印发〈中华人民共和国政府和新加坡共和国政府关于对所得避免双重征税和防止偷漏税的协定〉及议定书条文解释的通知》（国税发〔2010〕75号）

25. 营业代理人构成常设机构的判定

缔约国一方企业通过代理人在另一方进行活动，如果代理人有权并经常行使这种权力以该企业的名义签订合同，则该企业在缔约国另一方构成常设机构。执行时应从如下几个方面理解：

（1）其活动使一方企业在另一方构成常设机构的代理人，通常被称为“非独立代理人”。非独立代理人可以是个人，也可以是办事处、公司或其他任何形式的组织，不一定被企业正式授予代表权，也不一定是企业的雇员或部门。此外，非独立代理人不一定是代理活动所在国家的居民，也不一定在该国拥有营业场所。

（2）对“以该企业的名义签订合同”应做广义理解，包括不是以企业名义签订合同，但其所签合同仍对企业具有约束力的情形。“签订”不仅指合同的签署行为本身，也包括代理人有权代表被代理企业参与合同谈判，商定合同条文等。

（3）本款所称“合同”是指与被代理企业经营活动本身相关的业务合同。如果代理人有权签订的是仅涉及企业内部事务的合同，例如，以企业名义聘用员工以协助代理人为企业工作等，则不能仅凭此认定其构成企业的常设机构。

（4）对于“经常”一语并无精确统一的标准，要结合合同性质、企业的业务性质以及代理人相关活动的频率等综合判断。在某些情况下，企业的业务性质决定了其交易数量不大，但合同签订的相关工作却要花费大量时间，如飞机、巨型轮船或其他高价值商品的销售。如果代理人为这类企业在一国境内寻找买商、参与销售谈判等，即使该人仅代表企业签订了一单销售合同，也应认为该代理人满足“经常”标准，构成企业的非独立代理人。

（5）所谓“行使”权力应以实质重于形式的原则来理解。如果代理人在该缔约国另一方进行合同细节谈判等各项与合同签订相关的活动，且对企业有约束力，即使该合同最终由其他人在企业所在国或其他国家签订，也应认为该代理人在该缔约国另一方行使合同签署权力。

（6）如果代理人在缔约国另一方的活动仅限于本条第四款的准备性或辅助性范围，则不构成企业的非独立代理人（或常设机构）。

（7）判断一方企业是否通过非独立代理人在另一方构成常设机构时，不受本条第三款关于时间要求的限制。

摘自2010年7月26日《国家税务总局关于印发〈中华人民共和国政府和新加坡共和国政府关于对所得避免双重征税和防止偷漏税的协定〉及议定书条文解释的通知》（国税发〔2010〕75号）

26. 独立代理人不构成常设机构

并不是所有代理人进行协定第五条第五款规定的活动都将使其构成代理企业的常设机构，缔约国一方企业通过代理人在缔约国另一方进行营业时，如果该代理人是专门从事代理业务的，则不应因此视其代理的企业在缔约国另一方构成常设机构。这类专门从事代理业务的代理人一般称作独立代理人，其不仅为某一个企业代理业务，也为其他企业提供代理服务。经纪人、中间商等一般佣金代理人等属于独立代理人。

虽有此款规定，为防止独立代理人条款被滥用（比如，某些企业自身的代理人自称为独立代理人以避免构成常设机构），协定执行中要对代理人身份或代理人地位是否独立进行判定。如果代理人的活动全部或几乎全部代表被代理企业，并且该代理人和企业之间在商业和财务上有密切及依附关系，则不应认定该代理人为本款所指的独立代理人。

摘自2010年7月26日《国家税务总局关于印发〈中华人民共和国政府和新加坡共和国政府关于对所得避免双重征税和防止偷漏税的协定〉及议定书条文解释的通知》（国税发〔2010〕75号）

27. 判定独立代理人的条件

代理人的活动同时符合下列两个条件的，才属于本款规定的独立代理人，即不构成被代理企业的常设机构。

（1）该代理人在法律上和经济上独立于被代理企业。在判定独立性时，可考虑如下几个因素：

①代理人商务活动的自由度。如果代理人在被代理企业的具体指导和全面控制下为企业进行商务活动，而不是自行决定工作方式，那么该代理人一般不具有独立地位。

②代理人商务活动的风险由谁承担。如果由被代理企业承担而非由代理人承担，则该代理人一般不能被认为具有独立地位。

③代理人代表的企业的数量。如果在相当长一段经营期或时间内，代理人全部或几乎全部仅为一家企业进行活动，该代理人很可能不是独立代理人。

④被代理企业对代理人专业知识的依赖程度。一般来说，独立代理人具备独立从事商务活动的专门知识或技术，不需要依赖企业的帮助。相反，被代理企业通常借助代理人的专门知识或技术扩展自己的业务或推销自己的产品等。

（2）独立代理人在代表企业进行活动时，一般按照常规进行自身业务活动，不从事其他经济上归属于被代理企业的活动。例如，某销售代理人以自己的名义出售某企业的货物或商品，这一行为是销售代理人的常规经营业务。如果该销售代理人在从事上述活动的同时，还经常作为企业的有权签约的代理人进行活动，那么因为这些活动已在自身贸易或营业常规之外，代理人将被视为被代理企业的非独立代理人而构成企业的常设机构。

摘自2010年7月26日《国家税务总局关于印发〈中华人民共和国政府和新加坡共和国政府关于对所得避免双重征税和防止偷漏税的协定〉及议定书条文解释的通知》（国税发〔2010〕75号）

28. 子公司不一定构成母公司的常设机构

母公司通过投资设立子公司，拥有子公司的股权等形成的控制或被控制关系，不会使子公司构成母公司的常设机构。从税收角度看，子公司本身是一个独立的法人实体，即使它在业务上受母公司管理，也不应仅凭此而被视为母公司的常设机构。

但是，由于母子公司之间的特殊关系，现实经济活动中，母子公司之间常存在较为复杂的跨境人员及业务往来。这种情况下，母公司在子公司的活动是否导致母公司在子公司所在国构成常设机构，应从以下几个方面掌握：

（1）应子公司要求，由母公司派人员到子公司为子公司工作，这些人员受雇于子公司，子公司对其工作有指挥权，工作责任及风险与母公司无关，由子公司承担，那么，这些人员的活动不导致母公司在子公司所在国构成常设机构。此种情况下，子公司向此类人员支付的费用，不论是直接支付还是通过母公司转支付，都应视为子公司内部人员收入分配，对支付的人员费用予以列支，其所支付的人员费用应为个人所得，按子公司所在国有关个人所得税法相关规定，以及协定第十五条的有关规定征收个人所得税。

（2）母公司派人员到子公司为母公司工作时，应按本条第一款或第三款的规定判断母公司是否在子公司所在国构成常设机构。符合下列标准之一时，可判断这些人员为母公司工作：

①母公司对上述人员的工作拥有指挥权，并承担风险和责任；

②被派往子公司工作的人员的数量和标准由母公司决定；

③上述人员的工资由母公司负担；

④母公司因派人员到子公司从事活动而从子公司获取利润。

此种情况下，母公司向子公司收取有关服务费时，应按独立企业公平交易原则，确认母子公司上述费用的合理性后，再对子公司上述费用予以列支。如果上述活动使母公司在子公司所在国构成常设机构，则该子公司所在国可按本协定第七条的规定，对母公司向子公司收取的费用征收企业所得税。

（3）子公司有权并经常以母公司名义签订合同，符合上述第五款关于“非独立代理人”有关条件的，子公司构成母公司的常设机构。

摘自2010年7月26日《国家税务总局关于印发〈中华人民共和国政府和新加坡共和国政府关于对所得避免双重征税和防止偷漏税的协定〉及议定书条文解释的通知》（国税发〔2010〕75号）

29. 对中外合作办学机构构成常设机构的判定

不具有法人资格的中外合作办学机构，以及中外合作办学项目中开展教育教学活动的场所构成税收协定缔约对方居民在中国的常设机构。

摘自 2018 年 2 月 9 日《国家税务总局关于税收协定执行若干问题的公告》（国家税务总局公告 2018 年第 11 号）

六、不动产所得

1. 不动产所得的定义

不动产所得，是指在不动产所有权不转移的情况下，使用不动产所获得的收益，包括直接使用、出租或者以任何其他形式使用该不动产取得的所得。而对不动产所有权转移产生的所得，应适用协定第十三条的规定。此外，有一些所得的取得尽管与不动产有关，但不属于此款“不动产所得”的范围。比如，来源于房地产抵押的利息收入属于本协定第十一条利息范围。

摘自 2010 年 7 月 26 日《国家税务总局关于印发〈中华人民共和国政府和新加坡共和国政府关于对所得避免双重征税和防止偷漏税的协定〉及议定书条文解释的通知》（国税发〔2010〕75 号）

2. 不动产所得征税权的确定

对于不动产所得，不动产所在国有优先征税权。

摘自 2010 年 7 月 26 日《国家税务总局关于印发〈中华人民共和国政府和新加坡共和国政府关于对所得避免双重征税和防止偷漏税的协定〉及议定书条文解释的通知》（国税发〔2010〕75 号）

七、营业利润

1. 归属常设机构原则

缔约国一方企业在缔约国另一方的营业活动只有在构成常设机构前提下，缔约国另一方才能征税，并且只能就归属于常设机构的利润征税。

新加坡企业在中国境内构成常设机构的，中国对该常设机构取得的利润拥有征税权，但应仅以归属于该常设机构的利润为限。这里所称的“归属于该常设机构的利润”不仅包括该常设机构取得的来源于中国境内的利润，还包括其在中国境内外取得的与该常设机构有实际联系的各类所得，包括股息、利息、租金和特许权使用费等所得。这里所说实际联系一般是指对股份、债权、工业产权、设备及相关活动等，具有直接拥有关系或实际经营管理等关系。

摘自 2010 年 7 月 26 日《国家税务总局关于印发〈中华人民共和国政府和新加坡共和国政府关于对所得避免双重征税和防止偷漏税的协定〉及议定书条文解释的通知》(国税发〔2010〕75 号)

2. 独立企业原则

独立企业原则，即对常设机构要作为一个独立的纳税实体对待，常设机构不论是同其总机构的营业往来，还是同该企业的其他常设机构之间的营业往来，都应按公平交易原则，以公平市场价格为依据计算归属于该常设机构的利润。

摘自 2010 年 7 月 26 日《国家税务总局关于印发〈中华人民共和国政府和新加坡共和国政府关于对所得避免双重征税和防止偷漏税的协定〉及议定书条文解释的通知》(国税发〔2010〕75 号)

3. 明确费用扣除范围

在计算常设机构利润时，为该常设机构发生的费用，不论发生于何处，都应允许扣除。包括有些不是直接体现为常设机构实际发生的费用，如总机构向常设机构分摊的行政和一般管理费用等。但这些费用必须是因常设机构发生的且分摊比例应在合理范围内。实际执行中，企业应提供费用汇集范围、费用定额、分配依据和方法等资料，以证明费用的合理性。

摘自 2010 年 7 月 26 日《国家税务总局关于印发〈中华人民共和国政府和新加坡共和国政府关于对所得避免双重征税和防止偷漏税的协定〉及议定书条文解释的通知》(国税发〔2010〕75 号)

4. 利润的合理分配

一般情况下，如果常设机构的独立账目可以真实反映其利润水平，应该按照该账目计算归属常设机构的利润。然而，某些情况下，很难以独立账目为基础确定属于常设机构的利润。第四款明确当常设机构利润不能通过账目进行核算时，可以依据公式分配企业的总利润，从而确定归属常设机构的利润。这种方法与按独立账目计算的结果会有差异，并且在采用公式及分配方法时都涉及如何计算及确认企业总利润问题。常设机构所在国税务机关难以计算企业总部的利润，或难以确认企业自己或对方税务机关按其国内法规定计算的结果。因此，协定虽有此规定，但一般适用于长期以来习惯用这种方法的缔约国。

摘自2010年7月26日《国家税务总局关于印发〈中华人民共和国政府和新加坡共和国政府关于对所得避免双重征税和防止偷漏税的协定〉及议定书条文解释的通知》(国税发〔2010〕75号)

5. 明确免除征税范围

常设机构为本企业采购货物和商品，不视为常设机构在采购活动中取得利润，不应按利润归属的方法计算或核定常设机构在采购活动中获得利润。与此相对应，在计算常设机构的应纳税所得时，也不应列支其上述采购活动发生的费用。需要特别注意的是，本款仅适用于既从事其他经营活动，又为本企业从事采购活动的常设机构。如果某一机构仅为本企业采购商品或货物，则根据协定第五条第四款的规定，不应认定该机构为常设机构。

摘自2010年7月26日《国家税务总局关于印发〈中华人民共和国政府和新加坡共和国政府关于对所得避免双重征税和防止偷漏税的协定〉及议定书条文解释的通知》(国税发〔2010〕75号)

6. 保持征税方法的一致性

一旦确定使用了某种利润分配方法，就不应该仅因为在某一特定年度其他方法会产生更有利于税收的结果而改变既定方法。该规定是为了确保纳税人税收待遇的连续性和稳定性。

摘自2010年7月26日《国家税务总局关于印发〈中华人民共和国政府和新加坡共和国政府关于对所得避免双重征税和防止偷漏税的协定〉及议定书条文解释的通知》(国税发〔2010〕75号)

7. 营业利润条款优先原则

由于企业取得的“利润”既包括从事营业活动取得的经营性所得，也包括其他类型的所得，例如不动产所得、股息、利息等，而对这些其他类型所得的征税原则，协定都有单独的条款规定，所以营业利润条款第七款明确企业取得的其他各类所得应按协定各相关条款处理，即其他条款优先。但这一原则仅适用于企业本身取得的所得，如果各类所得由企业设在缔约对方的常设机构取得或与常设机构有实际联系，则不论协定是否对各类所得有单独条款规定，仍应优先执行协定营业利润条款的规定。对此，协定股息、利息以及特许权使用费条款都有明确规定。

摘自2010年7月26日《国家税务总局关于印发〈中华人民共和国政府和新加坡共和国政府关于对所得避免双重征税和防止偷漏税的协定〉及议定书条文解释的通知》（国税发〔2010〕75号）

八、海运、内河运输和空运

1. 国际运输收入的范围

从事国际运输业务取得的收入，是指企业以船舶或飞机经营客运或货运取得的收入，以及以程租、期租形式出租船舶或以湿租形式出租飞机（包括所有设备、人员及供应）取得的租赁收入。

下列与国际运输业务紧密相关的收入应作为国际运输收入的一部分：

（1）为其他国际运输企业代售客票取得的收入；

（2）从市区至机场运送旅客取得的收入；

（3）通过货车从事货仓至机场、码头或者后者至购货者间的运输，以及直接将货物发送至购货者取得的运输收入；

（4）企业仅为其承运旅客提供中转住宿而设置的旅馆取得的收入。

非专门从事国际运输业务的企业，以其拥有的船舶或飞机经营国际运输业务取得的收入属于国际运输收入。

摘自2018年2月9日《国家税务总局关于税收协定执行若干问题的公告》（国家税务总局公告2018年第11号）

2. 关于国际运输收入征税权的确定

缔约国一方企业以船舶或飞机从事国际运输业务从缔约国另一方取得的收入，在缔约国另一方免予征税。

上述免税规定也适用于参加合伙经营、联合经营或参加国际经营机构取得的收入。对于多家公司联合经营国际运输业务的税务处理，应由各参股或合作企业就其分得利润分别在其所属居民国纳税。

摘自2018年2月9日《国家税务总局关于税收协定执行若干问题的公告》（国家税务总局公告2018年第11号）

3. 国际运输业务存款利息收入征税规定

中新税收协定第八条第三款中“缔约国一方企业从附属于以船舶或飞机经营国际运输业务有关的存款中取得的利息收入”，是指缔约国双方从事国际运输业务的海运或空运企业，从对方取得的运输收入存于对方产生的利息。该利息不适用中新税收协定第十一条（利息）的规定，应视为国际运输业务附带发生的收入，在来源国免予征税。

摘自2018年2月9日《国家税务总局关于税收协定执行若干问题的公告》（国家税务总局公告2018年第11号）

4. 附属于国际运输业务收入的范围

企业从事以光租形式出租船舶或以干租形式出租飞机，以及使用、保存或出租用于运输货物或商品的集装箱（包括拖车和运输集装箱的有关设备）等租赁业务取得的收入不属于国际运输收入，但根据中新税收协定第八条第四款，附属于国际运输业务的上述租赁业务收入应视同国际运输收入处理。

“附属”是指与国际运输业务有关且服务于国际运输业务，属于支持和附带性质。企业就其从事附属于国际运输业务的上述租赁业务取得的收入享受海运和空运条款协定待遇，应满足以下三个条件：

（1）企业工商登记及相关凭证资料能够证明企业主营业务为国际运输；

（2）企业从事的附属业务是其在经营国际运输业务时，从事的对主营业务贡献较小但与主营业务联系非常紧密、不能作为一项单独业务或所得来源的活动；

（3）在一个会计年度内，企业从事附属业务取得的收入占其国际运输业务总收入的比例原则上不超过10%。

摘自2018年2月9日《国家税务总局关于税收协定执行若干问题的公告》（国家税务总局公告2018年第11号）

国际运输收入税收处理情况一览表（空运）

项目	国家（地区）	依据
1. 互征企业所得税	税款不超过总收入的 1.5%：菲律宾	避免双重征税协定（安排）
2. 互免企业所得税	除项目 1 所列国家外其他所有与我国有税收协定的国家（地区）	避免双重征税协定（安排）
	津巴布韦、土库曼斯坦、叙利亚、秘鲁、马达加斯加、黎巴嫩、阿富汗、扎伊尔、文莱、巴布亚新几内亚、多米尼加共和国、俄罗斯	航空协定税收条款
3. 互免个人所得税	津巴布韦、越南、蒙古、老挝、科威特、孟加拉国、阿曼、文莱、乌克兰、哈萨克斯坦、马尔代夫、乌兹别克斯坦、土库曼斯坦、黎巴嫩、吉尔吉斯、白俄罗斯、俄罗斯、巴布亚新几内亚、多米尼加共和国	航空协定税收条款
	韩国	税收协定议定书
	法国、英国、巴林	双边专项国际运输互免税协议
4. 互免间接税	日本、丹麦、新加坡、阿联酋、韩国、印度、毛里求斯、斯洛文尼亚、以色列、乌克兰、牙买加、马来西亚（2000 年议定书）、中国香港、中国澳门、瑞士、印度尼西亚（2001 年议定书）	避免双重征税协定（安排）
	津巴布韦、越南、乌兹别克斯坦、美国、乌克兰、土库曼斯坦、叙利亚、罗马尼亚、秘鲁、阿曼、新西兰、马达加斯加、黎巴嫩、吉尔吉斯、科威特、哈萨克斯坦、以色列、加拿大、文莱、比利时、白俄罗斯、巴布亚新几内亚、多米尼加共和国、德国、俄罗斯、澳大利亚、蒙古、马尔代夫、肯尼亚	航空协定税收条款
	美国、法国、泰国、土耳其、卢森堡、荷兰、芬兰、新加坡、斯里兰卡、巴林、波兰	互免国际运输收入税收协议或换函

注：此表根据国家税务总局网站截至 2023 年 12 月底已生效的税收协定安排及议定书的资料整理，仅供参考，详细情况以税收协定（安排）文本为准。

国际运输收入税收处理情况一览表（海运）

项目	国家（地区）	依据
1. 互征企业所得税	减半征收：泰国、马来西亚、孟加拉国、印度尼西亚、斯里兰卡	避免双重征税协定（安排）
	税款不超过总收入的1.5%：菲律宾	避免双重征税协定（安排）
2. 互免企业所得税	除项目1所列国家外其他所有与我国有税收协定（或安排）的国家（地区）	避免双重征税协定（安排）
	智利、朝鲜、黎巴嫩、马来西亚	海运协定税收条款
	阿根廷	互免国际运输收入税收协议或换函
3. 互免个人所得税	波黑、克罗地亚、希腊、黎巴嫩	海运协定税收条款
	韩国	税收协定议定书
4. 互免间接税	日本、丹麦、新加坡（第8条及议定书）、阿联酋、韩国（第8条及议定书）、印度（第8条及议定书）、毛里求斯、斯洛文尼亚、以色列、乌克兰、牙买加、中国香港、中国澳门	避免双重征税协定（安排）
	日本、比利时、德国、挪威、丹麦、芬兰、瑞典、荷兰、保加利亚、巴基斯坦、塞浦路斯、罗马尼亚、巴西、马耳他、克罗地亚、越南、乌克兰、希腊、古巴、格鲁吉亚、阿尔及利亚、智利、朝鲜、意大利、加拿大、马来西亚、法国	海运协定税收条款
	美国、波黑（互免海运收入税收协定）、俄罗斯（海运合作协定）、老挝（河运协定）、波兰、斯里兰卡、阿根廷、智利、意大利、泰国	互免国际运输收入税收协议或换函

注：此表根据国家税务总局网站截至2023年12月底已生效的税收协定安排及议定书的资料整理，仅供参考，详细情况以税收协定（安排）规定为准。

九、联属企业

1. 关联关系认定和关联交易利润调整

如果缔约国一方企业与另一方企业间存在特殊关系，即属于联属企业（如母子公司和共同受控的公司），当该缔约国一方企业的财务账目不能反映其发生于缔约国一方的真实利润水平时，该国税务机关可以对该企业账目进行调整。当然，进行这一调整的前提是联属企业间的交易不符合公平市场原则。

摘自2010年7月26日《国家税务总局关于印发〈中华人民共和国政府和新加坡共和国政府关于对所得避免双重征税和防止偷漏税的协定〉及议定书条文解释的通知》（国税发〔2010〕75号）

2. 对关联交易利润调整的相应调整

如果缔约国一方的税务机关根据第一款的规定对联属企业之间的交易做了重新调整，那么调整的这部分利润可能会被重复征税。为了避免这种情况发生，第二款规定缔约国另一方税务机关应该对就这部分利润已征税款做出相应调整。当然，该款不能简单地理解为该缔约国另一方应进行自动调整，只有在其认为对方所做的利润调整是按公平交易原则计算的时候，才有义务对关联企业利润做出相应调整。如果双方对调整的依据、原因、数额等发生争议，可按照协定第二十四条相互协商程序进行协商。

本条应结合我国《企业所得税法》及其实施条例关于特别纳税调整的有关规定执行。

摘自2010年7月26日《国家税务总局关于印发〈中华人民共和国政府和新加坡共和国政府关于对所得避免双重征税和防止偷漏税的协定〉及议定书条文解释的通知》（国税发〔2010〕75号）

十、股息

1. 股息的定义

股息即为公司所作的利润分配。股息支付不仅包括每年股东会议所决定的利润分配，也包括其他货币或具有货币价值的收益分配，如红股、红利、清算收入以及变相利润分配。股息还包括缔约国按防止资本弱化的规定调整为股息的“利息”。

摘自2010年7月26日《国家税务总局关于印发〈中华人民共和国政府和新加坡共和国政府关于对所得避免双重征税和防止偷漏税的协定〉及议定书条文解释的通知》(国税发〔2010〕75号)

2. 在特定情况下股息与利息的判定

股息和利息在某些特定情况下较难判定，通常应遵循实质重于形式的原则。一般情况下，各类债券所得不应视为股息。然而，如果贷款人确实承担债务人公司风险，其利息可被视为股息。对贷款人是否分担企业风险的判定通常可考虑如下因素：

(1) 该贷款大大超过企业资本中的其他投资形式，并与公司可变现资产严重不符；

(2) 债权人将分享公司的任何利润；

(3) 该贷款的偿还次于其他贷款人的债权或股息的支付；

(4) 利息的支付水平取决于公司的利润；

(5) 所签订的贷款合同没有对具体的偿还日期做出明确的规定。

存在上述情况时，借款人所在国可根据资本弱化的国内法规定将利息作为股息处理。

摘自2010年7月26日《国家税务总局关于印发〈中华人民共和国政府和新加坡共和国政府关于对所得避免双重征税和防止偷漏税的协定〉及议定书条文解释的通知》(国税发〔2010〕75号)

3. 股息所得征税权的确定

税收协定为股息的来源国即支付股息的公司为其居民的国家保留了征税权。但是，这种征税权受到限制。即来源国仅能就股息征收一定比例的税收。具体为：在股息受益所有人是公司，并直接拥有支付股息公司至少25%资本的情况下，限制税率为5%；其他情况下，限制税率为10%。

摘自2010年7月26日《国家税务总局关于印发〈中华人民共和国政府和新加坡共和国政府关于对所得避免双重征税和防止偷漏税的协定〉及议定书条文解释的通知》(国税发〔2010〕75号)

税收协定对股息征税情况一览表

协定国（地区）	税率	适用条件
罗马尼亚	3%	股息受益所有人必须为缔约国对方居民
	—	股息是支付给缔约国对方或其行政区、地方当局或行政领土区划，或缔约国另一方全部或主要拥有的任何实体
蒙古、毛里求斯、斯洛文尼亚、牙买加、塞尔维亚、苏丹、老挝、南非、克罗地亚、马其顿、塞舌尔、阿曼、墨西哥、文莱、赞比亚、博茨瓦纳、厄瓜多尔、肯尼亚、加蓬、埃塞俄比亚、黑山、阿尔及利亚	5%	股息受益所有人必须为缔约国对方居民
尼日利亚、卢旺达	7.5%	股息受益所有人必须为缔约国对方居民
埃及、突尼斯	8%	股息受益所有人必须为缔约国对方居民
斯里兰卡、阿尔巴尼亚、阿塞拜疆、摩洛哥、阿尔及利亚、智利、柬埔寨、斯洛伐克、卡塔尔、尼泊尔、波黑、巴林、日本、美国、马来西亚、波兰、保加利亚、巴基斯坦、塞浦路斯、匈牙利、印度、白俄罗斯、以色列、越南、土耳其、乌兹别克斯坦、葡萄牙、孟加拉国、哈萨克斯坦、印度尼西亚、伊朗、吉尔吉斯斯坦	10%	股息受益所有人必须为缔约国对方居民
澳大利亚、巴布亚新几内亚	15%	股息受益所有人必须为缔约国对方居民
科威特	5%	股息受益所有人必须为缔约国对方居民
	—	股息受益所有人为：①缔约国对方政府、政府机构、或为缔约国对方政府直接或间接全部拥有（资本）的其他实体；②缔约国对方政府直接或间接拥有至少20%股份的缔约国对方居民公司

续表

协定国（地区）	税率	适用条件
阿联酋	7%	股息受益所有人必须为缔约国对方居民
	—	股息受益所有人为：①缔约国对方政府、政府机构、或为缔约国对方政府直接或间接全部拥有（资本）的其他实体；②缔约国对方政府直接或间接拥有至少20%股份的缔约国对方居民公司
津巴布韦	7.5%	股息受益所有人必须为缔约国对方居民
	2.5%	股息受益所有人必须为缔约国对方居民公司并且直接或间接拥有支付股息公司至少25%股份
沙特阿拉伯	5%	股息受益所有人必须为缔约国对方居民
	—	股息受益所有人为缔约国对方政府及其机构，或者是缔约国对方政府直接或间接全资所有的其他实体
安哥拉	8%	股息受益所有人必须为缔约国对方居民
	5%	股息受益所有人必须为缔约国对方居民公司并且在包括支付股息日在内的365天期间均直接拥有支付股息公司至少10%股份
	—	股息受益所有人为缔约国对方政府、其行政区或地方当局，缔约国对方中央银行，或由缔约国对方主要拥有的任何机构
法国	10%	股息受益所有人必须为缔约国对方居民
	5%	股息受益所有人必须为缔约国对方居民公司（合伙企业除外）并且在包括支付股息日在内的365天期间均直接拥有支付股息公司至少25%股份
	—	缔约国一方出于宏观经济目的而成立并全资拥有的主权财富基金，从缔约国另一方取得的股息所得

续表

协定国（地区）	税率	适用条件
英国	10%	股息受益所有人必须为缔约国对方居民
	5%	股息受益所有人必须为缔约国对方居民公司并且直接拥有支付股息公司至少25%选举权股份
	15%	股息受益所有人必须为缔约国对方居民，且据以支付股息的所得或收益由投资工具直接或间接从投资于不动产所得条款规定的不动产所取得，在该投资工具按年度分配大部分上述所得或收益，且其来自上述不动产的所得或收益免税
	—	股息受益所有人为缔约国对方政府及其机构，或者是缔约国对方政府直接或间接全资所有的其他实体
德国	10%	股息受益所有人必须为缔约国对方居民
	5%	股息受益所有人必须为缔约国对方居民公司并且直接拥有支付股息公司至少25%选举权股份
	15%	股息受益所有人必须为缔约国对方居民，且据以支付股息的所得或收益由投资工具直接或间接从投资于不动产所得条款规定的不动产所取得，在该投资工具按年度分配大部分上述所得或收益，且其来自上述不动产的所得或收益免税
比利时	10%	股息受益所有人必须为缔约国对方居民
	5%	股息受益所有人必须为缔约国对方居民公司（合伙企业除外）并且在支付股息前至少连续12个月内曾经直接拥有支付股息公司至少25%股份

续表

协定国（地区）	税率	适用条件
瑞士	10%	股息受益所有人必须为缔约国对方居民
	5%	股息受益所有人必须为缔约国对方居民公司（合伙企业除外）并且直接拥有支付股息公司至少25%股份
	—	股息受益所有人为缔约国对方、其行政区或地方当局、缔约国双方主管当局通过相互协商同意的由缔约国对方全资拥有的机构或基金，或其中央银行
新西兰	15%	股息受益所有人必须为缔约国对方居民
	5%	股息受益所有人必须为缔约国对方居民公司并且在包括支付股息日在内的365天期间均直接拥有支付股息公司至少25%股份
	—	股息受益所有人与其关联企业共同直接或间接持有支付股息的公司不超过25%的表决权，且该受益所有人是缔约国对方政府
西班牙	10%	股息受益所有人必须为缔约国对方居民
	5%	股息受益所有人必须为缔约国对方居民公司（合伙企业除外）并且在包括支付股息日在内的365天期间均直接拥有支付股息公司至少25%股份
	—	股息受益所有人为缔约国对方政府、其行政区或地方当局，缔约国对方中央银行，或者由缔约国对方直接或间接全资拥有的实体
刚果（布）	10%	股息受益所有人必须为缔约国对方居民
	5%	股息受益所有人必须为缔约国对方居民公司并且直接拥有支付股息公司至少25%选举权股份
	—	股息受益所有人为缔约国对方政府、其行政区或地方当局，缔约国对方中央银行，或者由缔约国对方直接或间接全资拥有的实体

续表

<table>
<tr><th>协定国
（地区）</th><th>税率</th><th>适用条件</th></tr>
<tr><td rowspan="2">泰国</td><td>20%</td><td>股息受益所有人必须为缔约国对方居民公司（合伙企业除外）</td></tr>
<tr><td>15%</td><td>股息受益所有人必须为缔约国对方居民公司（合伙企业除外）并且直接拥有支付股息公司至少 25% 股份</td></tr>
<tr><td rowspan="2">丹麦、荷兰</td><td>10%</td><td>股息受益所有人必须为缔约国对方居民</td></tr>
<tr><td>5%</td><td>股息受益所有人必须为缔约国对方居民公司（合伙企业除外）并且在包括支付股息日在内的 365 天期间均直接拥有支付股息公司至少 25% 股份</td></tr>
<tr><td rowspan="2">冰岛、希腊</td><td>10%</td><td>股息受益所有人必须为缔约国对方居民</td></tr>
<tr><td>5%</td><td>股息受益所有人必须为缔约国对方居民公司（合伙企业除外）并且拥有支付股息公司至少 25% 股份</td></tr>
<tr><td rowspan="2">芬兰、捷克、卢森堡、韩国、乌克兰、亚美尼亚、立陶宛、拉脱维亚、爱沙尼亚、摩尔多瓦、古巴、新加坡、巴巴多斯、马耳他、塔吉克斯坦、土库曼斯坦、叙利亚、中国澳门、瑞典</td><td>10%</td><td>股息受益所有人必须为缔约国对方居民</td></tr>
<tr><td>5%</td><td>股息受益所有人必须为缔约国对方居民公司（合伙企业除外）并且直接拥有支付股息公司至少 25% 股份</td></tr>
<tr><td rowspan="2">挪威、意大利</td><td>10%</td><td>股息受益所有人必须为缔约国对方居民</td></tr>
<tr><td>5%</td><td>股息受益所有人必须为缔约国对方居民公司并且在包括支付股息日在内的 365 天期间均直接拥有支付股息公司至少 25% 股份</td></tr>
<tr><td rowspan="2">奥地利</td><td>10%</td><td>股息受益所有人必须为缔约国对方居民</td></tr>
<tr><td>7%</td><td>股息受益所有人必须为缔约国对方居民公司并且直接拥有支付股息公司至少 25% 选举权股份</td></tr>
<tr><td rowspan="2">俄罗斯</td><td>10%</td><td>股息受益所有人必须为缔约国对方居民</td></tr>
<tr><td>5%</td><td>股息受益所有人必须为缔约国对方居民公司（合伙企业除外）并且在包括支付股息日在内的 365 天期间均直接拥有支付股息公司至少 25% 股份，且持股金额至少达 8 万欧元（或等值的其他货币）</td></tr>
</table>

续表

协定国（地区）	税率	适用条件
爱尔兰	10%	股息受益所有人必须为缔约国对方居民
	5%	股息受益所有人必须为缔约国对方居民公司并且在包括支付股息日在内的365天期间均拥有支付股息公司至少25%选举权股份
委内瑞拉	10%	股息受益所有人必须为缔约国对方居民
	5%	股息受益所有人必须为缔约国对方居民公司（合伙企业除外）并且直接拥有支付股息公司至少10%股份
格鲁吉亚	10%	股息受益所有人必须为缔约国对方居民
	5%	股息受益所有人必须为缔约国对方居民并且直接或间接拥有支付股息公司至少10%股份，并在该公司投资超过10万欧元
	0%	股息受益所有人必须为缔约国对方居民并且直接或间接拥有支付股息公司至少50%股份，并在该公司投资超过200万欧元
特立尼达和多巴哥	10%	股息受益所有人必须为缔约国对方居民
	5%	股息受益所有人必须为缔约国对方居民公司并且直接或间接拥有支付股息公司至少25%股份
中国香港	10%	股息受益所有人必须为缔约国对方居民
	5%	股息受益所有人必须为缔约国对方居民公司并且直接拥有支付股息公司至少25%选举权股份
加拿大	15%	股息受益所有人必须为缔约国对方居民
	10%	股息受益所有人必须为缔约国对方居民公司并且在包括支付股息日在内的365天期间拥有支付股息公司至少10%股份

续表

协定国（地区）	税率	适用条件
巴西	15%	股息受益所有人必须为缔约国对方居民
	10%	股息受益所有人必须为缔约国对方居民公司并且在包括支付股息日在内的365天期间均直接拥有支付股息公司至少10%股份
菲律宾	15%	股息受益所有人必须为缔约国对方居民
	10%	股息受益所有人必须为缔约国对方居民公司并且直接拥有支付股息公司至少10%股份

注：此表根据国家税务总局网站截至2023年12月底已生效的税收协定安排及议定书的资料整理，仅供参考，详细情况以税收协定（安排）文本为准。

4. 股息所得征税权确定应注意的事项

（1）判定受益所有人拥有公司资本的比例通常可视其在公司的出资份额情况。一般情况下，出资份额体现为在注册资本中所占份额。此外，当向公司以提供贷款或其他形式的出资产生的所得，已按规定（如防止资本弱化的规则）被当作股息处理时，这种贷款或出资也将被视为“资本”。

（2）按照本款规定，享受5%税率的股息限于直接拥有资本比例达到25%以上的情形。即符合此低税率的股息应属于符合条件的受益所有人拥有资本比例达到25%以上的期间的利润所形成的股息。但在准确跟踪和计算时，可能会涉及以往多年且频繁变化情况（特别是对于上市公司），执行难度较大。为此，从企业分配年度利润的一般情况考虑，税务总局以《国家税务总局关于执行税收协定股息条款有关问题的通知》（国税函〔2009〕81号）规定，非居民直接拥有中国居民公司资本比例在取得股息前连续十二个月以内任何时候均至少达到25%的，可以享受该协定待遇。如分配的股息涉及十二个月以前的企业未分配利润，则不再考虑股息受益所有人在所分配利润所属年度的持股比例是否满足要求。据此，如新加坡居民直接拥有中国居民公司资本比例在取得股息前连续十二个月以内任何时候均达到至少25%的，可以享受该协定待遇。这里“取得股息”的日期是指按照国内法规定该项股息在中国发生纳税义务或扣缴义务的日期。

(3) 只有受益所有人为公司，且符合上述条件的，才能适用5%的限制税率；受益所有人为个人或其他主体的，仍适用10%的限制税率。

关于受益所有人的理解与判断，按照《国家税务总局关于如何理解和认定税收协定中“受益所有人”的通知》(国税函〔2009〕601号) 的规定执行①。

摘自2010年7月26日《国家税务总局关于印发〈中华人民共和国政府和新加坡共和国政府关于对所得避免双重征税和防止偷漏税的协定〉及议定书条文解释的通知》(国税发〔2010〕75号)

5. 常设机构或固定基地取得股息的处理

若股息受益所有人是缔约国一方居民，在缔约国另一方拥有常设机构，或者通过固定基地从事独立个人劳务，且支付股息的股份构成常设机构或固定基地资产的一部分，或与该机构或固定基地有其他方面的实际联系，则来源国可将股息并入常设机构的利润予以征税。

应予注意的是，只有当取得股息的相关营业活动通过常设机构进行，且股份的持有与常设机构有上述实际联系的情况下，才可适用本条款。如果常设机构所在国对常设机构取得的股息有优惠税收待遇规定时，股息受益所有人仅以滥用协定为目的，将股份转移到常设机构的，不应适用本款规定。

摘自2010年7月26日《国家税务总局关于印发〈中华人民共和国政府和新加坡共和国政府关于对所得避免双重征税和防止偷漏税的协定〉及议定书条文解释的通知》(国税发〔2010〕75号)

6. 股息所得再分配部分征税权的划分

新加坡居民投资于中国居民公司或在中国设立常设机构或固定基地，如其对从中国居民公司取得的股息或从在中国机构场所取得的所得向其中国境外的股东进行再分配时，其境外股东取得的这部分所得，无需交纳中国税收。但是，如果该项再分配又支付回中国的居民股东或中国境内机构场所时，根据本款规定，中国仍有征税权。

摘自2010年7月26日《国家税务总局关于印发〈中华人民共和国政府和新加坡共和国政府关于对所得避免双重征税和防止偷漏税的协定〉及

① 编者注：自2018年4月1日起，按照《国家税务总局关于税收协定中“受益所有人”有关问题的公告》(国家税务总局公告2018年第9号) 执行。《国家税务总局关于如何理解和认定税收协定中“受益所有人”的通知》(国税函〔2009〕601号) 已废止。

议定书条文解释的通知》（国税发〔2010〕75号）

7. 股息条款的反滥用规定

以获取优惠的税收地位为主要目的的交易或安排，不应适用税收协定股息条款优惠规定。纳税人因该交易或安排而不当享受税收协定待遇的，主管税务机关有权进行调整。执行该款时应考虑我国国内法关于特别纳税调整的有关规定。

摘自2010年7月26日《国家税务总局关于印发〈中华人民共和国政府和新加坡共和国政府关于对所得避免双重征税和防止偷漏税的协定〉及议定书条文解释的通知》（国税发〔2010〕75号）

8. 享受税收协定股息条款待遇应符合的条件

按照税收协定股息条款规定，中国居民公司向税收协定缔约对方税收居民支付股息，且该对方税收居民（或股息收取人）是该股息的受益所有人，则该对方税收居民取得的该项股息可享受税收协定待遇，即按税收协定规定的税率计算其在中国应缴纳的所得税。如果税收协定规定的税率高于中国国内税收法律规定的税率，则纳税人仍可按中国国内税收法律规定纳税。

纳税人需要享受上款规定的税收协定待遇的，应同时符合以下条件：

（1）可享受税收协定待遇的纳税人应是税收协定缔约对方税收居民；

（2）可享受税收协定待遇的纳税人应是相关股息的受益所有人；

（3）可享受税收协定待遇的股息应是按照中国国内税收法律规定确定的股息、红利等权益性投资收益；

（4）国家税务总局规定的其他条件。

摘自2009年2月20日《国家税务总局关于执行税收协定股息条款有关问题的通知》（国税函〔2009〕81号）

9. 享受税收协定优惠税率应符合的条件

根据有关税收协定股息条款规定，凡税收协定缔约对方税收居民直接拥有支付股息的中国居民公司一定比例以上资本（一般为25%或10%）的，该对方税收居民取得的股息可按税收协定规定税率征税。该对方税收居民需要享受该税收协定待遇的，应同时符合以下条件：

（1）取得股息的该对方税收居民根据税收协定规定应限于公司；

（2）在该中国居民公司的全部所有者权益和有表决权股份中，该对方税收居民直接拥有的比例均符合规定比例；

（3）该对方税收居民直接拥有该中国居民公司的资本比例，在取得股息前连续 12 个月以内任何时候均符合税收协定规定的比例。

摘自 2009 年 2 月 20 日《国家税务总局关于执行税收协定股息条款有关问题的通知》（国税函〔2009〕81 号）

10. 享受税收协定股息条款优惠待遇的资料

本办法所称留存备查资料包括：

（1）由协定缔约对方税务主管当局开具的证明非居民纳税人取得所得的当年度或上一年度税收居民身份的税收居民身份证明；享受税收协定国际运输条款或国际运输协定待遇的，可用能够证明符合协定规定身份的证明代替税收居民身份证明；

（2）与取得相关所得有关的合同、协议、董事会或股东会决议、支付凭证等权属证明资料；

（3）享受股息、利息、特许权使用费条款协定待遇的，应留存证明“受益所有人”身份的相关资料；

（4）非居民纳税人认为能够证明其符合享受协定待遇条件的其他资料。

摘自 2019 年 10 月 14 日《国家税务总局关于发布〈非居民纳税人享受协定待遇管理办法〉的公告》（国家税务总局公告 2019 年第 35 号）

纳税人需要按照税收协定股息条款规定纳税的，相关纳税人或扣缴义务人应该取得并保有支持其执行税收协定股息条款规定的信息资料，并按有关规定及时根据税务机关的要求报告或提供。有关的信息资料包括：

（1）由协定缔约对方税务主管当局或其授权代表签发的税收居民身份证明以及支持该证明的税收协定缔约对方国内法律依据和相关事实证据；

（2）纳税人在税收协定缔约对方的纳税情况，特别是与取得由中国居民公司支付股息有关的纳税情况；

（3）纳税人是否构成任一第三方（国家或地区）税收居民；

（4）纳税人是否构成中国税收居民；

（5）纳税人据以取得中国居民公司所支付股息的相关投资（转让）合同、产权凭证、利润分配决议、支付凭证等权属证明；

（6）纳税人在中国居民公司的持股情况；

（7）其他与执行税收协定股息条款规定有关的信息资料。

摘自2009年2月20日《国家税务总局关于执行税收协定股息条款有关问题的通知》（国税函〔2009〕81号）

十一、利息

1. 利息的定义

利息一语的含义，具体可从以下两个方面理解：

（1）利息一般是指从各种债权取得的所得。“各种债权”应包括现金、货币形态的有价证券，以及政府公债、债券或者信用债券。

（2）对于与利息相关的其他所得是否应属于“利息”的范畴，应根据其性质区别对待：

①附属债券取得的所得，如发行债券的溢价和奖金构成利息，但债券持有者出售债券发生的盈亏不属于利息范围；

②与贷款业务相关的并附属于债权的所得可认定为利息，对独立发生于债权方以外的，如单独收取的担保费等，原则上不应认定为利息。

摘自2010年7月26日《国家税务总局关于印发〈中华人民共和国政府和新加坡共和国政府关于对所得避免双重征税和防止偷漏税的协定〉及议定书条文解释的通知》（国税发〔2010〕75号）

2. 利息所得征税权的确定

居民国对本国居民取得的来自缔约国另一方的利息拥有征税权，但这种征税权并不是独占的。

利息来源国对利息也有征税的权利，但对征税权的行使进行了限制，即设定了最高税率，且限制税率与受益所有人自身性质有关，受益所有人为银行或金融机构情况下，利息的征税税率为7%；其他情况下利息的征税税率为10%。

关于受益所有人的理解与判断，同样按照《国家税务总局关于如何理解和认定税收协定中“受益所有人”的通知》（国税函〔2009〕601号）的规定执行①。

---

① 编者注：自2018年4月1日起，按照《国家税务总局关于税收协定中“受益所有人”有关问题的公告》（国家税务总局公告2018年第9号）执行。《国家税务总局关于如何理解和认定税收协定中“受益所有人”的通知》（国税函〔2009〕601号）已废止。

在判断利息受益所有人时，要特别注意在利息据以产生和支付的贷款合同之外，是否存在债权人与第三人之间在数额、利率和签订时间等方面相近的其他贷款或存款合同。

摘自2010年7月26日《国家税务总局关于印发〈中华人民共和国政府和新加坡共和国政府关于对所得避免双重征税和防止偷漏税的协定〉及议定书条文解释的通知》（国税发〔2010〕75号）

税收协定对利息征税情况一览表

项目	与下列国家（地区）协定
对利息征税税率低于或高于10%	罗马尼亚：3%； 智利：4%，限于银行、保险公司和其他金融机构，从事贷款融资业务的企业、机械设备销售形成债权利息的企业或其他支付利息符合条件的企业；5%，限于因经常并主要在被认可的证券交易所交易的债券或证券而产生的利息（中智最惠国待遇条款换函） 科威特：5%； 委内瑞拉：5%（限于银行或金融机构）； 中国香港、中国澳门、阿联酋、阿尔及利亚、中国台湾、埃塞俄比亚：7%； 新加坡、奥地利、以色列：7%（限于银行或金融机构）； 牙买加、捷克、古巴、博茨瓦纳、津巴布韦、尼日利亚：7.5%； 塔吉克斯坦、卢旺达：8%； 巴西：15%，除在银行为公共项目以及为购买设备或者规划、安装、供应工业或科学设备提供5年及以上期限贷款及信贷而取得利息以外的情况
对政府、国家（中央）银行或政府拥有金融机构贷款利息免予征税	日本、美国、法国、英国、比利时、德国、马来西亚、挪威、丹麦、新加坡、芬兰、加拿大、瑞典、新西兰、泰国、意大利、荷兰、斯洛伐克、波兰、保加利亚、巴基斯坦、科威特、瑞士、西班牙、罗马尼亚、奥地利、巴西、蒙古、匈牙利、马耳他、阿联酋、卢森堡、韩国、俄罗斯、巴布亚新几内亚、印度、毛里求斯、克罗地亚、白俄罗斯、越南、土耳其、乌克兰、亚美尼亚、牙买加、冰岛、立陶宛、拉脱维亚、乌兹别克斯坦、孟加拉国、塞尔维亚、黑山、苏丹、马其顿、埃及、葡萄牙、爱沙尼亚、老挝、塞舌尔、菲律宾、爱尔兰、南非、巴巴多斯、摩尔多瓦、卡塔尔、古巴、委内瑞拉、尼泊尔、哈萨克斯坦、印度尼西亚、阿曼、尼日利亚、突尼斯、伊朗、巴林、希腊、吉尔吉斯、摩洛哥、斯里兰卡、特立尼达和多巴哥、阿尔巴尼亚、文莱、阿塞拜疆、格鲁吉亚、墨西哥、沙特阿拉伯、阿尔及利亚、塔吉克斯坦、埃塞俄比亚、土库曼斯坦、捷克、赞比亚、叙利亚、博茨瓦纳、厄瓜多尔、智利、津巴布韦、柬埔寨、刚果（布）、安哥拉、卢旺达、中国香港、中国澳门
税收协定对利息无免税规定	澳大利亚、塞浦路斯、斯洛文尼亚、波黑

注：1. 除表中第1栏所列国家外，我国与其他国家的税收协定对利息征税税率均为10%。

2. 此表根据国家税务总局网站截至2023年12月底已生效的税收协定安排及议定书的资料整理，仅供参考，详细情况以税收协定（安排）文本为准。

3. 特定收益所有人取得利息免税的规定

对特定的受益所有人取得的利息在来源国免税的规定。在执行时应注意把关，即取得利息收入的新加坡居民必须是协定“利息”条款所列机构，任何商业组织通过上述机构取得的利息不得享受免税待遇。另外，根据协定第二议定书第二条的规定，所列免税机构应依照新加坡议会法案规定设立或完全由新加坡政府拥有。

摘自2010年7月26日《国家税务总局关于印发〈中华人民共和国政府和新加坡共和国政府关于对所得避免双重征税和防止偷漏税的协定〉及议定书条文解释的通知》(国税发〔2010〕75号)

我国与部分国家（地区）协定列名的免税银行或金融机构一览表

国家（地区）	税收协定或议定书中列名对方国家的免税银行或金融机构	税收协定或议定书中列名的我国免税银行或金融机构
日本	日本银行、日本输出入银行、日本政策金融公库（JFC）、日本国际协力机构	
法国	法兰西银行、法国对外贸易保险公司、法国国家投资银行、储蓄信托局	中国人民银行、国家开发银行股份有限公司、中国农业发展银行、中国进出口银行、全国社会保障基金理事会、中国出口信用保险公司
德国	德意志联邦银行、重建贷款银行、德国投资与开发公司	中国人民银行、国家开发银行股份有限公司、中国农业发展银行、中国进出口银行、全国社会保障基金理事会、中国投资有限责任公司
马来西亚	马来西亚挪格拉银行（中央银行）、马来西亚进出口银行、全国信托基金、退休基金、马来西亚农业银行、马来西亚中小企业银行、马来西亚开发银行、马来西亚国库控股公司	中国人民银行、中国银行总行、中国国际信托投资公司、国家开发银行股份有限公司、中国农业发展银行、中国进出口银行、全国社会保障基金理事会、中国出口信用保险公司、中国投资有限责任公司、丝路基金有限责任公司

续表

国家（地区）	税收协定或议定书中列名对方国家的免税银行或金融机构	税收协定或议定书中列名的我国免税银行或金融机构
挪威	挪威中央银行、政府全球养老基金、出口信用担保局	中国人民银行、国家开发银行、中国农业发展银行、中国进出口银行、全国社会保障基金理事会、中国出口信用保险公司、中国投资有限责任公司、中投国际有限责任公司、中投海外直接投资有限责任公司、丝路基金有限责任公司、中国银行、中国工商银行、中国建设银行、中国农业银行
丹麦	丹麦国家银行、发展中国家工业化基金（IFU）、丹麦出口信用基金（EKF）、丹麦成长基金	中国人民银行、国家开发银行、中国农业发展银行、中国进出口银行、全国社会保障基金理事会、中国出口信用保险公司、中国投资有限责任公司
新加坡	新加坡金融管理局、新加坡政府投资公司、新加坡星展银行总行	中国人民银行、国家开发银行、中国农业发展银行、中国进出口银行、全国社会保障基金理事会、中国出口信用保险公司、中国国际信托投资公司、中国银行总行
加拿大	加拿大银行、加拿大出口开发公司、加拿大养老金计划投资理事会（CPPIB）	中国人民银行、直接或间接贷款或担保的中国银行或中国国际信托投资公司（CITIC）、全国社会保障基金理事会、中国进出口银行、中国出口信用保险公司
芬兰	芬兰工业合作基金（FINNFUND）、芬维拉公司（Finnvera）、芬兰出口信用公共有限公司	国家开发银行、中国农业发展银行、中国进出口银行、全国社会保障基金理事会、中国出口信用保险公司、中国投资有限责任公司
瑞典	瑞典银行、瑞典出口信贷担保局、国家债务局、瑞典国际基金会（瑞典基金会）、瑞典国际发展合作署	中国人民银行、中国银行、中国国际信托投资公司、国家开发银行、中国进出口银行、中国农业发展银行
新西兰	新西兰出口信用局、新西兰养老基金、新西兰养老基金监管人、地震委员会、意外伤害赔偿局	国家开发银行、中国农业发展银行、中国进出口银行、中国出口信用保险公司、中国投资有限责任公司、丝路基金有限责任公司、全国社会保障基金理事会
泰国	泰国银行、泰国进出口银行、政府储蓄银行、政府住房银行	中国人民银行、在中央银行一般授权的范围内进行活动的中国银行、国家开发银行、中国进出口银行、中国农业发展银行

续表

国家（地区）	税收协定或议定书中列名对方国家的免税银行或金融机构	税收协定或议定书中列名的我国免税银行或金融机构
荷兰	荷兰发展中国家金融公司、荷兰发展中国家投资银行	国家开发银行股份有限公司、中国农业发展银行、中国进出口银行、全国社会保障基金理事会、中国出口信用保险公司、中国投资有限责任公司
巴基斯坦	巴基斯坦国家银行	中国人民银行、中国银行、中国进出口银行、中国农业发展银行、国家开发银行、中国工商银行、丝路基金有限责任公司
西班牙	官方信贷协会、有序银行重组基金、保险赔偿财团	国家开发银行、中国农业发展银行、中国进出口银行、全国社会保障基金理事会、中国出口信用保险公司、中国投资有限责任公司及其直接或间接全资拥有的其他机构、丝路基金有限责任公司
奥地利	奥地利国家银行、奥地利控制银行公司	中国人民银行、直接或间接贷款的中国银行或中国国际信托投资公司
巴西	巴西国家经济社会发展银行（BNDES），包括其直接或间接全资拥有的子公司	国家开发银行、中国农业发展银行、中国进出口银行、中国出口信用保险公司、中国投资有限责任公司、中投国际有限责任公司、中投海外直接投资有限责任公司、丝路基金有限责任公司、全国社会保障基金理事会、中拉产能合作投资基金有限责任公司
卢森堡	国家信贷投资公司	国家银行
韩国	韩国银行、韩国产业银行、韩国进出口银行、韩国投资公司、韩国出口保险公司、韩国金融监督院，以及缔约国双方主管当局通过协商同意的其他金融机构	中国人民银行、国家开发银行、中国进出口银行、中国农业发展银行、中国出口信用保险公司、全国社会保障基金理事会、其所有权结构和职能相当于“韩国投资公司”的组织（名称待双方主管当局通过换函确定）、执行银行业、保险和证券监管职能的组织，以及缔约国双方主管当局通过协商同意的其他金融机构
越南	越南国有银行、其资本完全为越南社会主义共和国政府、其行政区或地方当局拥有，并为缔约国双方主管当局随时同意的金融机构	中国国家银行、其资本完全为中华人民共和国政府、其行政区或地方当局拥有，并为缔约国双方主管当局随时同意的金融机构

续表

国家（地区）	税收协定或议定书中列名对方国家的免税银行或金融机构	税收协定或议定书中列名的我国免税银行或金融机构
土耳其	土耳其中央银行、土耳其进出口银行、土耳其发展银行	中国人民银行、中国银行、中国国际信托投资公司实业银行
冰岛	冰岛中央银行、工业贷款基金、工业开发基金	中国人民银行、国家开发银行、中国进出口银行、中国农业开发银行
葡萄牙	储蓄总行、国家海外银行、葡萄牙投资贸易和旅游协会、葡萄牙中央银行	中国人民银行、国家发展银行、中国进出口银行、中国农业发展银行、全国社会保障基金理事会、中国投资有限责任公司、中国出口信用保险公司、国家开发银行
老挝	老挝银行、老挝对外贸易银行	中国人民银行、中国国家开发银行、中国进出口银行、中国农业发展银行
巴巴多斯	巴巴多斯中央银行	中国人民银行、国家开发银行、中国进出口银行、中国农业开发银行
委内瑞拉	委内瑞拉中央银行	中国人民银行、中国开发银行、中国进出口银行、中国农业银行
印度尼西亚	印度尼西亚投资局、印度尼西亚进出口银行、印度尼西亚卫生社会保障局、印度尼西亚人力资源社会保障局	国家开发银行股份有限公司、中国农业发展银行、中国进出口银行、全国社会保障基金理事会、中国投资有限责任公司
阿曼	阿曼中央银行、国家总储备基金、阿曼发展银行	中国人民银行、国家发展银行、中国进出口银行、中国农业开发银行
摩洛哥	摩洛哥中央银行	中国人民银行、中国国家开发银行、中国进出口银行、中国农业发展银行
特立尼达和多巴哥	特立尼达和多巴哥中央银行、农业发展银行、出口保险公司、国家住房管理局、国家保险管理委员会、住房抵押银行、存款保险公司、小企业发展公司、发展融资有限公司、特立尼达和多巴哥抵押金融公司	中国人民银行、中国国家开发银行、中国进出口银行、中国农业发展银行
文莱	文莱货币管理委员会、文莱投资局、雇员信托基金会	中国人民银行、中国国家发展银行、中国进出口银行、中国农业发展银行、社会保障基金理事会

续表

国家（地区）	税收协定或议定书中列名对方国家的免税银行或金融机构	税收协定或议定书中列名的我国免税银行或金融机构
阿塞拜疆	阿塞拜疆共和国国家银行、阿塞拜疆共和国国家石油基金会	中国国家发展银行、中国进出口银行、中国农业发展银行、社会保险基金理事会、中国银行、中国建设银行、中国工商银行、中国农业银行
墨西哥	墨西哥银行、国家外贸银行、国家财务银行、国家公共建设和服务银行	中国人民银行、国家开发银行、中国进出口银行、中国农业发展银行、中国出口信用保险公司
塔吉克斯坦	塔吉克斯坦国家银行、塔吉克斯坦共和国国家储蓄银行（阿玛纳银行）	中国人民银行、国家开发银行、中国农业发展银行、中国进出口银行、中国出口信用保险公司
土库曼斯坦	土库曼斯坦中央银行	中国人民银行、国家开发银行、中国农业发展银行、中国进出口银行、全国社会保障基金理事会、中国出口信用保险公司
捷克	捷克出口银行（CEB）、出口担保和保险公司（EGAP）	中国国家开发银行、中国农业发展银行、中国进出口银行、中国出口信用保险公司
厄瓜多尔	厄瓜多尔共和国中央银行	中国人民银行、国家开发银行、中国农业发展银行、中国进出口银行、全国社会保障基金理事会、中国出口信用保险公司、中国投资有限责任公司
柬埔寨	农村发展银行、柬埔寨再保险公司、柬埔寨人寿保险公司、绿色贸易公司	国家开发银行、中国农业发展银行、中国进出口银行、全国社会保障基金理事会、中国出口信用保险公司、中国投资有限责任公司、中国银行、中国工商银行、中国建设银行、中国农业银行
刚果（布）		中国国家开发银行、中国农业发展银行、中国进出口银行、全国社会保障基金理事会、中国出口信用保险公司、中国投资有限责任公司及其直接或间接全资拥有的任何机构、丝路基金有限责任公司、中非发展基金有限公司、中非产能合作基金有限责任公司

续表

国家（地区）	税收协定或议定书中列名对方国家的免税银行或金融机构	税收协定或议定书中列名的我国免税银行或金融机构
安哥拉	安哥拉主权财富基金、安哥拉国家石油公司、安哥拉开发银行、储蓄信贷银行、商业和工业银行、风险资本主动型基金、信贷担保基金	国家开发银行、中国农业发展银行、中国进出口银行、全国社会保障基金理事会、中国出口信用保险公司、中国投资有限责任公司及其直接或间接全资拥有的任何机构、丝路基金有限责任公司、中非发展基金有限公司、中非产能合作基金有限责任公司、中国银行、中国工商银行、中国建设银行、中国农业银行
中国香港	香港金融管理局	国家开发银行、中国进出口银行、中国农业发展银行、全国社会保障基金理事会、中国信用保险公司
中国澳门	澳门金融管理局、退休基金会、社会保障基金	国家开发银行、中国进出口银行、中国农业发展银行、全国社会保障基金理事会、中国出口信用保险公司

编者注：此表根据国家税务总局网站截至2023年12月底已生效的税收协定安排及议定书的资料整理，仅供参考，详细情况以税收协定（安排）文本为准。

4. 缔约国对方国家银行办理利息所得免税的手续

凡协定利息条款中规定缔约国对方中央银行、政府拥有的金融机构或其他组织从我国取得的利息应在我国免予征税的，上述有关银行（机构）可在每项贷款合同签署后，向利息发生地主管税务机关申请享受有关协定待遇。利息发生地主管税务机关应为其办理免征利息所得税手续。纳税人申请免征利息所得税时，应附报缔约国对方税务主管当局出具的其属于政府拥有银行或金融机构的证明及有关贷款合同副本。

凡协定有关条文、议定书、会谈纪要或换函等已列名缔约国对方在我国免征利息所得税具体银行、金融机构的，纳税人可按本通知第一条的规定办理免征利息所得税手续，仅附报有关合同副本即可。

摘自2006年3月1日《国家税务总局关于执行税收协定利息条款有关问题的通知》（国税函〔2006〕229号）

5. 常设机构或固定基地取得利息的处理

若利息受益所有人是缔约国一方居民，在缔约国另一方拥有常设机构，或者通过固定基地从事独立个人劳务，且支付利息的债权构成常设机构或固定基地资产的一部分，或与该机构或固定基地有其他方面的实际联系，则来源国可将利息并入常设机构的利润予以征税。

应予注意的是，只有当取得利息的相关营业活动通过常设机构进行，且债权与常设机构有上述实际联系的情况下，才可适用本条款。仅以滥用协定为目的，将贷款转移到为利息提供优惠税收待遇的常设机构的，不应适用本款规定。

摘自2010年7月26日《国家税务总局关于印发〈中华人民共和国政府和新加坡共和国政府关于对所得避免双重征税和防止偷漏税的协定〉及议定书条文解释的通知》（国税发〔2010〕75号）

6. 利息来源国的特殊规定

利息条款明确了利息支付人为其居民的国家是利息的来源国这一原则。然而该款也规定了一个例外情形，即利息支付人无论是否为缔约国一方的居民，只要其在缔约国一方拥有常设机构或固定基地，并且支付的利息由该常设机构或固定基地负担，本款认为利息来源地应是该常设机构或固定基地所在缔约国。例如，某第三国设在中国的常设机构支付给新加坡居民的利息，在利息与该常设机构有实际联系情况下，应认为该利息发生于中国，由中国根据中新协定行使优先征税权。如新加坡居民为该项利息的受益所有人，则可享受本协定待遇。

摘自2010年7月26日《国家税务总局关于印发〈中华人民共和国政府和新加坡共和国政府关于对所得避免双重征税和防止偷漏税的协定〉及议定书条文解释的通知》（国税发〔2010〕75号）

7. 关联交易中利息条款的适用

当支付人与受益所有人之间或者他们与其他人之间由于某种特殊关系而造成超额支付利息时，支付额中超过按市场公允价格计算所应支付的数额的部分不得享受协定的优惠。

摘自2010年7月26日《国家税务总局关于印发〈中华人民共和国政府和新加坡共和国政府关于对所得避免双重征税和防止偷漏税的协定〉及议定书条文解释的通知》（国税发〔2010〕75号）

8. 利息条款的反滥用规定

以获取优惠的税收地位为主要目的的交易或安排，不应适用税收协定利息条款优惠规定。纳税人因该交易或安排而不当享受税收协定待遇的，主管税务机关有权进行调整。

摘自2010年7月26日《国家税务总局关于印发〈中华人民共和国政府和新加坡共和国政府关于对所得避免双重征税和防止偷漏税的协定〉及议定书条文解释的通知》（国税发〔2010〕75号）

十二、特许权使用费

1. 特许权使用费的定义

“特许权使用费”一语的定义，需要从以下几个方面理解：

（1）特许权使用费首先应与使用或有权使用以下权利有关：构成权利和财产的各种形式的文学和艺术，有关工业、商业和科学实验的文字和信息中确定的知识产权，不论这些权利是否已经或必须在规定的部门注册登记。还应注意，这一定义既包括了在有许可的情况下支付的款项，也包括因侵权支付的赔偿款。

（2）特许权使用费也包括使用或有权使用工业、商业、科学设备取得的所得，即设备租金。但不包括设备所有权最终转移给用户的有关融资租赁协议涉及的支付款项中被认定为利息的部分；也不包括使用不动产取得的所得，使用不动产取得的所得适用协定第六条的规定。

（3）特许权使用费还包括使用或有权使用有关工业、商业、科学经验的情报取得的所得。对该项所得应理解为专有技术，一般是指进行某项产品的生产或工序复制所必需的、未曾公开的、具有专有技术性质的信息或资料。与专有技术有关的特许权使用费一般涉及技术许可方同意将其未公开的技术许可给另一方，使另一方能自由使用，技术许可方通常不亲自参与技术受让方对被许可技术的具体应用，并且不保证实施的结果。被许可的技术通常已经存在，但也包括应技术受让方的需求而研发后许可使用，并在合同中列有保密等使用限制的技术。

（4）在服务合同中，如果服务提供方在提供服务过程中使用了某些专门知识和技术，但并不许可这些技术使用权，则此类服务不属于特许权使用费范围。如果服务提供方提供服务形成的成果属于特许权使用费定义范围，并且服务提供方仍保有该项成果的所有权，服务接受方对此成果仅有使用权，则此类服务产生的所得属于特许权使用费。

（5）在转让或许可专有技术使用权过程中，如果技术许可方派人员为该项技术的应用提供有关支持、指导等服务，并收取服务费，无论是单独收取还是包括在技术价款中，均应视为特许权使用费，适用本条的规定。但如上述人员的服务已构成常设机构，对归属于常设机构部分的服务所得应执行协定第七条营业利润条款的规定，对提供服务的人员执行协定第十五条非独立个人劳务条款的规定；对未构成常设机构或未归属于常设机构的服务收入仍按特许权使用费规定处理。

（6）单纯货物贸易项下作为售后服务的报酬，产品保证期内卖方为买方提供服务所取得的报酬，专门从事工程、管理、咨询等专业服务的机构或个人提供的相关服务所取得的所得不是特许权使用费，应作为劳务活动所得适用协定第七条营业利润条款的规定。

摘自2010年7月26日《国家税务总局关于印发〈中华人民共和国政府和新加坡共和国政府关于对所得避免双重征税和防止偷漏税的协定〉及议定书条文解释的通知》（国税发〔2010〕75号）

2. 特许权使用费征税权的确定

居民国对本国居民取得的来自缔约国另一方的特许权使用费拥有征税权，但这种征税权并不是独占的。

特许权使用费的来源国对该所得也有征税权，但对征税权的行使进行了限制，即设定最高税率为10%。但根据协定议定书第三条的规定，对于使用或有权使用工业、商业、科学设备而支付的特许权使用费，按支付特许权使用费总额的60%确定税基。

适用本条款也必须以受益所有人是缔约国对方居民为前提。关于受益所有人的理解与判断，同样按照《国家税务总局关于如何理解和认定税收协定中“受益所有人”的通知》（国税函〔2009〕601号）的规定执行①。在判断受益所有人时，要特别注意审核在特许权使用费据以产生和支付的版权、专利、技术等使用权转让合同之外，是否存在申请人与第三人之间在有关版权、专利、技术等的使用权或所有权方面的转让合同。

摘自2010年7月26日《国家税务总局关于印发〈中华人民共和国政府和新加坡共和国政府关于对所得避免双重征税和防止偷漏税的协定〉及议定书条文解释的通知》（国税发〔2010〕75号）

---

① 编者注：自2018年4月1日起，按照《国家税务总局关于税收协定中“受益所有人”有关问题的公告》（国家税务总局公告2018年第9号）执行。《国家税务总局关于如何理解和认定税收协定中“受益所有人”的通知》（国税函〔2009〕601号）已废止。

税收协定对特许权使用费征税情况一览表

项目	与下列国家（地区）协定
特许权使用费税率低于或高于10%	3%：罗马尼亚 5%：古巴、格鲁吉亚、赞比亚、博茨瓦纳、埃塞俄比亚、刚果（布） 6%：俄罗斯 7%：中国香港、比利时、拉脱维亚、中国澳门 7.5%：尼日利亚、津巴布韦 8%：埃及、塔吉克斯坦、安哥拉 9%：瑞士 12.5%：巴基斯坦 15%：泰国、尼泊尔（议定书：有较低税率时，该税率将代替15%） 其他特殊规定： 巴西：15%（仅限商标）、10%（其他） 老挝：5%（在老挝）、10%（在中国） 马来西亚：15%（文学、艺术或科学著作）、10%（其他）、特许权使用费税率低于或高于10% 菲律宾：15%（文学、艺术或科学著作）、10%（其他） 突尼斯：5%（技术或经济研究或技术援助）、10%（其他） 加蓬：5%（为接受研究、技术、财务、会计和税务支持所支付的作为报酬的各种款项）、7.5%（其他） 中国香港、中国澳门：5%（飞机和船舶租赁业务）
与下列国家协定规定对使用对方设备支付的特许权使用费	2%：智利
	6%：荷兰、奥地利、卢森堡、爱尔兰、英国、德国
	7%：美国、丹麦、意大利、波兰、保加利亚、南非、马耳他、冰岛、瑞典
与下列国家协定规定特许权使用费不包括使用对方工业、商业、科学机器设备支付的款项	突尼斯、格鲁吉亚、阿尔及利亚、塔吉克斯坦、土库曼斯坦、赞比亚、博茨瓦纳、津巴布韦、柬埔寨、刚果（布）、安哥拉、卢旺达
与下列国家协定规定我国居民从对方国家取得的特许权使用费对方给予单方面免税	马来西亚（限于电影影片）

编者注：1. 除表中第1栏所列国家外，我国与其他国家的税收协定对特许权使用费征税税率均为10%；

2. 此表根据国家税务总局网站截至2023年12月底的税收协定（安排）资料整理，仅供参考，详细情况以税收协定（安排）文本为准。

3. 特许权使用费条款的适用范围

税收协定中特许权使用费条款的规定应仅适用于缔约对方居民受益所有人，第三国设在缔约对方的常设机构从我国境内取得的特许权使用费应适用该第三国与我国的税收协定的规定；我国居民企业设在缔约对方的常设机构不属于对方居民，不应作为对方居民适用税收协定特许权使用费条款的规定；由位于我国境内的外国企业的机构、场所或常设机构负担并支付给与我国签有税收协定的缔约对方居民的特许权使用费，适用我国与该缔约国税收协定特许权使用费条款的规定。

摘自2009年9月14日《国家税务总局关于执行税收协定特许权使用费条款有关问题的通知》（国税函〔2009〕507号）

4. 技术服务与特许权使用费的区别

在服务合同中，如果服务提供方提供服务过程中使用了某些专门知识和技术，但并不转让或许可这些技术，则此类服务不属于特许权使用费范围。但如果服务提供方提供服务形成的成果属于税收协定特许权使用费定义范围，并且服务提供方仍保有该项成果的所有权，服务接受方对此成果仅有使用权，则此类服务产生的所得，适用税收协定特许权使用费条款的规定。

摘自2009年9月14日《国家税务总局关于执行税收协定特许权使用费条款有关问题的通知》（国税函〔2009〕507号）

5. 对转让许可专有技术同时提供技术服务的征税原则

在转让或许可专有技术使用权过程中如技术许可方派人员为该项技术的使用提供有关支持、指导等服务并收取服务费，无论是单独收取还是包括在技术价款中，均应视为特许权使用费，适用税收协定特许权使用费条款的规定。但如上述人员的服务已构成常设机构，则对服务部分的所得应适用税收协定营业利润条款的规定。如果纳税人不能准确计算应归属常设机构的营业利润，则税务机关可根据税收协定常设机构利润归属原则予以确定。

摘自2009年9月14日《国家税务总局关于执行税收协定特许权使用费条款有关问题的通知》（国税函〔2009〕507号）

转让专有技术使用权涉及的技术服务活动应视为转让技术的一部分，由此产生的所得属于税收协定特许权使用费范围。但根据协定关于特许权使用费受益所有人通过在特许权使用费发生国设立的常设机构进行营业，并且据以支付该特许权使用费的权利与常设机构有实际联系的相关规定，如果技术许可方派遣人员到技术使用方为转让的技术提供服务，并提供服务时间已达到按协定常设机构规定标准，构成了常设机构的情况下，对归属于常设机构部分的服务收入应执行协定第七条营业利润条款的规定，对提供服务的人员执行协定非独立个人劳务条款的相关规定；对未构成常设机构的或未归属于常设机构的服务收入仍按特许权使用费规定处理。

如果技术受让方在合同签订后即支付费用，包括技术服务费，即事先不能确定提供服务时间是否构成常设机构的，可暂执行特许权使用费条款的规定；待确定构成常设机构，且认定有关所得与该常设机构有实际联系后，按协定相关条款的规定，对归属常设机构利润征收企业所得税及对相关人员征收个人所得税时，应将已按特许权使用费条款规定所做的处理作相应调整。

摘自2010年1月26日《国家税务总局关于税收协定有关条款执行问题的通知》（国税函〔2010〕46号）

6. 不属于特许权使用费的劳务活动所得

（1）单纯货物贸易项下作为售后服务的报酬；

（2）产品保证期内卖方为买方提供服务所取得的报酬；

（3）专门从事工程、管理、咨询等专业服务的机构或个人提供的相关服务所取得的款项；

（4）国家税务总局规定的其他类似报酬。

上述劳务所得通常适用税收协定营业利润条款的规定，但个别税收协定对此另有特殊规定的除外（如中英税收协定专门列有技术费条款）。

摘自2009年9月14日《国家税务总局关于执行税收协定特许权使用费条款有关问题的通知》（国税函〔2009〕507号）

7. 常设机构或固定基地取得特许权使用费的处理

若特许权使用费的受益所有人是缔约国一方居民，在缔约国另一方拥有常设机构，或者通过固定基地从事独立个人劳务，且据以支付特许权使用费的权利或财产构成常设机构或固定基地资产的一部分，或与该常设机构或固定基地有其他方面的实际联系，则来源国可将特许权使用费并入常设机构的利润予以征税。

应予注意的是，只有当取得特许权使用费的相关营业活动通过常设机构进行，且特许权使用费据以产生的权利或财产与常设机构有上述实际联系的情况下，才可适用本条款。仅以滥用协定为目的，将权利或财产转移到为特许权使用费提供优惠税收待遇的常设机构的，不应适用本款规定。

摘自2010年7月26日《国家税务总局关于印发〈中华人民共和国政府和新加坡共和国政府关于对所得避免双重征税和防止偷漏税的协定〉及议定书条文解释的通知》（国税发〔2010〕75号）

8. 特许权使用费来源国的特殊规定

特许权使用费条款明确了特许权使用费支付人为其居民的国家是特许权使用费的来源国这一原则。然而该款也规定了一个例外情形，即支付该特许权使用费的人无论是否为缔约国一方的居民，只要其在该缔约国一方拥有常设机构或固定基地，并且支付的费用由该常设机构或固定基地负担，本款认为特许权使用费来源地应是该常设机构或固定基地所在国。例如，某第三国设在中国的常设机构支付给新加坡居民的特许权使用费，在特许权使用费与该常设机构有实际联系的情况下，应认为该特许权使用费发生于中国，由中国根据中新协定行使优先征税权。如新加坡居民为该项特许权使用费的受益所有人，则可享受本协定待遇。

摘自2010年7月26日《国家税务总局关于印发〈中华人民共和国政府和新加坡共和国政府关于对所得避免双重征税和防止偷漏税的协定〉及议定书条文解释的通知》（国税发〔2010〕75号）

9. 在关联交易中特许权使用费条款的适用

当支付人与受益所有人之间或他们与其他人之间由于某种特殊关系而造成超额支付特许权使用费时，支付额中超过按市场公允价格计算所应支付数额的部分不享受协定的优惠。

摘自2010年7月26日《国家税务总局关于印发〈中华人民共和国政府和新加坡共和国政府关于对所得避免双重征税和防止偷漏税的协定〉及议定书条文解释的通知》（国税发〔2010〕75号）

10. 特许权使用费条款的反滥用规定

以获取优惠的税收地位为主要目的的交易或安排，不适用税收协定特许权使用费条款优惠规定，纳税人因该交易或安排而不当享受税收协定待遇的，主管税务机关有权进行调整。

摘自 2010 年 7 月 26 日《国家税务总局关于印发〈中华人民共和国政府和新加坡共和国政府关于对所得避免双重征税和防止偷漏税的协定〉及议定书条文解释的通知》（国税发〔2010〕75 号）

十三、受益所有人

1. “受益所有人”的定义

“受益所有人”是指对所得或所得据以产生的权利或财产具有所有权和支配权的人。

摘自 2018 年 2 月 3 日《国家税务总局关于税收协定中“受益所有人”有关问题的公告》（国家税务总局公告 2018 年第 9 号）

2. “受益所有人”适用范围

缔约国对方居民申请享受股息、利息和特许权使用费等条款的税收协定待遇时，需认定申请人的“受益所有人”身份。《内地和香港特别行政区关于对所得避免双重征税和防止偷漏税的安排》和《内地和澳门特别行政区关于对所得避免双重征税和防止偷漏税的安排》股息、利息、特许权使用费条款中“受益所有人”身份判定按照本公告执行。

摘自 2018 年 2 月 3 日《国家税务总局关于税收协定中“受益所有人”有关问题的公告》（国家税务总局公告 2018 年第 9 号）

3. “受益所有人”身份判定的原则

判定需要享受税收协定待遇的缔约对方居民（以下简称“申请人”）“受益所有人”身份时，应根据本条所列因素，结合具体案例的实际情况进行综合分析。一般来说，下列因素不利于对申请人“受益所有人”身份的认定：

（1）申请人有义务在收到所得的 12 个月内将所得的 50% 以上支付给第三国（地区）居民，“有义务”包括约定义务和虽未约定义务但已形成支付事实的情形。

（2）申请人从事的经营活动不构成实质性经营活动。实质性经营活动包括具有实质性的制造、经销、管理等活动。申请人从事的经营活动是否具有实质性，应根据其实际履行的功能及承担的风险进行判定。

申请人从事的具有实质性的投资控股管理活动，可以构成实质性经营活动；申请人从事不构成实质性经营活动的投资控股管理活动，同时从事其他经营活动的，如果其他经营活动不够显著，不构成实质性经营活动。

（3）缔约对方国家（地区）对有关所得不征税或免税，或征税但实际税率极低。

（4）在利息据以产生和支付的贷款合同之外，存在债权人与第三人之间在数额、利率和签订时间等方面相近的其他贷款或存款合同。

（5）在特许权使用费据以产生和支付的版权、专利、技术等使用权转让合同之外，存在申请人与第三人之间在有关版权、专利、技术等的使用权或所有权方面的转让合同。

摘自2018年2月3日《国家税务总局关于税收协定中“受益所有人”有关问题的公告》（国家税务总局公告2018年第9号）

4. 安全港规则

下列申请人从中国取得的所得为股息时，可不根据本公告第二条规定的因素进行综合分析，直接判定申请人具有“受益所有人”身份：

（1）缔约对方政府；

（2）缔约对方居民且在缔约对方上市的公司；

（3）缔约对方居民个人；

（4）申请人被第（1）至（3）项中的一人或多人直接或间接持有100%股份，且间接持有股份情形下的中间层为中国居民或缔约对方居民。

本公告第三条、第四条要求的持股比例应当在取得股息前连续12个月以内任何时候均达到规定比例。

摘自2018年2月3日《国家税务总局关于税收协定中“受益所有人”有关问题的公告》（国家税务总局公告2018年第9号）

5. 不符合“受益所有人”条件但符合一定条件的申请人享受税收协定待遇的情形

申请人从中国取得的所得为股息时，申请人虽不符合“受益所有人”条件，但直接或间接持有申请人100%股份的人符合“受益所有人”条件，并且属于以下两种情形之一的，应认为申请人具有“受益所有人”身份：

（1）上述符合“受益所有人”条件的人为申请人所属居民国（地区）居民；

（2）上述符合“受益所有人”条件的人虽不为申请人所属居民国（地区）居民，但该人和间接持有股份情形下的中间层均为符合条件的人。

“符合‘受益所有人’条件”是指根据本公告第二条的规定，综合分析后可以判定具有“受益所有人”身份。

“符合条件的人”是指该人从中国取得的所得为股息时根据中国与其所属居民国（地区）签署的税收协定可享受的税收协定待遇和申请人可享受的税收协定待遇相同或更为优惠。

本公告第三条、第四条要求的持股比例应当在取得股息前连续12个月以内任何时候均达到规定比例。

摘自2018年2月3日《国家税务总局关于税收协定中“受益所有人”有关问题的公告》（国家税务总局公告2018年第9号）

6. 判定“受益所有人”身份的依据资料

根据本公告第二条规定的各项因素判定“受益所有人”身份时，可区分不同所得类型通过公司章程、公司财务报表、资金流向记录、董事会会议记录、董事会决议、人力和物力配备情况、相关费用支出、职能和风险承担情况、贷款合同、特许权使用合同或转让合同、专利注册证书、版权所属证明等资料进行综合分析；判断是否为本公告第六条规定的“代理人代为收取所得”情形时，应根据代理合同或指定收款合同等资料进行分析。

摘自2018年2月3日《国家税务总局关于税收协定中“受益所有人”有关问题的公告》（国家税务总局公告2018年第9号）

7. 通过代理人收取所得的规定

代理人或指定收款人等（以下统称“代理人”）不属于“受益所有人”。申请人通过代理人代为收取所得的，无论代理人是否属于缔约对方居民，都不应据此影响对申请人“受益所有人”身份的判定。

股东基于持有股份取得股息，债权人基于持有债权取得利息，特许权授予人基于授予特许权取得特许权使用费，不属于本条所称的“代为收取所得”。

摘自2018年2月3日《国家税务总局关于税收协定中“受益所有人”有关问题的公告》（国家税务总局公告2018年第9号）

8. 委托投资情况下受益所有人身份的认定

“委托投资”是指非居民将自有资金直接委托给境外专业机构用于对居民企业的股权、债权投资，其中的“境外专业机构”指经其所在地国家或地区政府许可从事证券经纪、资产管理、资金以及证券托管等业务的金融机构。在委托投资期间，境外专业机构将受托资金独立于其自有资金进行专项管理。境外专业机构根据相应的委托或代理协议收取服务费或佣金。受托资金的投资收益和风险应由该非居民取得和承担。

摘自2014年4月21日《国家税务总局关于委托投资情况下认定受益所有人问题的公告》（国家税务总局公告2014年第24号）

9. 通过委托投资取得投资收益享受税收协定待遇所需资料

非居民通过委托投资取得投资收益提出享受税收协定待遇申请的，应向税务机关提供以下资料：

（1）投资链条各方（包括该非居民、投资管理人或投资经理、各级托管人、证券公司等）签署的与投资相关的合同或协议，以及能够说明投资业务的其他资料，资料内容应包括委托投资本金来源和组成情况以及各方收取费用或取得所得的约定；

（2）投资收益和其他所得逐级返回至该非居民的信息和凭据，以及对所得类型认定与划分的说明资料；

（3）税务机关为认定受益所有人所需要的其他资料。

摘自2014年4月21日《国家税务总局关于委托投资情况下认定受益所有人问题的公告》（国家税务总局公告2014年第24号）

10. 委托投资取得投资收益享受协定待遇的分类审核要点

税务机关应对非居民通过委托投资取得投资收益提出享受税收协定待遇申请

提交的资料进行审核，并区分所得类型进行处理：

（1）如果投资收益的所得类型为股息或利息，该所得在逐级返回至该非居民的过程中所得性质未发生改变，且有凭据证明该所得实际返回至该非居民，则可以认定该非居民为该笔所得的受益所有人，能够享受税收协定相应条款规定的待遇；

（2）如果投资链条上除该非居民以外的各方收取的费用或取得的报酬与股息、利息有关，则该非居民不是该部分费用或报酬的受益所有人，该部分费用或报酬不得享受税收协定股息和利息条款规定的待遇；

（3）如果投资收益的所得类型为财产收益，或其他不适用受益所有人规则的所得类型，则应按税收协定相应条款的规定处理。

非居民或其委托代理人拒绝提供资料，或提供的资料不能区分非居民委托投资收益与投资链条上其他各方报酬的，税务机关应不予批准相应的税收协定待遇。

非居民与投资链条上一方或多方形成关联关系的，应向税务机关提供关联交易定价原则、方法及相关资料。不提供资料或提供资料不足以证明相关联各方交易符合独立交易原则的，税务机关可拒绝给予相应的税收协定待遇。

对于非居民或其委托代理人提供的凭据、所得类型认定与划分及其他相关证明资料，税务机关可视情况通过信息交换方式核实其真实性和准确性。经核实与实际情况不符，不应享受税收协定待遇而税务机关已批准享受的，应撤销原审批决定，并按税收征管法和国税发〔2009〕124 号文件有关规定处理。

摘自2014 年4 月21 日《国家税务总局关于委托投资情况下认定受益所有人问题的公告》（国家税务总局公告2014 年第24 号）

11. 委托投资受益所有人可免于重复认定的规定

税务机关按照本公告第三条的规定认定非居民为受益所有人，且根据税收协定股息或利息条款的规定，该非居民取得股息或利息应仅在缔约国对方征税的，如果该非居民通过委托投资取得投资收益同时符合以下条件，则在其首次享受股息或利息条款税收协定待遇之日起 3 个公历年度内（含本年度），同一主管税务机关可免于对其受益所有人身份进行重复认定，但应对其取得的投资收益所得类型进行审核：

（1）通过同一架构安排进行委托投资；

（2）投资链条上除被投资企业之外的各方保持不变；

（3）投资链条上除被投资企业之外的各方签署的与投资相关的合同或协议保持不变。

该非居民与受益所有人身份认定有关的信息发生变化的，应及时告知主管税务机关。该非居民因信息变化不能继续享受税收协定待遇的，应自发生变化之日起停止享受有关税收协定待遇，并按国内法规定申报纳税。

摘自2014年4月21日《国家税务总局关于委托投资情况下认定受益所有人问题的公告》（国家税务总局公告2014年第24号）

十四、财产收益

1. 财产收益的范围

财产转让产生的收益，包括转让各类动产、不动产和权利产生的受益的征税问题做出规定。协定本身并未对“财产收益”进行定义。“财产收益”一般是指财产法律权属关系发生变更产生的收益，包括出售或交换财产产生的收益，也包括部分转让、征用、出售权利等产生的收益。

摘自2010年7月26日《国家税务总局关于印发〈中华人民共和国政府和新加坡共和国政府关于对所得避免双重征税和防止偷漏税的协定〉及议定书条文解释的通知》（国税发〔2010〕75号）

2. 转让财产收益征税权的确定原则

（1）转让不动产取得的收益应由不动产所在国征税。

（2）针对企业常设机构用于营业的财产中的动产，转让这类财产所取得的收益可以在常设机构所在国征税。

（3）转让从事国际运输的船舶和飞机，或转让附属于经营上述船舶和飞机的动产取得的收益，应仅在经营上述船舶和飞机的企业为其居民的国家征税。

摘自2010年7月26日《国家税务总局关于印发〈中华人民共和国政府和新加坡共和国政府关于对所得避免双重征税和防止偷漏税的协定〉及议定书条文解释的通知》（国税发〔2010〕75号）

3. 对股份转让征税问题的一般规定

新加坡居民转让其在中国居民公司的股份取得的收益，在满足以下任一条件时，中国税务机关有权征税：

（1）被转让公司股份价值50%以上直接或间接由位于中国的不动产组成；

（2）新加坡居民在转让其中国公司股份行为发生前十二个月内曾直接或间接参与该中国公司至少25%资本。

摘自2010年7月26日《国家税务总局关于印发〈中华人民共和国政府和新加坡共和国政府关于对所得避免双重征税和防止偷漏税的协定〉及议定书条文解释的通知》（国税发〔2010〕75号）

上述不动产，均应包括各种营业用或非营业用房屋等建筑物和土地使用权，以及附属于不动产的财产。

摘自2012年12月31日《国家税务总局关于税收协定中财产收益条款有关问题的公告》（国家税务总局公告2012年第59号）

4. 转让不动产公司股份收益征税权的确定

如缔约国一方居民持有某公司的股份，不论该公司是缔约一方的公司还是缔约对方的公司，只要该公司的股份价值的50%以上（不含50%）直接或者间接由位于缔约对方的不动产所构成，则缔约国一方居民转让该公司股份取得的收益，无论其持股比例是多少，不动产所在国对股份转让收益都有权征税。

例如，新加坡居民拥有中国公司的股份（或购买在新加坡上市的中国公司的股份），如该中国公司股份价值的50%以上直接或间接由位于中国的不动产所组成，那么，不论该新加坡居民持有中国公司股份比例如何，中国对该新加坡居民转让该公司股份取得的收益都可以征税；再如，如果新加坡居民拥有某中国境外公司的股份，如果该公司股份价值的50%以上直接或间接由位于中国的不动产所构成，则上述新加坡居民转让该中国境外公司股份（股票）取得的收益，中国作为不动产所在国根据本款规定拥有征税权（但一般情况下如果不动产所在国国内法对此类情形下的转让收益不征税，即使协定规定有征税权，也并不意味着不动产所在国一定要征税）。

摘自2010年7月26日《国家税务总局关于印发〈中华人民共和国政府和新加坡共和国政府关于对所得避免双重征税和防止偷漏税的协定〉及议定书条文解释的通知》(国税发〔2010〕75号)

公司股份价值50%以上直接或间接由位于中国的不动产所组成，是指公司股份被转让之前的一段时间（目前该协定对具体时间未作规定，执行中可暂按三年处理）内任一时间，被转让股份的公司直接或间接持有位于中国的不动产价值占公司全部财产价值的比率在50%以上。该规定所述及的公司股份被转让之前的三年是指公司股份被转让之前（不含转让当月）的连续36个公历月份。

摘自2012年12月31日《国家税务总局关于税收协定中财产收益条款有关问题的公告》(国家税务总局公告2012年第59号)

执行该款规定时还应注意“间接持有”的问题，即除了应考虑被转让公司本身财产构成以外，还应注意被转让股份的公司是否有参股其他公司股份及该参股公司的财产价值构成情况。例如，新加坡居民在转让其在中国公司中的股份取得的转让收益时可能会提出，由于该中国公司财产价值的不动产部分低于50%（并且该新加坡居民持有中国居民公司股份低于25%），对其转让收益应享受协定不予征税的待遇。对此，如果上述中国公司又参股其他中国公司，并且其参股的其他中国公司的财产价值主要由在中国的不动产组成，则该被参股的中国公司的财产价值中一部分（按参股比例计算）应属于前面提及的中国公司，在计算被转让股份公司的财产价值时，应将后一个被控股公司的不动产价值按参股比例计算的归属部分一并考虑，视该被转让股份的中国居民公司的财产价值的不动产比例是否达到50%。

例如，新加坡居民公司甲拥有中国居民公司乙20%的股份，公司乙的财产价值为100（单位略），其中不动产价值为40。如果该公司乙又持有中国居民公司丙80%的股份，如公司丙的财产价值为100，其中不动产价值为90，则在处理依本款规定享受协定待遇计算公司乙的财产价值时，应将公司丙财产价值的80%计算在内，即公司乙直接或间接拥有的财产价值为$100+100\times80\%=180$，其中不动产价值为$40+90\times80\%=112$，不动产价值比例为62%。上述例举以剔除公司乙和丙之间内部交易影响后的数额为前提。因此，当新加坡居民公司甲转让中国居民公司乙的股份时，由于该中国公司乙的财产价值中50%以上的价值直接或间接来自于中国的不动产，根据协定规定，对此项转让收益中国拥有征税权。

摘自2010年7月26日《国家税务总局关于印发〈中华人民共和国政府和新加坡共和国政府关于对所得避免双重征税和防止偷漏税的协定〉及议定书条文解释的通知》(国税发〔2010〕75号)

上述公司财产和不动产均应按照当时有效的中国会计制度有关资产（不考虑负债）处理的规定进行确认和计价，但相关不动产所含土地或土地使用权价值额不得低于按照当时可比相邻或同类地段的市场价格计算的数额。纳税人不能按照上款规定进行可靠计算的，相关资产确认和计价由税务机关参照上款规定合理估定。

摘自2012年12月31日《国家税务总局关于税收协定中财产收益条款有关问题的公告》(国家税务总局公告2012年第59号)

5. 股权转让征税权的确定

在一般情况下（除滥用情形外），按照第五款的规定，新加坡居民转让其在中国居民公司或其他法人资本中的股份、参股或其他权利取得的收益，如果收益人在转让行为前的十二个月内曾经直接或间接参与被转让公司25%的资本，则中国有权对该收益征税。

新加坡居民转让中国居民公司或其他法人资本中的股份、参股或其他权利，在一般情况下（除滥用情形外）是指直接转让情形。如果被转让的股份不属于中国居民公司或其他法人资本中的股份、参股或其他权利，无论被转让股份的公司是否拥有中国居民公司或其他法人资本中的股份、参股或其他权利，均不适用第五款规定，即不能按照第五款规定确定中国拥有征税权，应视具体情形适用本条其他款项规定。

但是，对滥用企业组织形式，不是出于真正商业意图，而是以逃避税款或获取优惠的税收待遇为目的，间接转让中国公司股份的情况，中国有权根据本协定第二十六条的规定启动反避税调查程序，以防止我国税收权益的流失。

摘自2010年7月26日《国家税务总局关于印发〈中华人民共和国政府

和新加坡共和国政府关于对所得避免双重征税和防止偷漏税的协定〉及议定书条文解释的通知》（国税发〔2010〕75 号）

6. 新加坡居民直接或间接参与一个中国居民公司资本的情况

新加坡居民直接或间接参与一个中国居民公司的资本包括以下几种情况：

（1）该新加坡居民直接参与该中国居民公司的资本。如果该新加坡居民通过其他名义参与人（含个人、公司和其他实体）参与中国居民公司的资本，且该新加坡居民对于该名义参与人参与的资本享有排他性资本参与利益，并实质承担资本参与风险，该名义参与人参与的该中国居民公司资本可以视同该新加坡居民直接参与该中国居民公司的资本；

（2）该新加坡居民通过具有 10% 以上（含 10%）直接资本关系的单层或多层公司或其他实体（含单个或多个参与链）间接参与该中国居民公司的资本。间接参与的资本按照每一参与链中各公司或其他实体的资本比例乘积计算；

（3）与该新加坡居民具有显著利益关系的关联集团内其他成员在该中国居民公司直接参与或者通过具有 10% 以上（含 10%）直接资本关系的单层或多层公司或其他实体（含单个或多个参与链）间接参与该中国居民公司的资本。间接参与的资本按照每一参与链中各公司或其他实体的资本比例乘积计算，但在汇总计算该关联集团直接或间接参与该中国居民公司总资本份额时，符合前述规定的每一参与链所参与的资本份额不重复计算。上述与新加坡居民具有显著利益关系的关联集团内成员包括：

①在该新加坡居民为个人的情况下，与该新加坡个人居民具有相同资本参与利益的个人（包括其配偶、父母及父母以上前辈直系亲属、子女及子女以下后辈直系亲属）；

②在该新加坡居民为公司或其他实体的情况下，直接或间接拥有该新加坡居民 100% 资本的个人（包括与其配偶、父母及父母以上前辈直系亲属、子女以及子女以下后辈直系亲属共同拥有的情形）、公司或其他实体。

摘自 2012 年 12 月 31 日《国家税务总局关于税收协定中财产收益条款有关问题的公告》（国家税务总局公告 2012 年第 59 号）

税收协定对财产收益征税情况一览表

转让财产收益类别		来源国（地区）征税	居民国（地区）征税
转让不动产组成的公司股份取得的收益	协定规定公司财产主要直接或间接由位于一方的不动产组成	美国、马来西亚、挪威、加拿大、芬兰、瑞典、意大利、斯洛伐克、澳大利亚、保加利亚、巴基斯坦、塞浦路斯、奥地利、蒙古、匈牙利、马耳他、阿联酋、卢森堡、韩国、巴布亚新几内亚、印度、毛里求斯、克罗地亚、以色列、越南、土耳其、乌克兰、牙买加、冰岛、立陶宛、乌兹别克斯坦、塞尔维亚和黑山、苏丹、马其顿、埃及、葡萄牙、老挝、塞舌尔、菲律宾、爱尔兰、南非、摩尔多瓦、卡塔尔、尼泊尔、哈萨克斯坦、印度尼西亚、阿曼、伊朗、巴林、希腊、吉尔吉斯、摩洛哥、斯里兰卡、阿尔巴尼亚、阿塞拜疆、墨西哥、沙特阿拉伯	—
	协定规定转让50%以上财产为不动产组成的公司股份（权）	法国、英国、比利时、德国、丹麦、新加坡、新西兰、荷兰、瑞士、西班牙、罗马尼亚、俄罗斯、拉脱维亚、爱沙尼亚、巴巴多斯、阿尔及利亚、塔吉克斯坦、埃塞俄比亚、土库曼斯坦、赞比亚、博茨瓦纳、厄瓜多尔、智利、津巴布韦、柬埔寨、刚果（布）、安哥拉、卢旺达、中国香港、中国澳门	—
	未单列“转让主要（或50%）财产为不动产组成的公司股份（权）”	日本、泰国、波兰、波黑、巴西（规定双方都有征税权）、捷克（未限制）	科威特、白俄罗斯、斯洛文尼亚、亚美尼亚、孟加拉国、古巴、委内瑞拉、突尼斯、特立尼达和多巴哥、文莱、格鲁吉亚、叙利亚

续表

转让财产收益类别		来源国（地区）征税	居民国（地区）征税
转让参股25%公司股份取得的收益	转让相当于缔约国一方公司25%股权	美国、挪威、瑞典、意大利、斯洛伐克、保加利亚、巴基斯坦、塞浦路斯、蒙古、卢森堡、巴布亚新几内亚、克罗地亚、越南、乌克兰、牙买加、冰岛、乌兹别克斯坦、苏丹、马其顿、埃及、老挝、塞舌尔、南非、摩尔多瓦、卡塔尔、尼泊尔、阿曼、巴林、吉尔吉斯、斯里兰卡、墨西哥（无比例限制）、沙特阿拉伯、智利（无比例限制）、津巴布韦（50%）	—
	转让前直接或间接拥有公司25%股份	法国、英国、比利时、德国、丹麦、新加坡、芬兰、新西兰、荷兰、瑞士、西班牙、马耳他、毛里求斯、巴巴多斯、卢旺达、中国香港、中国澳门	—
	未单列“转让相当于缔约国一方公司25%股权”规定	日本、马来西亚、加拿大、泰国、波兰、澳大利亚、波黑、奥地利、巴西（规定双方都有征税权）、匈牙利、阿联酋（未明确）、印度、土耳其（一年内）、捷克（未限制比例）	科威特、罗马尼亚、韩国、俄罗斯、白俄罗斯、斯洛文尼亚、以色列、土耳其（超一年）、亚美尼亚、立陶宛、拉脱维亚、孟加拉国、塞尔维亚和黑山、葡萄牙、爱沙尼亚、菲律宾、爱尔兰、古巴、委内瑞拉、哈萨克斯坦、印度尼西亚、突尼斯、伊朗、希腊、摩洛哥、特立尼达和多巴哥、阿尔巴尼亚、阿塞拜疆、格鲁吉亚、阿尔及利亚、文莱、塔吉克斯坦、埃塞俄比亚、土库曼斯坦、赞比亚、叙利亚、博茨瓦纳、厄瓜多尔、柬埔寨、刚果（布）、安哥拉

续表

转让财产收益类别	来源国（地区）征税	居民国（地区）征税
转让“其他财产”取得的收益	日本、美国、法国、英国、比利时、德国、马来西亚、挪威、加拿大、瑞典、新西兰、泰国、意大利、斯洛伐克、波兰、澳大利亚、波黑、保加利亚（未明确）、巴基斯坦、奥地利、巴西（规定双方都有征税权）、匈牙利、阿联酋（未明确）、印度	丹麦、新加坡、芬兰、荷兰、科威特、瑞士、塞浦路斯、西班牙、罗马尼亚、蒙古、马耳他、卢森堡、韩国、俄罗斯、巴布亚新几内亚、毛里求斯、克罗地亚、白俄罗斯、斯洛文尼亚、以色列、越南、土耳其、乌克兰、亚美尼亚、牙买加、冰岛、立陶宛、拉脱维亚、乌兹别克斯坦、孟加拉国、塞尔维亚和黑山、苏丹、马其顿、埃及、葡萄牙、爱沙尼亚、老挝、塞舌尔、菲律宾、爱尔兰、南非、摩尔多瓦、卡塔尔、古巴、委内瑞拉、尼泊尔、哈萨克斯坦、印度尼西亚、阿曼、突尼斯、伊朗、巴林、希腊、巴巴多斯、吉尔吉斯、摩洛哥、斯里兰卡、特立尼达和多巴哥、阿尔巴尼亚、文莱、阿塞拜疆、格鲁吉亚、墨西哥、沙特阿拉伯、阿尔及利亚、塔吉克斯坦、埃塞俄比亚、土库曼斯坦、捷克、赞比亚、叙利亚、博茨瓦纳、厄瓜多尔、智利、津巴布韦、柬埔寨、刚果（布）、安哥拉、卢旺达、中国香港、中国澳门

编者注：1. 来源国（地区）拥有征税权，是指被转让股份的公司所在国（地区）拥有征税权。

2. 居民国（地区）拥有征税权，是指转让股份取得收益的人（法人及自然人）为居民的国家（地区）拥有征税权。

3. 财产转让收益发生国（地区）拥有征税权，是指有些协定规定，转让“其他财产”时，发生于缔约国（地区）一方的财产转让收益可以在该缔约国（地区）征税。所谓“发生国（地区）”应理解为收益发生时的财产所在国（地区）或转让行为发生国（地区）。

4. 未单列“对转让主要（或 50%）财产为不动产组成的公司股份（权）”取得收益或未单列“转让相当于缔约国一方公司 25% 股份（权）”取得收益的规定，对这些协定涉及的有关股份转让收益按“转让‘其他财产’取得收益”的规定确定征收权；尼日利亚的协定中对上述三项取得的收益征收权均未明确。

5. 此表根据国家税务总局网站截至 2023 年 12 月底已生效的税收协定安排及议定书的资料整理，仅供参考，详细情况以税收协定（安排）文本为准。

十五、独立个人劳务

1. 个人以独立身份从事劳务活动取得所得的征税原则

个人以独立身份从事劳务活动取得所得的征税原则，即一般情况下仅在该个人为其居民的国家征税，但符合下列条件之一的，来源国有征税权：

（1）该缔约国居民个人为从事独立个人劳务为目的在缔约国另一方设立了经常使用的固定基地。固定基地的判断标准与常设机构类似，具体可参照协定第五条的规定。但固定基地与常设机构也有不同，独立个人劳务不要求通过固定基地进行，而企业的经营活动则要求部分或全部通过常设机构进行。

（2）该居民个人在任何十二个月中在缔约国另一方停留连续或累计达到或超过 183 天。协定此项规定仅为判定中国对独立个人劳务所得是否有权征税提供依据，不影响国内法相关的具体征税规定。

摘自 2010 年 7 月 26 日《国家税务总局关于印发〈中华人民共和国政府和新加坡共和国政府关于对所得避免双重征税和防止偷漏税的协定〉及议定书条文解释的通知》（国税发〔2010〕75 号）

2. 个人具有独立身份的判断

职业证明，包括登记注册证件和能证明其身份的证件，或者由其为居民的缔约国税务当局在出具的居民身份证明中就其现时从事职业的说明；

与有关公司签订的劳务合同表明其与该公司的关系是劳务服务关系，不是雇主与雇员关系，具体包括：

（1）医疗保险、社会保险、假期工资、海外津贴等方面不享受公司雇员待遇；

（2）其从事劳务服务所取得的报酬，是按相对的小时、周、月或一次性计算支付；

（3）其劳务服务的范围是固定的或有限的，并对其完成的工作负有质量责任；

（4）其为提供合同规定的劳务所相应发生的各项费用，由其个人负担。

摘自 2010 年 7 月 26 日《国家税务总局关于印发〈中华人民共和国政府和新加坡共和国政府关于对所得避免双重征税和防止偷漏税的协定〉及议定书条文解释的通知》（国税发〔2010〕75 号）

十六、非独立个人劳务

1. 非独立个人劳务所得的征税原则

个人以受雇身份（雇员）从事劳务活动取得所得的征税原则，即一般情况下缔约国一方居民因雇佣关系取得的工资薪金报酬应在居民国征税，也就是说，新加坡居民在新加坡受雇取得的报酬应仅在新加坡纳税。但在中国从事受雇活动取得的报酬，中国可以征税。

摘自 2010 年 7 月 26 日《国家税务总局关于印发〈中华人民共和国政府和新加坡共和国政府关于对所得避免双重征税和防止偷漏税的协定〉及议定书条文解释的通知》（国税发〔2010〕75 号）

2. 非独立个人劳务不构成在劳务发生国纳税义务的条件

在同时满足三个条件的情况下，受雇个人不构成在劳务发生国的纳税义务。反之，只要有一个条件未符合，就构成在劳务发生国的纳税义务。例如新加坡居民以雇员的身份在中国从事活动，只要有下列情况之一的，其获得的报酬就可以在中国征税：

（1）在任何十二个月中在中国停留连续或累计超过 183 天（不含）。

（2）该项报酬由中国雇主支付或代表中国雇主支付。

（3）该项报酬由雇主设在中国的常设机构或固定基地所负担。

摘自 2010 年 7 月 26 日《国家税务总局关于印发〈中华人民共和国政府和新加坡共和国政府关于对所得避免双重征税和防止偷漏税的协定〉及议定书条文解释的通知》（国税发〔2010〕75 号）

3. 非独立个人劳务停留天数的计算方法

在计算天数时，该人员中途离境包括在签证有效期内离境又入境，应准予扣除离境的天数。计算实际停留天数应包括在中国境内的所有天数，包括抵、离日当日等不足一天的任何天数及周末、节假日，以及从事该项受雇活动之前、期间及以后在中国渡过的假期等。应注意的是，如果计算达到 183 天的这十二个月跨两个年度，则中国可就该人员在这两个年度中在中国的实际停留日的所得征税。

摘自 2010 年 7 月 26 日《国家税务总局关于印发〈中华人民共和国政府和新加坡共和国政府关于对所得避免双重征税和防止偷漏税的协定〉及议定书条文解释的通知》（国税发〔2010〕75 号）

4. 对雇主的理解

“雇主”应理解为对雇员的工作结果拥有权利并承担相关责任和风险的人。执行中应注意以下问题：

（1）凡中国企业采用“国际劳务雇用”方式，通过境外中介机构聘用人员来华为其从事有关劳务活动，虽然形式上这些聘用人员可能是中介机构的雇员，但如果聘用其工作的中国企业承担上述受聘人员工作所产生的责任和风险，应认为中国企业为上述受聘人员的实际雇主，该人员在中国从事受雇活动取得的报酬应在中国纳税。关于对真实雇主的判定可参考下列因素：

①中国企业对上述人员的工作拥有指挥权；

②上述人员在中国的工作地点由中国企业控制或负责；

③中国企业支付给中介机构的报酬是以上述人员工作时间计算，或者支付的该项报酬与上述人员的工资存在一定联系，例如，按人员工资总额的一定比例确定支付给中介机构的报酬；

④上述人员工作使用的工具和材料主要由中国企业提供；

⑤中国企业所需聘用人员的数量和标准并非由中介机构确定，而由中国企业确定。

（2）新加坡企业派其员工到中国居民企业工作应考虑上述因素，以实质重于形式的原则，判定其真实雇主身份。如果上述员工名义上为中国企业职员，实质上履行其派出企业职责，则同样参考上述有关标准，在判定新加坡企业为其真实雇主身份前提下，按第五条的规定判断上述新加坡企业是否在中国构成常设机构。如果上述员工在中国工作期间确实受雇于中国居民企业，但同时也为其派出企业工作，应就此类员工为其派出企业工作的实际情况按照本协定第五条的规定判断上述新加坡企业是否在华构成常设机构。

摘自 2010 年 7 月 26 日《国家税务总局关于印发〈中华人民共和国政府和新加坡共和国政府关于对所得避免双重征税和防止偷漏税的协定〉及议定书条文解释的通知》（国税发〔2010〕75 号）

5. 对报酬由雇主设在中国的常设机构或固定基地所负担的理解

该项报酬由雇主设在中国的常设机构或固定基地所负担。如果新加坡个人被派驻到新加坡企业设在中国的常设机构工作，或新加坡企业派其雇员及其雇用的其他人员在中国已构成常设机构的承包工程或服务项目中工作，这些人员不论其在中国工作时间长短，也不论其工资薪金在何处支付，都应认为其在中国的常设机构工作期间的所得是由常设机构负担。但本规定不应适用于被总部临时派往常设机构视察、检查或临时提供协助的人员及活动。

摘自2010年7月26日《国家税务总局关于印发〈中华人民共和国政府和新加坡共和国政府关于对所得避免双重征税和防止偷漏税的协定〉及议定书条文解释的通知》（国税发〔2010〕75号）

6. 执行内地与港澳间税收安排（简称《安排》）受雇所得条款相关规定及计税方法

（1）港澳税收居民在内地从事相关活动取得所得，根据《安排》受雇所得条款第一款的规定，应仅就归属于内地工作期间的所得，在内地缴纳个人所得税。计算公式为：

应纳税额 =（当期境内外工资薪金应纳税所得额 × 适用税率 – 速算扣除数）× 当期境内实际停留天数 ÷ 当期公历天数

（2）港澳税收居民在内地从事相关活动取得所得，根据《安排》受雇所得条款第二款的规定，可就符合条件部分在内地免予征税；内地征税部分的计算公式为：

应纳税额 =（当期境内外工资薪金应纳税所得额 × 适用税率 – 速算扣除数）×（当期境内实际停留天数 ÷ 当期公历天数）×（当期境内支付工资 ÷ 当期境内外支付工资总额）

摘自2012年4月26日《国家税务总局关于执行内地与港澳间税收安排涉及个人受雇所得有关问题的公告》（国家税务总局公告2012年第16号）

7. 执行《安排》个人受雇所得条款有关公式项目或用语的解释

（1）“当期”：指按国内税收规定计算工资薪金所得应纳税所得额的当个所属期间。

（2）“当期境内外工资薪金应纳税所得额”：指应当计入当期的工资。

薪金收入按照国内税收规定计算的应纳税所得额。

（3）“适用税率”和“速算扣除数”均按照国内税收规定确定。

（4）“当期境内支付工资”：指当期境内外支付工资总额中由境内居民或常设机构支付或负担的部分。

（5）“当期境内外支付工资总额”：指应当计入当期的工资薪金收入总额，包括未做任何费用减除计算的各种境内外来源数额。

（6）“当期境内实际停留天数”指港澳税收居民当期在内地的实际停留天数，但对其入境、离境、往返或多次往返境内外的当日，按半天计算为当期境内实际停留天数。

（7）“当期公历天数”指当期包含的全部公历天数，不因当日实际停留地是否在境内而做任何扣减。

摘自2012年4月26日《国家税务总局关于执行内地与港澳间税收安排涉及个人受雇所得有关问题的公告》（国家税务总局公告2012年第16号）

8. 港澳税收居民个人一次取得跨多个计税期间收入的规定

港澳税收居民一次取得跨多个计税期间的各种形式的奖金、加薪、劳动分红等（以下统称奖金，不包括应按每个计税期间支付的奖金），仍应以按照国内税收规定确定的计税期间作为执行“安排”规定的所属期间，并分别情况适用本公告第一条第（一）项或第（二）项公式计算个人所得税应纳税额。在适用本公告上述公式时，公式中“当期境内实际停留天数”指在据以获取该奖金的期间中属于在境内实际停留的天数；“当期公历天数”指据以获取该奖金的期间所包含的全部公历天数。

摘自2012年4月26日《国家税务总局关于执行内地与港澳间税收安排涉及个人受雇所得有关问题的公告》（国家税务总局公告2012年第16号）

十七、董事费

将董事费的征税权赋予了董事所在公司为其居民的国家，即新加坡居民如担任中国境内企业的董事而取得的董事费和其他类似的款项，无论该董事是否在中国境内履行董事职责，中国对此项所得有征税权。所谓“其他类似款项”包括个人以公司董事会成员身份取得的实物福利，例如，股票期权、居所或交通工具、健康或人寿保险及俱乐部成员资格等。在董事会成员被授予股票期权的情况下，公司居民国有权对构成董事费或类似性质报酬的股票期权利益征税，即使征税时该人已经不再是董事会的成员。

摘自2010年7月26日《国家税务总局关于印发〈中华人民共和国政府和新加坡共和国政府关于对所得避免双重征税和防止偷漏税的协定〉及

议定书条文解释的通知》（国税发〔2010〕75号）

十八、演艺人员和运动员

1. 演艺人员和运动员条款适用的活动范围

（1）演艺人员活动包括演艺人员从事的舞台、影视、音乐等各种艺术形式的活动；以演艺人员身份开展的其他个人活动（例如演艺人员开展的电影宣传活动，演艺人员或运动员参加广告拍摄、企业年会、企业剪彩等活动）；具有娱乐性质的涉及政治、社会、宗教或慈善事业的活动。

演艺人员活动不包括会议发言，以及以随行行政、后勤人员（例如摄影师、制片人、导演、舞蹈设计人员、技术人员以及流动演出团组的运送人员等）身份开展的活动。

在商业活动中进行具有演出性质的演讲不属于会议发言。

（2）运动员活动包括参加赛跑、跳高、游泳等传统体育项目的活动；参加高尔夫球、赛马、足球、板球、网球、赛车等运动项目的活动；参加台球、象棋、桥牌比赛、电子竞技等具有娱乐性质的赛事的活动。

摘自2018年2月9日《国家税务总局关于税收协定执行若干问题的公告》（国家税务总局公告2018年第11号）

2. 演艺人员和运动员条款的具体适用规则

（1）以演艺人员或运动员身份开展个人活动取得的所得包括开展演出活动取得的所得（例如出场费），以及与开展演出活动有直接或间接联系的所得（例如广告费）。

对于从演出活动音像制品出售产生的所得中分配给演艺人员或运动员的所得，以及与演艺人员或运动员有关的涉及版权的所得，按照中新税收协定第十二条（特许权使用费）的规定处理。

（2）在演艺人员或运动员直接或间接取得所得的情况下，依据中新税收协定第十七条第一款规定，演出活动发生的缔约国一方可以根据其国内法，对演艺人员或运动员取得的所得征税，不受到中新税收协定第十四条（独立个人劳务）和第十五条（非独立个人劳务）规定的限制。

（3）在演出活动产生的所得全部或部分由其他人（包括个人、公司和其他团体）收取的情况下，如果依据演出活动发生的缔约国一方国内法规定，由其他人收取的所得应被视为由演艺人员或运动员取得，则依据中新税收协定第十七条第一款规定，演出活动发生的缔约国一方可以根据其国内法，向演艺人员或运动员就演出活动产生的所得征税，不受到中新税收协定第十四条（独立个人劳务）和第十五条（非独立个人劳务）规定的限制；如果演出活动发生的缔约国一方不能依据其国内法将由其他人收取的所得视为由演艺人员或运动员取得，则依据中新税收协定第十七条第二款规定，该国可以根据其国内法，向收取所得的其他人就演出活动产生的所得征税，不受到中新税收协定第七条（营业利润）、第十四条（独立个人劳务）和第十五条（非独立个人劳务）规定的限制。

摘自2018年2月9日《国家税务总局关于税收协定执行若干问题的公告》（国家税务总局公告2018年第11号）

十九、退休金

居民国对退休金独占征税权，不论取得退休金的人以前的工作地点如何，取得退休金时该个人为其居民的国家对该项退休金拥有征税权。

本条所涵盖的款项为基于以前的雇佣关系而支付的退休金和其他类似报酬。其他类似报酬包括与退休金类似的非定期支付的款项，例如，在雇佣关系终止时或终止以后一次性支付的退休金。

摘自2010年7月26日《国家税务总局关于印发〈中华人民共和国政府和新加坡共和国政府关于对所得避免双重征税和防止偷漏税的协定〉及议定书条文解释的通知》（国税发〔2010〕75号）

二十、为政府服务的报酬

1. 对政府服务所得征税权的划分

对政府部门支付给向其提供服务的个人的报酬，支付国独占征税权。新加坡政府在中国设立的办事机构如果雇佣新加坡居民工作，该新加坡居民在办事机构工作期间取得的报酬应仅在新加坡征税。但这一规定不适用于该办事机构在当地雇佣的中国居民员工。中国居民员工是指中国国民，或者在为该办事机构工作以前就已是中国居民的员工。这种情况下，该项报酬应仅在中国征税。

摘自2010年7月26日《国家税务总局关于印发〈中华人民共和国政府和新加坡共和国政府关于对所得避免双重征税和防止偷漏税的协定〉及议定书条文解释的通知》（国税发〔2010〕75号）

2. 政府服务所得的适用范围

本款适用所得的范围是除退休金以外的薪金、工资和其他类似报酬，包括因向缔约国一方政府或法定机构提供服务而取得的各种实物收益，如公寓、交通工具、健康与人寿保险、俱乐部会员资格等。

个人为政府或地方当局从事的与营业有关的事业（如国有公路、邮局、国有剧院等）提供服务而取得的报酬，不适用本条，应根据所得性质，分别适用协定第十五至十八条的相关规定。

摘自2010年7月26日《国家税务总局关于印发〈中华人民共和国政府和新加坡共和国政府关于对所得避免双重征税和防止偷漏税的协定〉及议定书条文解释的通知》（国税发〔2010〕75号）

3. 对退休金的特别规定

一般情况下政府部门或从其建立的基金中支付给向其提供服务的个人的退休金，无论支付时该个人在何处居住，支付国都独占征税权。但当该个人是缔约国另一方的居民且为国民时，由该个人为其居民及国民的国家独占征税权。

摘自2010年7月26日《国家税务总局关于印发〈中华人民共和国政府和新加坡共和国政府关于对所得避免双重征税和防止偷漏税的协定〉及议定书条文解释的通知》（国税发〔2010〕75号）

二十一、学生和实习人员

学生和企业学徒由于接受教育、培训或获取技术经验的目的，而暂时居住在缔约国另一方，对其为了生活、学习所取得的来源于缔约国另一方以外的所得，该缔约国另一方应予免税。但前提是该学生或实习人员在到达缔约国另一方之前是缔约国一方的居民。例如，新加坡居民个人赴中国学习，其在华学习期间取得的来源于中国以外的学费资助、助学金、奖学金等，不超过用以维持生活、接受教育或培训的部分，应在中国免税。

应注意的是，本条仅适用于学生或实习人员为了生活、教育或培训的目的而收到的款项，不适用于第十四、十五条所涵盖的服务报酬。但如果学生或实习人员有工作收入，则应区分服务报酬和为生存、教育或培训所获得的款项。如果报酬数目与提供类似服务的企业员工所获得的报酬金额相当，一般可表明该报酬是服务报酬，应根据服务性质分别适用协定第十四或第十五条的规定。

摘自2010年7月26日《国家税务总局关于印发〈中华人民共和国政府和新加坡共和国政府关于对所得避免双重征税和防止偷漏税的协定〉及议定书条文解释的通知》（国税发〔2010〕75号）

二十二、教师和研究人员

1. 教师和研究人员适用范围

中国政府对外签署的一些双边税收协定或安排（以下统称税收协定）列有专门的教师和研究人员条款。按照税收协定教师和研究人员条款规定，来自缔约对方的教师和研究人员符合规定条件的，可以在中国享受规定期限的免税待遇。

除税收协定另有明确规定外，税收协定教师和研究人员条款仅适用于与中国境内的学校或研究机构（简称境内机构）有聘用关系的教师和研究人员。聘用关系是指相关教师或研究人员与境内机构间签有聘用合同，或虽未有明确的聘用合同，但其在境内机构担任职务并且实际从事的教学、讲学或研究活动的内容、方式、时间等均由境内机构安排或控制的情况。

凡与境内机构没有上述聘用关系，而以独立身份或者以非境内机构的雇员身份在中国境内从事教学、讲学或研究活动的人员，以及受境外教育机构的指派为该境外教育机构与境内机构的合作项目开展相关教学活动的人员，不适用税收协定教师和研究人员条款的规定。上述合作项目指境外教育机构与境内机构以各自名义合作开展的相关教学活动项目，不包括中外教育机构联合在中国境内成立的独立教育机构。

摘自2011年7月25日《国家税务总局关于执行税收协定教师和研究人员条款有关问题的公告》（国家税务总局公告2011年第42号）

2. 教学、讲学或研究范围

税收协定教师和研究人员条款规定的教学、讲学或研究包括按照聘用单位要求在境内外进行的各种教学、讲学或研究活动，以及在承担教学、讲学或研究活动的同时，承担的相关规划、咨询和行政管理等活动。但不包括仅从事规划、咨询和行政管理的活动。在承担此类规划、咨询和行政管理活动中偶尔从事的讲座活动不应视为承担了教学、讲学或研究活动。

摘自2011年7月25日《国家税务总局关于执行税收协定教师和研究人员条款有关问题的公告》（国家税务总局公告2011年第42号）

3. 境内机构的范围

我国对外签署的部分避免双重征税协定或安排（以下统称“税收协定”）列有教师和研究人员条款。根据该条款，缔约一方的教师和研究人员在缔约另一方的大学、学院、学校或其他政府承认的教育机构或科研机构从事教学、讲学或科研活动取得的所得，符合税收协定规定条件的，可在缔约另一方享受税收协定规定期限的免税待遇。

税收协定该条款所称“大学、学院、学校或其他政府承认的教育机构”，在我国是指实施学前教育、初等教育、中等教育、高等教育和特殊教育的学校，具体包括幼儿园、普通小学、成人小学、普通初中、职业初中、普通高中、成人高中、中专、成人中专、职业高中、技工学校、特殊教育学校、外籍人员子女学校、普通高校、高职（专科）院校和成人高等学校。培训机构不属于学校。

摘自2016年12月29日《国家税务总局关于进一步完善税收协定中教师和研究人员条款执行有关规定的公告》（国家税务总局公告2016年第91号）

税收协定该条文中提及的科研机构，在我国是指国务院部、委、直属机构和省、自治区、直辖市、计划单列市所属专门从事科研开发的机构。

摘自1999年1月15日《国家税务总局关于明确我国对外签订税收协定中教师和研究人员条款适用范围的通知》（国税函〔1999〕37号）

4. 停留期或免税期计算的规定

除双方主管当局通过相互协商达成的共同意见另有规定外，税收协定教师和研究人员条款规定的停留期或免税期仍应按照《财政部　税务总局关于对来自同我国签订税收协定国家的教师和研究人员征免个人所得税问题的通知》（〔86〕财税协字第030号）的规定计算。

摘自2011年7月25日《国家税务总局关于执行税收协定教师和研究人员条款有关问题的公告》（国家税务总局公告2011年第42号）

对来自同我国已签订税收协定的国家，并在该协定开始执行前已经在华的外国教师和研究人员，对其停留不超过3年（有的为2年）的日期，应自该协定开始执行之日起计算；如果是在该协定执行后来华的，对其停留不超过3年的日期，应自其第一次到达之日起计算。

凡在已签订并开始执行的税收协定中规定，对来自对方国家的教师和研究人员，从其第一次到达之日起停留时间不超过3年或累计不超过3年，对其由于教学、讲学或研究取得的报酬免予征税的，该项免税应仅限于在华从事教学、讲学或研究不超过3年的，对在华从事上述活动为期超过3年的，即不应享受税收协定所规定的免税待遇。其中所说停留日期累计不超过3年，是指多次应聘来华或一次应聘分期来华，对其多次应聘来华之间或分期来华之间的离华日期，可予扣除。

在已签订并开始执行的税收协定中规定，对来自对方国家的教师和研究人员，由于教学、讲学或研究取得的报酬，自其抵达之日起3年内免税或第一个3年里免税的，对其从事上述活动为期超过3年的，应从第四年起征税。

摘自1986年11月26日《财政部税务总局关于对来自同我国签订税收协定国家的教师和研究人员征免个人所得税问题的通知》（〔86〕财税协字第030号）

5. 无法预计停留年限人员的申报规定

对于按照已签订并开始执行的税收协定的规定，停留期超过3年（包括规定为2年的，下同）或累计超过3年，不能享受税收协定所规定的免税待遇的外国教师和研究人员，如果在有关协议或合同中约定或者事先能够预定其在华停留期超过3年，应自其到达之日的月份起，按照我国税法所规定日期申报纳税，如果其在华从事教学、讲学或研究实际没有超过3年，可准许退还其已缴纳的税款；对事先不能预定是否超过3年的，可以待其预计要超过3年或实际超过3年时，再由其申报纳税。

摘自1986年11月26日《财政部税务总局关于对来自同我国签订税收协定国家的教师和研究人员征免个人所得税问题的通知》（〔86〕财税协字第030号）

定国家的教师和研究人员征免个人所得税问题的通知》（〔86〕财税协字第030号）

6. 教师和研究人员享受协定待遇的规定

非居民纳税人需享受该条款协定待遇的，应按照《国家税务总局关于发布〈非居民纳税人享受税收协定待遇管理办法〉的公告》（国家税务总局公告2015年第60号，以下简称“60号公告”）的规定，向主管税务机关报送60号公告第七条规定的资料，包括有效期内的《外国专家证》或《外国人就业证》或《外国人工作许可证》的复印件①。

摘自2016年12月29日《国家税务总局关于进一步完善税收协定中教师和研究人员条款执行有关规定的公告》（国家税务总局公告2016年第91号）

税收协定（安排）对教师和研究人员征税情况一览表

项目		缔约国（地区）另一方
按免税期规定的协定	免税期为5年	波兰、科威特、阿联酋
	免税期为3年	日本*、美国*、瑞典、意大利*、波黑、西班牙、罗马尼亚、蒙古、匈牙利、卢森堡、韩国、印度、乌克兰、亚美尼亚、牙买加、冰岛、苏丹、埃及、葡萄牙、老挝、塞舌尔、卡塔尔、哈萨克斯坦、巴林、希腊、吉尔吉斯、斯里兰卡、墨西哥、沙特阿拉伯、塔吉克斯坦、埃塞俄比亚、土库曼斯坦、津巴布韦、安哥拉、中国澳门
	免税期为2年	巴基斯坦、塞浦路斯、马耳他、毛里求斯、克罗地亚、白俄罗斯、斯洛文尼亚、以色列、越南、立陶宛、拉脱维亚、塞尔维亚和黑山、马其顿、爱沙尼亚、菲律宾、爱尔兰、南非、巴巴多斯、摩尔多瓦、古巴、委内瑞拉、尼泊尔、阿曼、尼日利亚、突尼斯、伊朗、摩洛哥、特立尼达和多巴哥、阿尔巴尼亚、文莱、格鲁吉亚
	免税期为1年	叙利亚

① 编者注：自2020年1月1日起，非居民纳税人享受协定待遇按照《国家税务总局关于发布〈非居民纳税人享受税收协定待遇管理办法〉的公告》（国家税务总局公告2019年第35号）执行。《国家税务总局关于发布〈非居民纳税人享受税收协定待遇管理办法〉的公告》（国家税务总局公告2015年第60号）已废止。

续表

<table>
<tr><th colspan="2">项目</th><th>缔约国（地区）另一方</th></tr>
<tr><td rowspan="3">按免税条件规定的协定</td><td>免税条件为 5 年</td><td>斯洛伐克、保加利亚</td></tr>
<tr><td>免税条件为 3 年</td><td>法国、马来西亚、挪威、泰国、奥地利、孟加拉国</td></tr>
<tr><td>免税条件为 2 年</td><td>德国、澳大利亚、巴西、巴布亚新几内亚、土耳其、印度尼西亚、肯尼亚</td></tr>
<tr><td rowspan="4">在下列机构中从事活动予以免税的协定（符合免税条件的机构）</td><td>大学、学院、学校或教育机构</td><td>日本、泰国、澳大利亚、马耳他、巴布亚新几内亚、立陶宛、拉脱维亚、塞尔维亚和黑山、爱沙尼亚、委内瑞拉、肯尼亚、安哥拉</td></tr>
<tr><td>大学、学院、学校或教育机构或科研机构</td><td>美国、马来西亚、挪威、瑞典、意大利、斯洛伐克、波兰、波黑、保加利亚、巴基斯坦、科威特、塞浦路斯、西班牙、罗马尼亚、奥地利、蒙古、匈牙利、阿联酋、卢森堡、韩国、印度、毛里求斯、克罗地亚、白俄罗斯、斯洛文尼亚、以色列、越南、乌克兰、亚美尼亚、牙买加、冰岛、孟加拉国、苏丹、马其顿、埃及、葡萄牙、老挝、塞舌尔、菲律宾、爱尔兰、南非、巴巴多斯、摩尔多瓦、卡塔尔、古巴、尼泊尔、哈萨克斯坦、阿曼、尼日利亚、突尼斯、巴林、希腊、吉尔吉斯、摩洛哥、斯里兰卡、特立尼达和多巴哥、阿尔巴尼亚、文莱、格鲁吉亚、墨西哥、沙特阿拉伯、塔吉克斯坦、埃塞俄比亚、土库曼斯坦、叙利亚、津巴布韦、中国澳门</td></tr>
<tr><td>大学、学院、学校、博物馆或其他文化机构</td><td>德国、巴西、印度尼西亚</td></tr>
<tr><td>对所在机构没有限定</td><td>法国、土耳其、伊朗</td></tr>
</table>

编者注：1. 免税期规定，是指教研人员在对方国家（地区）从事教研活动可享受一定期限（5 年、3 年或 2 年）的免税待遇。

2. 免税条件规定，是指教研人员在对方国家（地区）从事教研活动的停留日期不超过一定期限（5 年、3 年或 2 年）时，在其停留期内可享受免税待遇。但其停留若超出一定期限时，对其所得应自到达之日起计算征税。

3. 我国与葡萄牙的税收协定中，对所在机构的规定强调：教育机构或科研机构必须被认定为非营利的。

4. 带 * 的国家，与我国的税收协定中，关于对教师和研究人员征税的英文表述虽为“for a period not exceeding…”，但经两国或中方确认按免税期而非免税条件处理。

5. 此表根据国家税务总局网站截至 2023 年 12 月底的已生效的税收协定安排及议定书的资料整理归集，仅供参考，详细情况以税收协定（安排）文本规定为准。

二十三、其他所得

1. 其他所得的范围

在执行税收协定“其他所得”条款时，“其他所得”应是确属协定各专项条款未包括的所得。不应将协定已包括的所得条款中规定的来源国未达到征税条件的部分视为“其他所得”。

摘自2010年7月26日《国家税务总局关于印发〈中华人民共和国政府和新加坡共和国政府关于对所得避免双重征税和防止偷漏税的协定〉及议定书条文解释的通知》（国税发〔2010〕75号）

2. 其他所得来源国征税的原则

“其他所得”条款对协定以上条款未涉及的所得规定了一般原则，即来源国有优先征税权。如新加坡居民企业或个人取得发生或来源于中国的其他所得，中国有优先征税权。对其他所得范围的掌握应考虑国内法的规定，并应是国内法规定要征税的所得。如某项所得国内法未规定征税，则不能因协定规定来源国有征税权而征税。

摘自2010年7月26日《国家税务总局关于印发〈中华人民共和国政府和新加坡共和国政府关于对所得避免双重征税和防止偷漏税的协定〉及议定书条文解释的通知》（国税发〔2010〕75号）

二十四、消除双重征税的方法

1. 中国居民从缔约国对方取得所得的抵免方法

中国居民从新加坡取得所得在新加坡所交税款的抵免办法，即对中国居民的新加坡所得汇总中国国内所得按中国税法规定税率计算在中国的应纳税额，并对在新加坡已交税款不超过按中国国内税率计算的税额予以抵免。这种方法下，意味着中国政府承认中国居民来源于新加坡的某些所得由新加坡优先行使征税权，但并不承认其独占，即中国还要行使居民管辖权对本国居民从新加坡取得的所得征税，但允许该居民在新加坡所缴税额从其应向中国缴纳的税额中抵免。

摘自2010年7月26日《国家税务总局关于印发〈中华人民共和国政府和新加坡共和国政府关于对所得避免双重征税和防止偷漏税的协定〉及议定书条文解释的通知》（国税发〔2010〕75号）

2. 股息间接抵免的原则

第一款第（二）项则体现了有关股息间接抵免的原则，并对可享受间接抵免的中国居民予以限定。根据该项及协定第二议定书第三条的规定，中国居民公司必须拥有新加坡居民公司的股份不少于百分之二十，在这种情况下，该中国居民公司从新加坡公司取得的股息在公司层面所负担的企业所得税方可在中国获得抵免。也就是说，对于中国居民公司从新加坡居民公司取得的股息，不仅该项股息在新加坡缴纳的所得税可以直接抵免，对于支付该股息的新加坡居民公司就该项股息所对应的利润所缴纳的新加坡企业所得税部分，也可以通过间接抵免的方法计算抵免。但是可直接抵免和间接抵免的税额都应按中国国内法的有关规定计算。

摘自 2010 年 7 月 26 日《国家税务总局关于印发〈中华人民共和国政府和新加坡共和国政府关于对所得避免双重征税和防止偷漏税的协定〉及议定书条文解释的通知》（国税发〔2010〕75 号）

二十五、非歧视待遇

1. 税收非歧视待遇

（1）对拥有缔约国国籍的个人在税收上不能有歧视待遇，即缔约国一方国民在缔约国另一方应与该缔约国另一方国民在相同情况下，获得同等的税收待遇。该款扩大了协定第一条规定的范围，协定第一条规定本协定适用的人仅为缔约国的居民，按照本款规定，即使新加坡国民在某一时期失去新加坡居民身份，仍然可以享受非歧视待遇，特别是在该新加坡国民与比照待遇的中国国民居民身份相同时。

同时，第一款规定不应被理解为要求缔约国一方将给予其公共团体或公共服务机构的税收优惠，以及从事本国公益活动的非盈利私人机构的特别税收优惠，也给予缔约国另一方的相同组织或类似机构。

（2）缔约国一方对另一方企业设在本国的常设机构的征税，不应比本国进行同样活动的企业更重。这样的同等待遇主要体现在税率、费用扣除、计提折旧、亏损结转、财产收益以及税收抵免等方面。但应当注意的是，常设机构从事的活动应与比照的居民企业所从事的活动相同。

（3）缔约国一方不能对资本全部或部分、直接或间接由缔约国另一方一个或多个居民拥有或控制的企业，在税收上给予歧视待遇。即对由新加坡居民投资的中国居民企业在税收待遇上应与类似的中国居民企业一致。

（4）缔约国各方为促进本国社会或经济发展，根据国家政策和标准给予其国民的税收优惠，不应被理解为构成歧视待遇。

摘自2010年7月26日《国家税务总局关于印发〈中华人民共和国政府和新加坡共和国政府关于对所得避免双重征税和防止偷漏税的协定〉及议定书条文解释的通知》（国税发〔2010〕75号）

2. 对于个人税收非歧视待遇的例外

即税收非歧视待遇并不意味着中国一定有义务给予新加坡居民或国民个人以相当于中国居民或国民个人能享受的税收优惠、扣除或减免等待遇。

摘自2010年7月26日《国家税务总局关于印发〈中华人民共和国政府和新加坡共和国政府关于对所得避免双重征税和防止偷漏税的协定〉及议定书条文解释的通知》（国税发〔2010〕75号）

二十六、相互协商

本条旨在建立主管当局间的相互协商机制，以解决可能出现的税务争议。具体按《国家税务总局关于印发〈中国居民（国民）申请启动税务相互协商程序暂行办法〉的通知》（国税发〔2005〕115号）执行①。

摘自2010年7月26日《国家税务总局关于印发〈中华人民共和国政府和新加坡共和国政府关于对所得避免双重征税和防止偷漏税的协定〉及议定书条文解释的通知》（国税发〔2010〕75号）

二十七、情报交换

本条旨在建立两国间的税收信息交换机制，以促进两国间的税收征管协作。具体按《国家税务总局关于印发〈国际税收情报交换工作规程〉的通知》（国税发〔2006〕70号）执行。

---

① 编者注：自2013年11月1日起，按照《国家税务总局关于发布〈税收协定相互协商程序实施办法〉的公告》（国家税务总局公告2013年第56号）执行。《国家税务总局关于印发〈中国居民（国民）申请启动税务相互协商程序暂行办法〉的通知》（国税发〔2005〕115号）已废止。

摘自 2010 年 7 月 26 日《国家税务总局关于印发〈中华人民共和国政府和新加坡共和国政府关于对所得避免双重征税和防止偷漏税的协定〉及议定书条文解释的通知》（国税发〔2010〕75 号）

二十八、其他规则

缔约国国内反避税法律法规不受协定的影响，这与协定防止逃避税的宗旨是相吻合的。但缔约国该类法律法规应充分考虑协定的相关规定，其导致的税收结果不应与协定的规定相冲突。

摘自 2010 年 7 月 26 日《国家税务总局关于印发〈中华人民共和国政府和新加坡共和国政府关于对所得避免双重征税和防止偷漏税的协定〉及议定书条文解释的通知》（国税发〔2010〕75 号）

第二节　非居民享受税收协定待遇管理

一、基本规定

1. 税收协定待遇的含义

本办法所称协定待遇，是指按照协定可以减轻或者免除按照国内税收法律规定应当履行的企业所得税、个人所得税纳税义务。

本办法所称协定包括税收协定和国际运输协定。国际运输协定包括中华人民共和国政府签署的航空协定、海运协定、道路运输协定、汽车运输协定、互免国际运输收入税收协议或换函以及其他关于国际运输的协定。

在中国境内发生纳税义务的非居民纳税人需要享受协定待遇的，适用本办法。

摘自 2019 年 10 月 14 日《国家税务总局关于发布〈非居民纳税人享受协定待遇管理办法〉的公告》（国家税务总局公告 2019 年第 35 号）

2. 非居民享受税收协定待遇的基本规定

非居民纳税人享受协定待遇，采取“自行判断、申报享受、相关资料留存备查”的方式办理。非居民纳税人自行判断符合享受协定待遇条件的，可在纳税申报时，或通过扣缴义务人在扣缴申报时，自行享受协定待遇，同时按照本办法的规定归集和留存相关资料备查，并接受税务机关后续管理。

本办法所称非居民纳税人，是指按照税收协定居民条款规定应为缔约对方税收居民的纳税人。

本办法所称扣缴义务人，是指按国内税收法律规定，对非居民纳税人来源于中国境内的所得负有扣缴税款义务的单位或个人，包括法定扣缴义务人和企业所得税法规定的指定扣缴义务人。

摘自2019年10月14日《国家税务总局关于发布〈非居民纳税人享受协定待遇管理办法〉的公告》（国家税务总局公告2019年第35号）

二、协定适用和纳税申报

1. 税收协定待遇的适用

（1）自行申报

非居民纳税人自行申报的，自行判断符合享受协定待遇条件且需要享受协定待遇，应在申报时报送《非居民纳税人享受协定待遇信息报告表》，并按照本办法第七条的规定归集和留存相关资料备查。

（2）源泉扣缴和指定扣缴

在源泉扣缴和指定扣缴情况下，非居民纳税人自行判断符合享受协定待遇条件且需要享受协定待遇的，应当如实填写《非居民纳税人享受协定待遇信息报告表》，主动提交给扣缴义务人，并按照本办法第七条的规定归集和留存相关资料备查。

扣缴义务人收到《非居民纳税人享受协定待遇信息报告表》后，确认非居民纳税人填报信息完整的，依国内税收法律规定和协定规定扣缴，并如实将《非居民纳税人享受协定待遇信息报告表》作为扣缴申报的附表报送主管税务机关。

非居民纳税人未主动提交《非居民纳税人享受协定待遇信息报告表》给扣缴义务人或填报信息不完整的，扣缴义务人依国内税收法律规定扣缴。

摘自2019年10月14日《国家税务总局关于发布〈非居民纳税人享受协定待遇管理办法〉的公告》（国家税务总局公告2019年第35号）

2. 合伙企业适用税收协定的有关问题

有关合伙企业及其他类似实体（以下简称“合伙企业”）适用税收协定的问

题，应按以下原则执行：

（1）依照中国法律在中国境内成立的合伙企业，其合伙人为税收协定缔约对方居民的，该合伙人在中国负有纳税义务的所得被缔约对方视为其居民的所得的部分，可以在中国享受协定待遇。

（2）依照外国（地区）法律成立的合伙企业，其实际管理机构不在中国境内，但在中国境内设立机构、场所的，或者在中国境内未设立机构、场所，但有来源于中国境内所得的，是中国企业所得税的非居民企业纳税人。除税收协定另有规定的以外，只有当该合伙企业是缔约对方居民的情况下，其在中国负有纳税义务的所得才能享受协定待遇。该合伙企业根据《国家税务总局关于发布〈非居民纳税人享受税收协定待遇管理办法〉的公告》（国家税务总局公告 2015 年第 60 号）第七条报送的由缔约对方税务主管当局开具的税收居民身份证明，应能证明其根据缔约对方国内法，因住所、居所、成立地、管理机构所在地或其他类似标准，在缔约对方负有纳税义务①。

税收协定另有规定的情况是指，税收协定规定，当根据缔约对方国内法，合伙企业取得的所得被视为合伙人取得的所得，则缔约对方居民合伙人应就其从合伙企业取得所得中分得的相应份额享受协定待遇。

摘自 2018 年 2 月 9 日《国家税务总局关于税收协定执行若干问题的公告》（国家税务总局公告 2018 年第 11 号）

3. 非居民享受税收协定待遇时应留存备查的资料

本办法所称留存备查资料包括：

（1）由协定缔约对方税务主管当局开具的证明非居民纳税人取得所得的当年度或上一年度税收居民身份的税收居民身份证明；享受税收协定国际运输条款或国际运输协定待遇的，可用能够证明符合协定规定身份的证明代替税收居民身份证明；

（2）与取得相关所得有关的合同、协议、董事会或股东会决议、支付凭证等权属证明资料；

① 编者注：自 2020 年 1 月 1 日起，非居民纳税人享受协定待遇按照《国家税务总局关于发布〈非居民纳税人享受协定待遇管理办法〉的公告》（国家税务总局公告 2019 年第 35 号）执行。《国家税务总局关于发布〈非居民纳税人享受税收协定待遇管理办法〉的公告》（国家税务总局公告 2015 年第 60 号）已废止。

（3）享受股息、利息、特许权使用费条款协定待遇的，应留存证明“受益所有人”身份的相关资料；

（4）非居民纳税人认为能够证明其符合享受协定待遇条件的其他资料。

摘自2019年10月14日《国家税务总局关于发布〈非居民纳税人享受协定待遇管理办法〉的公告》（国家税务总局公告2019年第35号）

香港特别行政区税务主管当局为香港居民就某一公历年度出具的居民身份证明书，可用作证明该香港居民在该公历年度及其后连续两个公历年度的香港居民身份。如有关香港居民的情况发生变化，不再符合享受《安排》待遇条件，则原适用于该公历年度的居民身份证明书不能用作证明其在情况发生变化后的香港居民身份。

摘自2016年6月6日《国家税务总局关于在内地使用香港居民身份证明有关问题的公告》（国家税务总局公告2016年第35号）

4. 非居民享受税收协定待遇留存备案资料的保存期限

非居民纳税人享受协定待遇留存备查资料应按照税收征管法及其实施细则规定的期限保存。

摘自2019年10月14日《国家税务总局关于发布〈非居民纳税人享受协定待遇管理办法〉的公告》（国家税务总局公告2019年第35号）

5. 非居民享受税收协定待遇留存备查资料的文本规定

本办法规定的资料原件为外文文本的，按照主管税务机关要求提供时，应当附送中文译本，并对中文译本的准确性和完整性负责。

非居民纳税人、扣缴义务人可以向主管税务机关提供资料复印件，但是应当在复印件上标注原件存放处，加盖报告责任人印章或签章。主管税务机关要求报验原件的，应报验原件。

摘自2019年10月14日《国家税务总局关于发布〈非居民纳税人享受协定待遇管理办法〉的公告》（国家税务总局公告2019年第35号）

6. 非居民享受税收协定待遇对相关资料的法律责任

非居民纳税人对《非居民纳税人享受协定待遇信息报告表》填报信息和留存

备查资料的真实性、准确性、合法性承担法律责任。

摘自 2019 年 10 月 14 日《国家税务总局关于发布〈非居民纳税人享受协定待遇管理办法〉的公告》（国家税务总局公告 2019 年第 35 号）

7. 对非居民不应享受而享受了协定待遇的处理

非居民纳税人发现不应享受而享受了协定待遇，并少缴或未缴税款的，应当主动向主管税务机关申报补税。

摘自 2019 年 10 月 14 日《国家税务总局关于发布〈非居民纳税人享受协定待遇管理办法〉的公告》（国家税务总局公告 2019 年第 35 号）

8. 对非居民可享受协定待遇而未享受的处理

非居民纳税人可享受但未享受协定待遇而多缴税款的，可在税收征管法规定期限内自行或通过扣缴义务人向主管税务机关要求退还多缴税款，同时提交本办法第七条规定的资料。

主管税务机关应当自接到非居民纳税人或扣缴义务人退还多缴税款申请之日起 30 日内查实，对符合享受协定待遇条件的多缴税款办理退还手续。

本办法第十条所述查实时间不包括非居民纳税人或扣缴义务人补充提供资料、个案请示、相互协商、情报交换的时间。税务机关因上述原因延长查实时间的，应书面通知退税申请人相关决定及理由。

摘自 2019 年 10 月 14 日《国家税务总局关于发布〈非居民纳税人享受协定待遇管理办法〉的公告》（国家税务总局公告 2019 年第 35 号）

9. 来自香港、澳门特别行政区的非居民纳税人享受税收协定待遇

非居民纳税人需要享受内地与香港、澳门特别行政区签署的避免双重征税安排待遇的，按照本公告执行。

摘自 2019 年 10 月 14 日《国家税务总局关于发布〈非居民纳税人享受协定待遇管理办法〉的公告》（国家税务总局公告 2019 年第 35 号）

三、后续管理

1. 税务机关在后续管理中的职权

各级税务机关应当对非居民纳税人享受协定待遇开展后续管理，准确执行协

定，防范协定滥用和逃避税风险。

主管税务机关在后续管理时，可要求非居民纳税人限期提供留存备查资料。

主管税务机关在后续管理或税款退还查实工作过程中，发现依据本办法第七条规定的资料不足以证明非居民纳税人符合享受协定待遇条件，或非居民纳税人存在逃避税嫌疑的，可要求非居民纳税人或扣缴义务人限期提供相关资料并配合调查。

摘自2019年10月14日《国家税务总局关于发布〈非居民纳税人享受协定待遇管理办法〉的公告》（国家税务总局公告2019年第35号）

2. 非居民纳税人、扣缴义务人在后续管理中的义务

非居民纳税人、扣缴义务人应配合主管税务机关进行非居民纳税人享受协定待遇的后续管理与调查。非居民纳税人、扣缴义务人均未按照税务机关要求提供相关资料，或逃避、拒绝、阻挠税务机关进行后续调查，主管税务机关无法查实其是否符合享受协定待遇条件的，应视为不符合享受协定待遇条件。

摘自2019年10月14日《国家税务总局关于发布〈非居民纳税人享受协定待遇管理办法〉的公告》（国家税务总局公告2019年第35号）

3. 税务机关在后续管理中的主要措施

非居民纳税人不符合享受协定待遇条件而享受了协定待遇且未缴或少缴税款的，除因扣缴义务人未按本办法第六条规定扣缴申报外，视为非居民纳税人未按照规定申报缴纳税款，主管税务机关依法追缴税款并追究非居民纳税人延迟纳税责任。在扣缴情况下，税款延迟缴纳期限自扣缴申报享受协定待遇之日起计算。

扣缴义务人未按本办法第六条规定扣缴申报，或者未按本办法第十三条规定提供相关资料，发生不符合享受协定待遇条件的非居民纳税人享受协定待遇且未缴或少缴税款情形的，主管税务机关依据有关规定追究扣缴义务人责任，并责令非居民纳税人限期缴纳税款。

依据企业所得税法第三十九条规定，非居民纳税人未依法缴纳税款的，主管税务机关可以从该非居民纳税人在中国境内其他收入项目的支付人应付的款项中，追缴该非居民纳税人的应纳税款。

主管税务机关在后续管理过程中，发现需要适用税收协定主要目的的测试条款或国内税收法律规定中的一般反避税规则的，适用一般反避税相关规定。

主管税务机关应当对非居民纳税人不当享受协定待遇情况建立信用档案，并采取相应后续管理措施。

摘自 2019 年 10 月 14 日《国家税务总局关于发布〈非居民纳税人享受协定待遇管理办法〉的公告》（国家税务总局公告 2019 年第 35 号）

4. 主管税务机关不能准确判定享受协定待遇的处理

主管税务机关在后续管理或税款退还查实工作过程中，发现不能准确判定非居民纳税人是否可以享受协定待遇的，应当向上级税务机关报告；需要启动相互协商或情报交换程序的，按有关规定启动相应程序。

摘自 2019 年 10 月 14 日《国家税务总局关于发布〈非居民纳税人享受协定待遇管理办法〉的公告》（国家税务总局公告 2019 年第 35 号）

第三节　税收协定相互协商程序

一、争端解决机制

1. 相互协商程序的含义

相互协商程序，是指我国主管当局根据税收协定有关条款规定，与缔约对方主管当局之间，通过协商共同处理涉及税收协定解释和适用问题的过程。

相互协商程序的主要目的在于确保税收协定正确和有效适用，切实避免双重征税，消除缔约双方对税收协定的解释或适用产生的分歧。

摘自 2013 年 9 月 24 日《国家税务总局关于发布〈税收协定相互协商程序实施办法〉的公告》（国家税务总局公告 2013 年第 56 号）

2. 相互协商事项的范围

相互协商的事项限于税收协定适用范围内的事项，但超出税收协定适用范围，且会造成双重征税后果或对缔约一方或双方利益产生重大影响的事项，经我国主管当局和缔约对方主管当局同意，也可以进行相互协商。

摘自 2013 年 9 月 24 日《国家税务总局关于发布〈税收协定相互协商程序实施办法〉的公告》（国家税务总局公告 2013 年第 56 号）

3. 相互协商工作的管理权限

我国负责相互协商工作的主管当局为国家税务总局（以下简称税务总局）；处理相互协商程序事务的税务总局授权代表为税务总局国际税务司司长或副司长，以及税务总局指定的其他人员。

省、自治区、直辖市和计划单列市税务局（以下简称省税务机关）及以下各级税务机关负责协助税务总局处理相互协商程序涉及的本辖区内事务。

摘自2013年9月24日《国家税务总局关于发布〈税收协定相互协商程序实施办法〉的公告》（国家税务总局公告2013年第56号）

二、中国居民（国民）申请启动的相互协商程序

1. 申请启动相互协商程序的中国居民（国民）

如果中国居民（国民）认为，缔约对方所采取的措施，已经或将会导致不符合税收协定所规定的征税行为，可以按本办法的规定向省税务机关提出申请，请求税务总局与缔约对方主管当局通过相互协商程序解决有关问题。

中国居民，是指按照《中华人民共和国个人所得税法》和《中华人民共和国企业所得税法》，就来源于中国境内境外的所得在中国负有纳税义务的个人、法人或其他组织。

中国国民，是指具有中国国籍的个人，以及依照中国法律成立的法人或其他组织。

摘自2013年9月24日《国家税务总局关于发布〈税收协定相互协商程序实施办法〉的公告》（国家税务总局公告2013年第56号）

2. 中国居民可以申请启动相互协商程序的情形

中国居民有下列情形之一的，可以申请启动相互协商程序：

（1）对居民身份的认定存有异议，特别是相关税收协定规定双重居民身份情况下需要通过相互协商程序进行最终确认的；

（2）对常设机构的判定，或者常设机构的利润归属和费用扣除存有异议的；

（3）对各项所得或财产的征免税或适用税率存有异议的；

（4）违反税收协定非歧视待遇（无差别待遇）条款的规定，可能或已经形成税收歧视的；

（5）对税收协定其他条款的理解和适用出现争议而不能自行解决的；

（6）其他可能或已经形成不同税收管辖权之间重复征税的。

中国国民认为缔约对方违背了税收协定非歧视待遇（无差别待遇）条款的规定，对其可能或已经形成税收歧视时，可以申请启动相互协商程序。

摘自2013年9月24日《国家税务总局关于发布〈税收协定相互协商程序实施办法〉的公告》（国家税务总局公告2013年第56号）

3. 启动相互协商程序的申请方式

申请人应在有关税收协定规定的期限内，以书面形式向省税务机关提出启动相互协商程序的申请。

摘自2013年9月24日《国家税务总局关于发布〈税收协定相互协商程序实施办法〉的公告》（国家税务总局公告2013年第56号）

4. 受理申请税务机关的特殊规定

申请人依本办法第十条申请启动相互协商程序，且未构成我国税收居民的，个人户籍所在地、法人或其他组织设立地的省税务机关为受理申请的税务机关。

摘自2013年9月24日《国家税务总局关于发布〈税收协定相互协商程序实施办法〉的公告》（国家税务总局公告2013年第56号）

5. 税务机关应当受理的情形

申请人按本章规定提出的相互协商申请符合以下全部条件的，税务机关应当受理：

（1）申请人为按照本办法第九条或第十条规定可以提起相互协商请求的中国居民或中国国民；

（2）提出申请的时间没有超过税收协定规定的时限；

（3）申请协商的事项为缔约对方已经或有可能发生的违反税收协定规定的行为；

（4）申请人提供的事实和证据能够证实或者不能合理排除缔约对方的行为存在违反税收协定规定的嫌疑；

（5）申请相互协商的事项不存在本办法第十八条规定的情形。

对于不符合上款规定全部条件的申请，税务机关认为涉及严重双重征税或损害我国税收权益、有必要进行相互协商的，也可以决定受理。

摘自2013年9月24日《国家税务总局关于发布〈税收协定相互协商程序实施办法〉的公告》（国家税务总局公告2013年第56号）

6. 省税务机关的相关处理

受理申请的省税务机关应在十五个工作日内，将申请上报税务总局，并将情况告知申请人，同时通知省以下主管税务机关。

因申请人提交的信息不全等原因导致申请不具备启动相互协商程序条件的，省税务机关可以要求申请人补充材料。申请人补充材料后仍不具备启动相互协商程序条件的，省税务机关可以拒绝受理，并以书面形式告知申请人。

申请人对省税务机关拒绝受理的决定不服的，可在收到书面告知之日起十五个工作日内向省税务机关或税务总局提出异议申请。省税务机关收到异议后，应在五个工作日内将申请人的材料，连同省税务机关的意见和依据上报税务总局。

摘自2013年9月24日《国家税务总局关于发布〈税收协定相互协商程序实施办法〉的公告》（国家税务总局公告2013年第56号）

7. 税务总局的处理

税务总局收到省税务机关上报的申请后，应在二十个工作日内按下列情况分别处理：

（1）申请具备启动相互协商程序条件的，决定启动相互协商程序，并将情况告知受理申请的省税务机关，省税务机关应告知申请人；

（2）申请已超过税收协定规定的期限，或申请人的申请明显缺乏事实法律依据，或出现其他不具备相互协商条件情形的，不予启动相互协商程序，并以书面形式告知受理申请的省税务机关，省税务机关应告知申请人；

（3）因申请人提交的信息不全等原因导致申请不具备启动相互协商程序条件的，通过受理申请的省税务机关要求申请人补充材料或说明情况。申请人补充材料或说明情况后，再按前两项规定处理。

税务总局启动相互协商程序后，可通过受理申请的省税务机关要求申请人进一步补充材料或说明情况，申请人应在规定的时间内提交，并确保材料的真实与全面。

对于紧急案件，税务总局可以直接与申请人联系。

摘自2013年9月24日《国家税务总局关于发布〈税收协定相互协商程

序实施办法〉的公告》(国家税务总局公告2013年第56号)

8. 相互协商程序的终止

发生下列情形之一的，税务总局可以决定终止相互协商程序，并以书面形式告知省税务机关，省税务机关应告知申请人：

(1) 申请人故意隐瞒重要事实，或在提交的资料中弄虚作假的；

(2) 申请人拒绝提供税务机关要求的、与案件有关的必要资料的；

(3) 因各种原因，申请人与税务机关均无法取得必要的证据，导致相关事实或申请人立场无法被证明，相互协商程序无法继续进行的；

(4) 缔约对方主管当局单方拒绝或终止相互协商程序的；

(5) 其他导致相互协商程序无法进行或相互协商程序无法达到预期目标的。

摘自2013年9月24日《国家税务总局关于发布〈税收协定相互协商程序实施办法〉的公告》(国家税务总局公告2013年第56号)

9. 相互协商程序的撤销

在两国主管当局达成一致意见之前，申请人可以以书面方式撤回相互协商申请。申请人撤回申请或者拒绝接受缔约双方主管当局达成一致的相互协商结果的，税务机关不再受理基于同一事实和理由的申请。

10. 相互协商结果的告知

对于相互协商结果，税务总局应以书面形式告知受理申请的省税务机关，省税务机关应告知申请人。

摘自2013年9月24日《国家税务总局关于发布〈税收协定相互协商程序实施办法〉的公告》(国家税务总局公告2013年第56号)

三、缔约对方主管当局请求启动的相互协商程序

1. 可以拒绝缔约对方主管当局协商程序的情形

发生下列情形之一的，税务总局可以拒绝缔约对方主管当局启动相互协商程序的请求，或者要求缔约对方主管当局补充材料：

(1) 请求相互协商的事项不属于税收协定适用范围的；

（2）纳税人提出相互协商的申请超过了税收协定规定时限的；

（3）缔约对方主管当局的请求明显缺乏事实或法律依据的；

（4）缔约对方主管当局提供的事实和材料不完整、不清楚，使税务机关无法进行调查或核实的；

虽属于上款规定的一种或多种情形，但税务总局认为有利于避免双重征税、维护我国税收权益或促进经济合作的，仍可决定接受缔约对方启动相互协商程序的请求。

摘自2013年9月24日《国家税务总局关于发布〈税收协定相互协商程序实施办法〉的公告》（国家税务总局公告2013年第56号）

2. 税务机关受理后的处理程序

税务总局在收到缔约对方启动相互协商程序的函后，查清事实，决定是否同意启动相互协商程序，并书面回复对方。在做出是否同意启动相互协商程序决定前，认为需要征求相关省税务机关意见的，可以将相关情况和要求告知省税务机关，省税务机关应在税务总局要求的时间内予以回复。

摘自2013年9月24日《国家税务总局关于发布〈税收协定相互协商程序实施办法〉的公告》（国家税务总局公告2013年第56号）

税务总局在收到缔约对方主管当局提出的启动相互协商程序的请求时，相关税务机关的处理决定尚未做出的，税务总局应将对方提起相互协商程序的情况告知相关税务机关。相互协商程序不影响相关税务机关对有关案件的调查与处理，但税务总局认为需要停止调查和处理的除外。

相互协商程序进行期间，不停止税务机关已生效决定的执行，税务机关或者税务总局认为需要停止执行的除外。

在相互协商过程中，如果缔约对方主管当局撤回相互协商请求，或出现其他情形致使相互协商程序无法进行的，税务总局可以终止相互协商程序。

税务总局决定启动相互协商程序后，如有必要，可将缔约对方主管当局提交的相互协商请求所涉及的案件基本情况、主要证据等以书面形式下达给相关省税务机关，要求其在规定期限内完成核查。

摘自2013年9月24日《国家税务总局关于发布〈税收协定相互协商程序实施办法〉的公告》（国家税务总局公告2013年第56号）

接受任务的省税务机关应组织专人对案件进行核查，并在税务总局要求的期限内将核查结果以公文形式上报税务总局。对复杂或重大的案件，不能在期限内完成核查的，应在核查期限截止日期前五个工作日内向税务总局提出延期申请，经税务总局同意后，上报核查结果的时间可适当延长，但延长时间不超过一个月。

接受任务的省税务机关认为核查缔约对方主管当局提交的案件需要对方补充材料或就某一事项做出进一步说明的，应及时向税务总局提出。税务总局同意向缔约对方主管当局提出补充要求的，等待对方回复的时间不计入核查时间。缔约对方主管当局在回复中改变立场，或提出新的请求的，核查时间重新计算。

省税务机关上报的核查结果，应包括案件调查的过程、对所涉案件的观点、事实根据和法律依据等内容。

摘自2013年9月24日《国家税务总局关于发布〈税收协定相互协商程序实施办法〉的公告》（国家税务总局公告2013年第56号）

四、税务总局主动向缔约对方请求启动的相互协商程序

税务总局在下列情况下可以主动向缔约对方主管当局提出相互协商请求：

（1）发现过去相互协商达成一致的案件或事项存在错误，或有新情况需要变更处理的；

（2）对税收协定中某一问题的解释及相关适用程序需要达成一致意见的；

（3）税务总局认为有必要与缔约对方主管当局对其他税收协定适用问题进行相互协商的。

省以下税务机关在适用税收协定时，发现本办法第三十条规定的情形，认为有必要向缔约对方主管当局提起相互协商请求的，应层报税务总局。

摘自2013年9月24日《国家税务总局关于发布〈税收协定相互协商程序实施办法〉的公告》（国家税务总局公告2013年第56号）第三十条

五、协议的执行及法律责任

1. 相互协商协议的执行

双方主管当局经过相互协商达成一致意见的，分别按不同情况处理如下：

（1）双方就协定的某一条文解释或某一事项的理解达成共识的，税务总局应将结果以公告形式发布；

（2）双方就具体案件的处理达成共识，需要涉案税务机关执行的，税务总局应将结果以书面形式通知相关税务机关。

经双方主管当局相互协商达成一致的案件，涉及我国税务机关退税或其他处理的，相关税务机关应在收到通知之日起三个月内执行完毕，并将情况报告税务总局。

摘自2013年9月24日《国家税务总局关于发布〈税收协定相互协商程序实施办法〉的公告》（国家税务总局公告2013年第56号）

2. 纳税人的法律责任

纳税人、扣缴义务人、代理人等在税务机关对相互协商案件的核查中弄虚作假，或有其他违法行为的，税务机关应按税收征管法等有关规定处理。

摘自2013年9月24日《国家税务总局关于发布〈税收协定相互协商程序实施办法〉的公告》（国家税务总局公告2013年第56号）

3. 税务机关的法律责任

省税务机关在相互协商程序实施过程中存在下列情形之一的，税务总局除发文催办或敦促补充核查、重新核查外，视具体情况予以通报：

（1）未按规定程序受理，或未在规定期限内向税务总局上报我国居民（国民）相互协商请求的；

（2）未按规定时间上报相互协商案件核查报告的；

（3）上报的核查报告内容不全、数据不准，不能满足税务总局对外回复需要的；

（4）未按规定时间执行相互协商达成的协议的。

摘自2013年9月24日《国家税务总局关于发布〈税收协定相互协商程序实施办法〉的公告》（国家税务总局公告2013年第56号）

第四节　实施税收协定相关措施以防止税基侵蚀和利润转移的多边公约

一、《公约》的背景

《落实防范税基侵蚀和利润转移与税收条约相关措施的多边公约》（以下简

称《公约》）是第一份在全球范围内协调跨境投资所得税收政策的多边法律文件，实现了税收协定历史上规模最大、范围最广的一次多边合作与协调，60 多个国家和辖区的 1000 多个协定将得到修订，BEPS 成果在大范围内得以落实。税基侵蚀和利润转移（BEPS）是指跨国企业利用国际税收规则存在的不足，以及各国税制差异和征管漏洞，最大限度减少其全球总体的税负，甚至达到双重不征税的效果，造成对各国税基的侵蚀。

二、《公约》的主要目的

《公约》的主要目的是为了防止跨国公司滥用税收协定，把应税所得归并为非税所得，把高税率不合理调整为低税率，从而规避税收义务。此外，《公约》还起到了保护国家税基安全的目的，同时也为跨境纳税人提供税收确定性，增进跨国投资者的信心。

三、《公约》的主要框架

《公约》共设七章三十九条，税收条约措施包括了混合错配、滥用协定、常设机构和相互协商程序等。主要框架如下：

1. 公约范围和术语解释；
2. 混合错配；
3. 滥用协定；
4. 规避常设机构构成；
5. 改进争议解决；
6. 仲裁；
7. 最终条款。

框架内容摘自《实施税收协定相关措施以防止税基侵蚀和利润转移的多边公约》。

四、《公约》对我国生效并对部分税收协定开始适用

1.《公约》对我国生效情况

经国务院批准，我国于 2022 年 5 月 25 日向《公约》保存人经济合作与发展组织秘书长交存了《公约》核准书。根据《公约》第三十四条（生效）第二款的规定，《公约》将于 2022 年 9 月 1 日对我国生效。

摘自2022年8月1日《国家税务总局关于〈实施税收协定相关措施以防止税基侵蚀和利润转移的多边公约〉对我国生效并对部分税收协定开始适用的公告》(国家税务总局公告2022年第16号)

2.《公约》对我国部分税收协定开始适用情况

截至2022年6月30日，根据税收协定缔约对方完成《公约》生效程序的情况，《公约》将适用于我国已签署的47个税收协定（详见附件)，开始适用的时间根据《公约》第三十五条（开始适用）的规定确定。

摘自2022年8月1日《国家税务总局关于〈实施税收协定相关措施以防止税基侵蚀和利润转移的多边公约〉对我国生效并对部分税收协定开始适用的公告》(国家税务总局公告2022年第16号)

政策依据

1.《中华人民共和国企业所得税法》(中华人民共和国主席令第23号)

2.《中华人民共和国企业所得税法实施条例》（中华人民共和国国务院令第714号)

3.《中华人民共和国个人所得税法》(中华人民共和国主席令第9号)

4.《中华人民共和国个人所得税法实施条例》（中华人民共和国国务院令第707号)

5.《财政部税务总局关于对来自同我国签订税收协定国家的教师和研究人员征免个人所得税问题的通知》(〔86〕财税协字第030号)

6.《国家税务总局关于明确我国对外签订税收协定中教师和研究人员条款适用范围的通知》(国税函〔1999〕37号)

7.《国家税务总局关于外国企业常驻代表机构是否构成税收协定所述常设机构问题的解释的通知》(国税函〔1999〕607号)

8.《国家税务总局关于执行税收协定利息条款有关问题的通知》（国税函〔2006〕229号)

9.《国家税务总局关于执行税收协定股息条款有关问题的通知》（国税函〔2009〕81号)

10.《国家税务总局关于执行税收协定特许权使用费条款有关问题的通知》(国税函〔2009〕507 号)

11.《国家税务总局关于税收协定有关条款执行问题的通知》(国税函〔2010〕46 号)

12.《国家税务总局关于印发〈中华人民共和国政府和新加坡共和国政府关于对所得避免双重征税和防止偷漏税的协定〉及议定书条文解释的通知》(国税发〔2010〕75 号)

13.《国家税务总局关于执行税收协定教师和研究人员条款有关问题的公告》(国家税务总局公告 2011 年第 42 号)

14.《国家税务总局关于执行内地与港澳间税收安排涉及个人受雇所得有关问题的公告》(国家税务总局公告 2012 年第 16 号)

15.《国家税务总局关于税收协定中财产收益条款有关问题的公告》(国家税务总局公告 2012 年第 59 号)

16.《国家税务总局关于发布〈税收协定相互协商程序实施办法〉的公告》(国家税务总局公告 2013 年第 56 号)

17.《国家税务总局关于委托投资情况下认定受益所有人问题的公告》(国家税务总局公告 2014 年第 24 号)

18.《国家税务总局关于在内地使用香港居民身份证明有关问题的公告》(国家税务总局公告 2016 年第 35 号)

19.《国家税务总局关于进一步完善税收协定中教师和研究人员条款执行有关规定的公告》(国家税务总局公告 2016 年第 91 号)

20.《国家税务总局关于税收协定中“受益所有人”有关问题的公告》(国家税务总局公告 2018 年第 9 号)

21.《国家税务总局关于税收协定执行若干问题的公告》(国家税务总局公告 2018 年第 11 号)

22.《国家税务总局关于发布〈非居民纳税人享受协定待遇管理办法〉的公告》(国家税务总局公告 2019 年第 35 号)

23.《国家税务总局关于〈实施税收协定相关措施以防止税基侵蚀和利润转移的多边公约〉对我国生效并对部分税收协定开始适用的公告》(国家税务总局公告 2022 年第 16 号)

第三章 特别纳税调整

特别纳税调整，是税务机关出于实施反避税目的而对纳税人特定纳税事项所作的税收调整，包括针对纳税人转让定价、成本分摊、资本弱化、受控外国企业及其他避税情形而进行的税收调整。

本章主要根据《中华人民共和国企业所得税法》及其实施条例、《中华人民共和国个人所得税法》及其实施条例、《中华人民共和国税收征收管理法》及其实施细则、我国政府与有关国家（地区）政府签署的避免双重征税协定（安排）的有关规定，以及财政部、国家税务总局等部门制定的相关文件加以归类编辑，以便于纳税人把握特别纳税调整相关条款具体内涵、降低涉税风险，同时也为税务机关规范特别纳税调整事项的管理提供参考。

第一节 基本规定

一、相关概念

1. 转让定价

企业及其关联方之间的业务往来，不符合独立交易原则而减少企业或者其关联方应纳税收入或者所得额的，税务机关有权按照合理方法调整。

摘自 2018 年 12 月 29 日《中华人民共和国企业所得税法》（中华人民共和国主席令第 23 号）第四十一条

有下列情形之一的，税务机关有权按照合理方法进行纳税调整：

个人与其关联方之间的业务往来不符合独立交易原则而减少本人或者其关联方应纳税额，且无正当理由。

摘自 2018 年 8 月 31 日《中华人民共和国个人所得税法》（中华人民共和国主席令第 9 号）第八条

企业或者外国企业在中国境内设立的从事生产、经营的机构、场所与其关联企业之间的业务往来，应当按照独立企业之间的业务往来收取或者支付价款、费用；不按照独立企业之间的业务往来收取或者支付价款、费用，而减少其应纳税的收入或者所得额的，税务机关有权进行合理调整。

摘自 2015 年 4 月 24 日《中华人民共和国税收征收管理法》（中华人民共和国主席令第 23 号）第三十六条

2. 关联方或关联企业

企业所得税法第四十一条所称关联方，是指与企业有下列关联关系之一的企业、其他组织或者个人：

（1）在资金、经营、购销等方面存在直接或者间接的控制关系；

（2）直接或者间接地同为第三者控制；

（3）在利益上具有相关联的其他关系。

摘自 2019 年 4 月 23 日《中华人民共和国企业所得税法实施条例》（中华

人民共和国国务院令第714号）第一百零九条

税收征管法第三十六条所称关联企业，是指有下列关系之一的公司、企业和其他经济组织：

（1）在资金、经营、购销等方面，存在直接或者间接的拥有或者控制关系；

（2）直接或者间接地同为第三者所拥有或者控制；

（3）在利益上具有相关联的其他关系。

纳税人有义务就其与关联企业之间的业务往来，向当地税务机关提供有关的价格、费用标准等资料。具体办法由国家税务总局制定。

摘自2016年2月6日《中华人民共和国税收征收管理法实施细则》（中华人民共和国国务院令第666号）第五十一条

3. 成本分摊协议

企业与其关联方共同开发、受让无形资产，或者共同提供、接受劳务发生的成本，在计算应纳税所得额时应当按照独立交易原则进行分摊。

摘自2018年12月29日《中华人民共和国企业所得税法》（中华人民共和国主席令第23号）第四十一条

4. 预约定价安排

企业可以向税务机关提出与其关联方之间业务往来的定价原则和计算方法，税务机关与企业协商、确认后，达成预约定价安排。

摘自2018年12月29日《中华人民共和国企业所得税法》（中华人民共和国主席令第23号）第四十二条

纳税人可以向主管税务机关提出与其关联企业之间业务往来的定价原则和计算方法，主管税务机关审核、批准后，与纳税人预先约定有关定价事项，监督纳税人执行。

摘自2016年2月6日《中华人民共和国税收征收管理法实施细则》（中华人民共和国国务院令第666号）第五十三条

5. 可比企业

企业所得税法第四十三条所称与关联业务调查有关的其他企业，是指与被调查企业在生产经营内容和方式上相类似的企业。

摘自 2019 年 4 月 23 日《中华人民共和国企业所得税法实施条例》（中华人民共和国国务院令第 714 号）第一百一十四条

6. 受控外国企业

由居民企业，或者由居民企业和中国居民控制的设立在实际税负明显低于本法第四条第一款规定税率水平的国家（地区）的企业，并非由于合理的经营需要而对利润不作分配或者减少分配的，上述利润中应归属于该居民企业的部分，应当计入该居民企业的当期收入。

摘自 2018 年 12 月 29 日《中华人民共和国企业所得税法》（中华人民共和国主席令第 23 号）第四十五条

企业所得税法第四十五条所称中国居民，是指根据《中华人民共和国个人所得税法》的规定，就其从中国境内、境外取得的所得在中国缴纳个人所得税的个人。

摘自 2019 年 4 月 23 日《中华人民共和国企业所得税法实施条例》（中华人民共和国国务院令第 714 号）第一百一十六条

有下列情形之一的，税务机关有权按照合理方法进行纳税调整：

居民个人控制的，或者居民个人和居民企业共同控制的设立在实际税负明显偏低的国家（地区）的企业，无合理经营需要，对应当归属于居民个人的利润不作分配或者减少分配。

摘自 2018 年 8 月 31 日《中华人民共和国个人所得税法》（中华人民共和国主席令第 9 号）第八条

7. 控制

企业所得税法第四十五条所称控制，包括：

（1）居民企业或者中国居民直接或者间接单一持有外国企业 10% 以上有表决权股份，且由其共同持有该外国企业 50% 以上股份；

（2）居民企业，或者居民企业和中国居民持股比例没有达到第（1）项规定的标准，但在股份、资金、经营、购销等方面对该外国企业构成实质控制。

摘自 2019 年 4 月 23 日《中华人民共和国企业所得税法实施条例》（中华人民共和国国务院令第 714 号）第一百一十七条

8. 实际税负明显低于税法规定税率的含义

企业所得税法第四十五条所称实际税负明显低于企业所得税法第四条第一款规定税率水平，是指低于企业所得税法第四条第一款规定税率的 50%。

摘自 2019 年 4 月 23 日《中华人民共和国企业所得税法实施条例》（中华人民共和国国务院令第 714 号）第一百一十八条

9. 资本弱化

企业从其关联方接受的债权性投资与权益性投资的比例超过规定标准而发生的利息支出，不得在计算应纳税所得额时扣除。

摘自 2018 年 12 月 29 日《中华人民共和国企业所得税法》（中华人民共和国主席令第 23 号）第四十六条

10. 债权性投资

企业所得税法第四十六条所称债权性投资，是指企业直接或者间接从关联方获得的，需要偿还本金和支付利息或者需要以其他具有支付利息性质的方式予以补偿的融资。

企业间接从关联方获得的债权性投资，包括：

（1）关联方通过无关联第三方提供的债权性投资；

（2）无关联第三方提供的、由关联方担保且负有连带责任的债权性投资；

（3）其他间接从关联方获得的具有负债实质的债权性投资。

摘自 2018 年 12 月 29 日《中华人民共和国企业所得税法》（中华人民共和国主席令第 23 号）第一百一十九条

11. 权益性投资

企业所得税法第四十六条所称权益性投资，是指企业接受的不需要偿还本金和支付利息，投资人对企业净资产拥有所有权的投资。

摘自 2019 年 4 月 23 日《中华人民共和国企业所得税法实施条例》（中华

人民共和国国务院令第714号）第一百一十九条

12. 一般反避税

企业实施其他不具有合理商业目的的安排而减少其应纳税收入或者所得额的，税务机关有权按照合理方法调整。

摘自2018年12月29日《中华人民共和国企业所得税法》（中华人民共和国主席令第23号）第四十七条

有下列情形之一的，税务机关有权按照合理方法进行纳税调整：

个人实施其他不具有合理商业目的的安排而获取不当税收利益。

摘自2018年8月31日《中华人民共和国个人所得税法》（中华人民共和国主席令第9号）第八条

13. 不具有合理商业目的

企业所得税法第四十七条所称不具有合理商业目的，是指以减少、免除或者推迟缴纳税款为主要目的。

摘自2019年4月23日《中华人民共和国企业所得税法实施条例》（中华人民共和国国务院令第714号）第一百二十条

二、基本原则和方法

1. 独立交易原则

企业所得税法第四十一条所称独立交易原则，是指没有关联关系的交易各方，按照公平成交价格和营业常规进行业务往来遵循的原则。

摘自2019年4月23日《中华人民共和国企业所得税法实施条例》（中华人民共和国国务院令第714号）第一百一十条

2. 转让定价方法

企业所得税法第四十一条所称合理方法，包括：

（1）可比非受控价格法，是指按照没有关联关系的交易各方进行相同或者类似业务往来的价格进行定价的方法；

（2）再销售价格法，是指按照从关联方购进商品再销售给没有关联关系的交易方的价格，减除相同或者类似业务的销售毛利进行定价的方法；

（3）成本加成法，是指按照成本加合理的费用和利润进行定价的方法；

（4）交易净利润法，是指按照没有关联关系的交易各方进行相同或者类似业务往来取得的净利润水平确定利润的方法；

（5）利润分割法，是指将企业与其关联方的合并利润或者亏损在各方之间采用合理标准进行分配的方法；

（6）其他符合独立交易原则的方法。

摘自 2019 年 4 月 23 日《中华人民共和国企业所得税法实施条例》（中华人民共和国国务院令第 714 号）第一百一十一条

3. 达成成本分摊协议的原则

企业可以依照企业所得税法第四十一条第二款的规定，按照独立交易原则与其关联方分摊共同发生的成本，达成成本分摊协议。

企业与其关联方分摊成本时，应当按照成本与预期收益相配比的原则进行分摊，并在税务机关规定的期限内，按照税务机关的要求报送有关资料。

企业与其关联方分摊成本时违反本条第一款、第二款规定的，其自行分摊的成本不得在计算应纳税所得额时扣除。

摘自 2019 年 4 月 23 日《中华人民共和国企业所得税法实施条例》（中华人民共和国国务院令第 714 号）第一百一十二条

4. 达成预约定价安排的原则

企业所得税法第四十二条所称预约定价安排，是指企业就其未来年度关联交易的定价原则和计算方法，向税务机关提出申请，与税务机关按照独立交易原则协商、确认后达成的协议。

摘自 2019 年 4 月 23 日《中华人民共和国企业所得税法实施条例》（中华人民共和国国务院令第 714 号）第一百一十三条

5. 应纳税所得额的核定

企业不提供与其关联方之间业务往来资料，或者提供虚假、不完整资料，未能真实反映其关联业务往来情况的，税务机关有权依法核定其应纳税所得额。

摘自 2018 年 12 月 29 日《中华人民共和国企业所得税法》（中华人民共和国主席令第 23 号）第四十四条

6. 应纳税所得额的核定方法

税务机关依照企业所得税法第四十四条的规定核定企业的应纳税所得额时，可以采用下列方法：

（1）参照同类或者类似企业的利润率水平核定；

（2）按照企业成本加合理的费用和利润的方法核定；

（3）按照关联企业集团整体利润的合理比例核定；

（4）按照其他合理方法核定。

企业对税务机关按照前款规定的方法核定的应纳税所得额有异议的，应当提供相关证据，经税务机关认定后，调整核定的应纳税所得额。

摘自 2019 年 4 月 23 日《中华人民共和国企业所得税法实施条例》（中华人民共和国国务院令第 714 号）第一百一十五条

7. 加收利息

税务机关依照本章规定作出纳税调整，需要补征税款的，应当补征税款，并按照国务院规定加收利息。

摘自 2018 年 12 月 29 日《中华人民共和国企业所得税法》（中华人民共和国主席令第 23 号）第四十八条

税务机关依照前款规定作出纳税调整，需要补征税款的，应当补征税款，并依法加收利息。

摘自 2018 年 8 月 31 日《中华人民共和国个人所得税法》（中华人民共和国主席令第 9 号）第八条

8. 加收利息的期间

税务机关根据税收法律、行政法规的规定，对企业作出特别纳税调整的，应当对补征的税款，自税款所属纳税年度的次年 6 月 1 日起至补缴税款之日止的期间，按日加收利息。

摘自 2019 年 4 月 23 日《中华人民共和国企业所得税法实施条例》（中华

人民共和国国务院令第 714 号）第一百二十一条

个人所得税法第八条第二款规定的利息，应当按照税款所属纳税申报期最后一日中国人民银行公布的与补税期间同期的人民币贷款基准利率计算，自税款纳税申报期满次日起至补缴税款期限届满之日止按日加收。纳税人在补缴税款期限届满前补缴税款的，利息加收至补缴税款之日。

摘自 2018 年 12 月 18 日《中华人民共和国个人所得税法实施条例》（中华人民共和国国务院令第 707 号）第二十三条

9. 加收利息的利率

企业所得税法第四十八条所称利息，应当按照税款所属纳税年度中国人民银行公布的与补税期间同期的人民币贷款基准利率加 5 个百分点计算。

企业依照企业所得税法第四十三条和本条例的规定提供有关资料的，可以只按前款规定的人民币贷款基准利率计算利息。

摘自 2019 年 4 月 23 日《中华人民共和国企业所得税法实施条例》（中华人民共和国国务院令第 714 号）第一百二十二条

个人所得税法第八条第二款规定的利息，应当按照税款所属纳税申报期最后一日中国人民银行公布的与补税期间同期的人民币贷款基准利率计算，自税款纳税申报期满次日起至补缴税款期限届满之日止按日加收。纳税人在补缴税款期限届满前补缴税款的，利息加收至补缴税款之日。

摘自 2018 年 12 月 18 日《中华人民共和国个人所得税法实施条例》（中华人民共和国国务院令第 707 号）第二十三条

10. 加收利息不得税前扣除

前款规定加收的利息，不得在计算应纳税所得额时扣除。

摘自 2019 年 4 月 23 日《中华人民共和国企业所得税法实施条例》（中华人民共和国国务院令第 714 号）第一百二十一条

11. 特别纳税调整追溯时限

企业与其关联方之间的业务往来，不符合独立交易原则，或者企业实施其他不具有合理商业目的安排的，税务机关有权在该业务发生的纳税年度起10年内，进行纳税调整。

摘自2019年4月23日《中华人民共和国企业所得税法实施条例》（中华人民共和国国务院令第714号）第一百二十三条

纳税人与其关联企业未按照独立企业之间的业务往来支付价款、费用的，税务机关自该业务往来发生的纳税年度起3年内进行调整；有特殊情况的，可以自该业务往来发生的纳税年度起10年内进行调整。

摘自2016年2月6日《中华人民共和国税收征收管理法实施细则》（中华人民共和国国务院令第666号）第五十六条

三、关联业务资料的基本规定

1. 年度关联业务往来报告

企业向税务机关报送年度企业所得税纳税申报表时，应当就其与关联方之间的业务往来，附送年度关联业务往来报告表。

摘自2018年12月29日《中华人民共和国企业所得税法》（中华人民共和国主席令第23号）第四十三条

2. 相关资料提供义务

税务机关在进行关联业务调查时，企业及其关联方，以及与关联业务调查有关的其他企业，应当按照规定提供相关资料。

摘自2018年12月29日《中华人民共和国企业所得税法》（中华人民共和国主席令第23号）第四十三条

3. 相关资料提供内容

企业所得税法第四十三条所称相关资料，包括：

（1）与关联业务往来有关的价格、费用的制定标准、计算方法和说明等同期资料；

（2）关联业务往来所涉及的财产、财产使用权、劳务等的再销售（转让）价格或者最终销售（转让）价格的相关资料；

（3）与关联业务调查有关的其他企业应当提供的与被调查企业可比的产品价格、定价方式以及利润水平等资料；

（4）其他与关联业务往来有关的资料。

摘自 2019 年 4 月 23 日《中华人民共和国企业所得税法实施条例》（中华人民共和国国务院令第 714 号）第一百一十四条

4. 相关资料提供时限

企业应当在税务机关规定的期限内提供与关联业务往来有关的价格、费用的制定标准、计算方法和说明等资料。关联方以及与关联业务调查有关的其他企业应当在税务机关与其约定的期限内提供相关资料。

摘自 2019 年 4 月 23 日《中华人民共和国企业所得税法实施条例》（中华人民共和国国务院令第 714 号）第一百一十四条

第二节　关联申报

一、关联关系的确定

企业与其他企业、组织或者个人具有下列关系之一的，构成本公告所称关联关系：

（1）一方直接或者间接持有另一方的股份总和达到 25% 以上；双方直接或者间接同为第三方所持有的股份达到 25% 以上。

如果一方通过中间方对另一方间接持有股份，只要其对中间方持股比例达到 25% 以上，则其对另一方的持股比例按照中间方对另一方的持股比例计算。

两个以上具有夫妻、直系血亲、兄弟姐妹以及其他抚养、赡养关系的自然人共同持股同一企业，在判定关联关系时持股比例合并计算。

（2）双方存在持股关系或者同为第三方持股，虽持股比例未达到本条第（1）项规定，但双方之间借贷资金总额占任一方实收资本比例达到 50% 以上，或者一方全部借贷资金总额的 10% 以上由另一方担保（与独立金融机构之间的借贷或者担保除外)。

借贷资金总额占实收资本比例 = 年度加权平均借贷资金/年度加权平均实收资本，其中：

年度加权平均借贷资金 = i 笔借入或者贷出资金账面金额 × i 笔借入或者贷出资金年度实际占用天数/365

年度加权平均实收资本 = i 笔实收资本账面金额 × i 笔实收资本年度实际占用天数/365

(3) 双方存在持股关系或者同为第三方持股，虽持股比例未达到本条第(1) 项规定，但一方的生产经营活动必须由另一方提供专利权、非专利技术、商标权、著作权等特许权才能正常进行。

(4) 双方存在持股关系或者同为第三方持股，虽持股比例未达到本条第 (1) 项规定，但一方的购买、销售、接受劳务、提供劳务等经营活动由另一方控制。

上述控制是指一方有权决定另一方的财务和经营政策，并能据以从另一方的经营活动中获取利益。

(5) 一方半数以上董事或者半数以上高级管理人员（包括上市公司董事会秘书、经理、副经理、财务负责人和公司章程规定的其他人员）由另一方任命或者委派，或者同时担任另一方的董事或者高级管理人员；或者双方各自半数以上董事或者半数以上高级管理人员同为第三方任命或者委派。

(6) 具有夫妻、直系血亲、兄弟姐妹以及其他抚养、赡养关系的两个自然人分别与双方具有本条第 (1) 至 (5) 项关系之一。

(7) 双方在实质上具有其他共同利益。

除本条第 (2) 项规定外，上述关联关系年度内发生变化的，关联关系按照实际存续期间认定。

仅因国家持股或者由国有资产管理部门委派董事、高级管理人员而存在本公告第二条第 (1) 至 (5) 项关系的，不构成本公告所称关联关系。

摘自 2016 年 6 月 29 日《国家税务总局关于完善关联申报和同期资料管理有关事项的公告》(国家税务总局公告 2016 年第 42 号)

严格执行关联申报要求。认真落实《国家税务总局关于完善关联申报和同期资料有关事项的公告》 (2016 年第 42 号)，企业与其他企业、组织或者个人之间，一方通过合同或其他形式能够控制另一方的相关活动并因此享有回报的，双方构成关联关系，应当就其与关联方之间的业务往来进行关联申报。

摘自2021年10月12日《国家税务总局关于进一步深化税务领域“放管服”改革 培养和激发市场主体活力若干措施的通知》（税总征科发〔2021〕69号）

二、关联交易的类型

关联交易主要包括：

（1）有形资产使用权或者所有权的转让。有形资产包括商品、产品、房屋建筑物、交通工具、机器设备、工具器具等。

（2）金融资产的转让。金融资产包括应收账款、应收票据、其他应收款项、股权投资、债权投资和衍生金融工具形成的资产等。

（3）无形资产使用权或者所有权的转让。无形资产包括专利权、非专利技术、商业秘密、商标权、品牌、客户名单、销售渠道、特许经营权、政府许可、著作权等。

（4）资金融通。资金包括各类长短期借贷资金（含集团资金池）、担保费、各类应计息预付款和延期收付款等。

（5）劳务交易。劳务包括市场调查、营销策划、代理、设计、咨询、行政管理、技术服务、合约研发、维修、法律服务、财务管理、审计、招聘、培训、集中采购等。

摘自2016年6月29日《国家税务总局关于完善关联申报和同期资料管理有关事项的公告》（国家税务总局公告2016年第42号）

三、关联申报的具体实施

1. 关联申报的对象、期限及内容

实行查账征收的居民企业和在中国境内设立机构、场所并据实申报缴纳企业所得税的非居民企业向税务机关报送年度企业所得税纳税申报表时，应当就其与关联方之间的业务往来进行关联申报，附送《中华人民共和国企业年度关联业务往来报告表（2016年版）》。

摘自2016年6月29日《国家税务总局关于完善关联申报和同期资料管理有关事项的公告》(国家税务总局公告2016年第42号)

2.《中华人民共和国企业年度关联业务往来报告表(2016年版)》的内容

(1)报告企业信息表

(2)中华人民共和国企业年度关联业务往来汇总表

(3)关联关系表

(4)有形资产所有权交易表

(5)无形资产所有权交易表

(6)有形资产使用权交易表

(7)无形资产使用权交易表

(8)金融资产交易表

(9)融通资金表

(10)关联劳务表

(11)权益性投资表

(12)成本分摊协议表

(13)对外支付款项情况表

(14)境外关联方信息表

(15)年度关联交易财务状况分析表(报告企业个别报表信息)

(16)年度关联交易财务状况分析表(报告企业合并报表信息)

(17)国别报告—所得、税收和业务活动国别分布表

(18)国别报告—所得、税收和业务活动国别分布表(英文)

(19)国别报告—跨国企业集团成员实体名单

(20)国别报告—跨国企业集团成员实体名单(英文)

(21)国别报告—附加说明表

(22)国别报告—附加说明表(英文)

摘自2016年6月29日《国家税务总局关于完善关联申报和同期资料管理有关事项的公告》(国家税务总局公告2016年第42号)

3. 国别报告的填报对象及内容

存在下列情形之一的居民企业,应当在报送年度关联业务往来报告表时,填

报国别报告：

（1）该居民企业为跨国企业集团的最终控股企业，且其上一会计年度合并财务报表中的各类收入金额合计超过55亿元。

最终控股企业是指能够合并其所属跨国企业集团所有成员实体财务报表的，且不能被其他企业纳入合并财务报表的企业。

成员实体应当包括：

①实际已被纳入跨国企业集团合并财务报表的任一实体。

②跨国企业集团持有该实体股权且按公开证券市场交易要求应被纳入但实际未被纳入跨国企业集团合并财务报表的任一实体。

③仅由于业务规模或者重要性程度而未被纳入跨国企业集团合并财务报表的任一实体。

④独立核算并编制财务报表的常设机构。

（2）该居民企业被跨国企业集团指定为国别报告的报送企业。

国别报告主要披露最终控股企业所属跨国企业集团所有成员实体的全球所得、税收和业务活动的国别分布情况。

摘自2016年6月29日《国家税务总局关于完善关联申报和同期资料管理有关事项的公告》（国家税务总局公告2016年第42号）

4. 国别报告填报的豁免情形

最终控股企业为中国居民企业的跨国企业集团，其信息涉及国家安全的，可以按照国家有关规定，豁免填报部分或者全部国别报告。

摘自2016年6月29日《国家税务总局关于完善关联申报和同期资料管理有关事项的公告》（国家税务总局公告2016年第42号）

5. 提供国别报告的例外情形

企业虽不属于本公告第五条规定填报国别报告的范围，但其所属跨国企业集团按照其他国家有关规定应当准备国别报告，且符合下列条件之一的，税务机关可以在实施特别纳税调查时要求企业提供国别报告：

①跨国企业集团未向任何国家提供国别报告。

②虽然跨国企业集团已向其他国家提供国别报告，但我国与该国尚未建立国别报告信息交换机制。

③虽然跨国企业集团已向其他国家提供国别报告，且我国与该国已建立国别报告信息交换机制，但国别报告实际未成功交换至我国。

摘自2016年6月29日《国家税务总局关于完善关联申报和同期资料管理有关事项的公告》（国家税务总局公告2016年第42号）

6. 关联申报的延期

企业在规定期限内报送年度关联业务往来报告表确有困难，需要延期的，应当按照税收征管法及其实施细则的有关规定办理。

摘自2016年6月29日《国家税务总局关于完善关联申报和同期资料管理有关事项的公告》（国家税务总局公告2016年第42号）

第三节　同期资料管理

一、同期资料的内容

同期资料包括主体文档、本地文档和特殊事项文档。

特殊事项文档包括成本分摊协议特殊事项文档和资本弱化特殊事项文档。

摘自2016年6月29日《国家税务总局关于完善关联申报和同期资料管理有关事项的公告》（国家税务总局公告2016年第42号）

二、同期资料的准备条件

1. 主体文档

符合下列条件之一的企业，应当准备主体文档：

（1）年度发生跨境关联交易，且合并该企业财务报表的最终控股企业所属企业集团已准备主体文档。

（2）年度关联交易总额超过10亿元。

摘自2016年6月29日《国家税务总局关于完善关联申报和同期资料管理有关事项的公告》（国家税务总局公告2016年第42号）

2. 本地文档

年度关联交易金额符合下列条件之一的企业，应当准备本地文档：

（1）有形资产所有权转让金额（来料加工业务按照年度进出口报关价格计算）超过2亿元。

（2）金融资产转让金额超过1亿元。

（3）无形资产所有权转让金额超过1亿元。

（4）其他关联交易金额合计超过4000万元。

摘自2016年6月29日《国家税务总局关于完善关联申报和同期资料管理有关事项的公告》（国家税务总局公告2016年第42号）

企业为境外关联方从事来料加工或者进料加工等单一生产业务，或者从事分销、合约研发业务，原则上应当保持合理的利润水平。

上述企业如出现亏损，无论是否达到《国家税务总局关于完善关联申报和同期资料管理有关事项的公告》（国家税务总局公告2016年第42号）中的同期资料准备标准，均应当就亏损年度准备同期资料本地文档。

摘自2017年3月17日《国家税务总局关于发布〈特别纳税调查调整及相互协商程序管理办法〉的公告》（国家税务总局公告2017年第6号）

3. 特殊事项文档

特殊事项文档包括成本分摊协议特殊事项文档和资本弱化特殊事项文档。

企业签订或者执行成本分摊协议的，应当准备成本分摊协议特殊事项文档。

企业关联债资比例超过标准比例需要说明符合独立交易原则的，应当准备资本弱化特殊事项文档。

摘自2016年6月29日《国家税务总局关于完善关联申报和同期资料管理有关事项的公告》（国家税务总局公告2016年第42号）

三、同期资料披露的主要内容

1. 主体文档

主体文档主要披露最终控股企业所属企业集团的全球业务整体情况，包括以下内容：

（1）组织架构

以图表形式说明企业集团的全球组织架构、股权结构和所有成员实体的地理分布。成员实体是指企业集团内任一营运实体，包括公司制企业、合伙企业和常设机构等。

（2）企业集团业务

①企业集团业务描述，包括利润的重要价值贡献因素。

②企业集团营业收入前五位以及占营业收入超过5%的产品或者劳务的供应链及其主要市场地域分布情况。供应链情况可以采用图表形式进行说明。

③企业集团除研发外的重要关联劳务及简要说明，说明内容包括主要劳务提供方提供劳务的胜任能力、分配劳务成本以及确定关联劳务价格的转让定价政策。

④企业集团内各成员实体主要价值贡献分析，包括执行的关键功能、承担的重大风险、以及使用的重要资产。

⑤企业集团会计年度内发生的业务重组，产业结构调整，集团内企业功能、风险或者资产的转移。

⑥企业集团会计年度内发生的企业法律形式改变、债务重组、股权收购、资产收购、合并、分立等。

（3）无形资产

①企业集团开发、应用无形资产及确定无形资产所有权归属的整体战略，包括主要研发机构所在地和研发管理活动发生地及其主要功能、风险、资产和人员情况。

②企业集团对转让定价安排有显著影响的无形资产或者无形资产组合，以及对应的无形资产所有权人。

③企业集团内各成员实体与其关联方的无形资产重要协议清单，重要协议包括成本分摊协议、主要研发服务协议和许可协议等。

④企业集团内与研发活动及无形资产相关的转让定价政策。

⑤企业集团会计年度内重要无形资产所有权和使用权关联转让情况，包括转让涉及的企业、国家以及转让价格等。

（4）融资活动

①企业集团内部各关联方之间的融资安排以及与非关联方的主要融资安排。

②企业集团内提供集中融资功能的成员实体情况，包括其注册地和实际管理

机构所在地。

③企业集团内部各关联方之间融资安排的总体转让定价政策。

（5）财务与税务状况

①企业集团最近一个会计年度的合并财务报表。

②企业集团内各成员实体签订的单边预约定价安排、双边预约定价安排以及涉及国家之间所得分配的其他税收裁定的清单及简要说明。

③报送国别报告的企业名称及其所在地。

摘自2016年6月29日《国家税务总局关于完善关联申报和同期资料管理有关事项的公告》（国家税务总局公告2016年第42号）

2. 本地文档

本地文档主要披露企业关联交易的详细信息，包括以下内容：

（1）企业概况

①组织结构，包括企业各职能部门的设置、职责范围和雇员数量等。

②管理架构，包括企业各级管理层的汇报对象以及汇报对象主要办公所在地等。

③业务描述，包括企业所属行业的发展概况、产业政策、行业限制等影响企业和行业的主要经济和法律问题，主要竞争者等。

④经营策略，包括企业各部门、各环节的业务流程，运营模式，价值贡献因素等。

⑤财务数据，包括企业不同类型业务及产品的收入、成本、费用及利润。

⑥涉及本企业或者对本企业产生影响的重组或者无形资产转让情况，以及对本企业的影响分析。

（2）关联关系

①关联方信息，包括直接或者间接拥有企业股权的关联方，以及与企业发生交易的关联方，内容涵盖关联方名称、法定代表人、高级管理人员的构成情况、注册地址、实际经营地址，以及关联个人的姓名、国籍、居住地等情况。

②上述关联方适用的具有所得税性质的税种、税率及相应可享受的税收优惠。

③本会计年度内，企业关联关系的变化情况。

(3) 关联交易

①关联交易概况

关联交易描述和明细，包括关联交易相关合同或者协议副本及其执行情况的说明，交易标的的特性，关联交易的类型、参与方、时间、金额、结算货币、交易条件、贸易形式，以及关联交易与非关联交易业务的异同等。

关联交易流程，包括关联交易的信息流、物流和资金流，与非关联交易业务流程的异同。

功能风险描述，包括企业及其关联方在各类关联交易中执行的功能、承担的风险和使用的资产。

交易定价影响要素，包括关联交易涉及的无形资产及其影响，成本节约、市场溢价等地域特殊因素。地域特殊因素应从劳动力成本、环境成本、市场规模、市场竞争程度、消费者购买力、商品或者劳务的可替代性、政府管制等方面进行分析。

关联交易数据，包括各关联方、各类关联交易涉及的交易金额。分别披露关联交易和非关联交易的收入、成本、费用和利润，不能直接归集的，按照合理比例划分，并说明该划分比例的依据。

②价值链分析

企业集团内业务流、物流和资金流，包括商品、劳务或者其他交易标的从设计、开发、生产制造、营销、销售、交货、结算、消费、售后服务、循环利用等各环节及其参与方。

上述各环节参与方最近会计年度的财务报表。

地域特殊因素对企业创造价值贡献的计量及其归属。

企业集团利润在全球价值链条中的分配原则和分配结果。

③对外投资

对外投资基本信息，包括对外投资项目的投资地区、金额、主营业务及战略规划。

对外投资项目概况，包括对外投资项目的股权架构、组织结构，高级管理人员的雇佣方式，项目决策权限的归属。

对外投资项目数据，包括对外投资项目的营运数据。

④关联股权转让

股权转让概况，包括转让背景、参与方、时间、价格、支付方式，以及影响股权转让的其他因素。

股权转让标的的相关信息，包括股权转让标的所在地，出让方获取该股权的时间、方式和成本，股权转让收益等信息。

尽职调查报告或者资产评估报告等与股权转让相关的其他信息。

⑤关联劳务

关联劳务概况，包括劳务提供方和接受方，劳务的具体内容、特性、开展方式、定价原则、支付形式，以及劳务发生后各方受益情况等。

劳务成本费用的归集方法、项目、金额、分配标准、计算过程及结果等。

企业及其所属企业集团与非关联方存在相同或者类似劳务交易的，还应当详细说明关联劳务与非关联劳务在定价原则和交易结果上的异同。

与企业关联交易直接相关的，中国以外其他国家税务主管当局签订的预约定价安排和作出的其他税收裁定。

（4）可比性分析

①可比性分析考虑的因素，包括交易资产或者劳务特性，交易各方功能、风险和资产，合同条款，经济环境，经营策略等。

②可比企业执行的功能、承担的风险以及使用的资产等相关信息。

③可比对象搜索方法、信息来源、选择条件及理由。

④所选取的内部或者外部可比非受控交易信息和可比企业的财务信息。

⑤可比数据的差异调整及理由。

（5）转让定价方法的选择和使用

①被测试方的选择及理由。

②转让定价方法的选用及理由，无论选择何种转让定价方法，均须说明企业对集团整体利润或者剩余利润所做的贡献。

③确定可比非关联交易价格或者利润的过程中所做的假设和判断。

④运用合理的转让定价方法和可比性分析结果，确定可比非关联交易价格或者利润。

⑤其他支持所选用转让定价方法的资料。

⑥关联交易定价是否符合独立交易原则的分析及结论。

摘自2016年6月29日《国家税务总局关于完善关联申报和同期资料管理有关事项的公告》（国家税务总局公告2016年第42号）

3. 成本分摊协议特殊事项文档

成本分摊协议特殊事项文档包括以下内容：

（1）成本分摊协议副本。

（2）各参与方之间达成的为实施成本分摊协议的其他协议。

（3）非参与方使用协议成果的情况、支付的金额和形式，以及支付金额在参与方之间的分配方式。

（4）本年度成本分摊协议的参与方加入或者退出的情况，包括加入或者退出的参与方名称、所在国家和关联关系，加入支付或者退出补偿的金额及形式。

（5）成本分摊协议的变更或者终止情况，包括变更或者终止的原因、对已形成协议成果的处理或者分配。

（6）本年度按照成本分摊协议发生的成本总额及构成情况。

（7）本年度各参与方成本分摊的情况，包括成本支付的金额、形式和对象，作出或者接受补偿支付的金额、形式和对象。

（8）本年度协议预期收益与实际收益的比较以及由此作出的调整。

（9）预期收益的计算，包括计量参数的选取、计算方法和改变理由。

摘自2016年6月29日《国家税务总局关于完善关联申报和同期资料管理有关事项的公告》（国家税务总局公告2016年第42号）

4. 资本弱化特殊事项文档

资本弱化特殊事项文档包括以下内容：

（1）企业偿债能力和举债能力分析。

（2）企业集团举债能力及融资结构情况分析。

（3）企业注册资本等权益投资的变动情况说明。

（4）关联债权投资的性质、目的及取得时的市场状况。

（5）关联债权投资的货币种类、金额、利率、期限及融资条件。

（6）非关联方是否能够并且愿意接受上述融资条件、融资金额及利率。

（7）企业为取得债权性投资而提供的抵押品情况及条件。

（8）担保人状况及担保条件。

（9）同类同期贷款的利率情况及融资条件。

（10）可转换公司债券的转换条件。

（11）其他能够证明符合独立交易原则的资料。

摘自2016年6月29日《国家税务总局关于完善关联申报和同期资料管理有关事项的公告》（国家税务总局公告2016年第42号）

四、免于准备同期资料的情形

企业执行预约定价安排的，可以不准备预约定价安排涉及关联交易的本地文档和特殊事项文档，且关联交易金额不计入本公告第十三条规定的关联交易金额范围。

企业仅与境内关联方发生关联交易的，可以不准备主体文档、本地文档和特殊事项文档。

摘自2016年6月29日《国家税务总局关于完善关联申报和同期资料管理有关事项的公告》（国家税务总局公告2016年第42号）

五、同期资料准备和提供时限

主体文档应当在企业集团最终控股企业会计年度终了之日起12个月内准备完毕；本地文档和特殊事项文档应当在关联交易发生年度次年6月30日之前准备完毕。同期资料应当自税务机关要求之日起30日内提供。

企业因不可抗力无法按期提供同期资料的，应当在不可抗力消除后30日内提供同期资料。

摘自2016年6月29日《国家税务总局关于完善关联申报和同期资料管理有关事项的公告》（国家税务总局公告2016年第42号）

六、企业集团提供同期资料的相关要求

依照规定需要准备主体文档的企业集团，如果集团内企业分属两个以上税务机关管辖，可以选择任一企业主管税务机关主动提供主体文档。集团内其他企业被主管税务机关要求提供主体文档时，在向主管税务机关书面报告集团主动提供主体文档情况后，可免于提供。

本公告所称“主动提供”是指在税务机关实施特别纳税调查前企业提供主体

文档的情形。如果集团内一家企业被税务机关实施特别纳税调查并已按主管税务机关要求提供主体文档，集团内其他企业不能免于提供主体文档，但集团仍然可以选择其他任一企业适用前款规定。

摘自2018年4月4日《国家税务总局关于明确同期资料主体文档提供及管理有关事项的公告》（国家税务总局公告2018年第14号）

七、同期资料文本要求

同期资料应当使用中文，并标明引用信息资料的出处来源。

同期资料应当加盖企业印章，并由法定代表人或者法定代表人授权的代表签章。

摘自2016年6月29日《国家税务总局关于完善关联申报和同期资料管理有关事项的公告》（国家税务总局公告2016年第42号）

八、同期资料保存要求

企业合并、分立的，应当由合并、分立后的企业保存同期资料。

同期资料应当自税务机关要求的准备完毕之日起保存10年。

摘自2016年6月29日《国家税务总局关于完善关联申报和同期资料管理有关事项的公告》（国家税务总局公告2016年第42号）

九、税务机关管理及使用主体文档的相关要求

收到企业主动提供主体文档的主管税务机关应区分以下情况进行处理：

（1）企业集团内各企业均属一个省、自治区、直辖市、计划单列市税务机关管辖的，收到主体文档的主管税务机关需层报至省税务机关，由省税务机关负责主体文档管理，统一组织协调，按需求提供给集团内各企业主管税务机关使用。

（2）企业集团内各企业分属两个或者两个以上省、自治区、直辖市、计划单列市税务机关管辖的，收到主体文档的主管税务机关需层报至国家税务总局，由国家税务总局负责主体文档管理，统一组织协调，按需求提供给集团内各企业主管税务机关使用。

摘自2018年4月4日《国家税务总局关于明确同期资料主体文档提供及管理有关事项的公告》（国家税务总局公告2018年第14号）

十、关联申报和同期资料对特别纳税调查的影响

企业依照有关规定进行关联申报、提供同期资料及有关资料的，税务机关实施特别纳税调查补征税款时，可以依据企业所得税法实施条例第一百二十二条的规定，按照税款所属纳税年度中国人民银行公布的与补税期间同期的人民币贷款基准利率加收利息。

第四节　转让定价基本规定及方法

一、基本规定

1. 转让定价管理的含义

转让定价管理是指税务机关按照所得税法第六章和征管法第三十六条的有关规定，对企业与其关联方之间的业务往来（以下简称关联交易）是否符合独立交易原则进行审核评估和调查调整等工作的总称。

摘自2009年1月8日《国家税务总局关于印发〈特别纳税调整实施办法（试行）〉的通知》（国税发〔2009〕2号）

2. 企业实施和税务机关审核评估转让定价的原则

税务机关应当在可比性分析的基础上，选择合理的转让定价方法，对企业关联交易进行分析评估。转让定价方法包括可比非受控价格法、再销售价格法、成本加成法、交易净利润法、利润分割法及其他符合独立交易原则的方法。

摘自2017年3月17日《国家税务总局关于发布〈特别纳税调查调整及相互协商程序管理办法〉的公告》（国家税务总局公告2017年第6号）

3. 可比性分析

税务机关实施转让定价调查时，应当进行可比性分析，可比性分析一般包括以下五个方面。税务机关可以根据案件情况选择具体分析内容：

（1）交易资产或者劳务特性，包括有形资产的物理特性、质量、数量等；无形资产的类型、交易形式、保护程度、期限、预期收益等；劳务的性质和内容；金融资产的特性、内容、风险管理等。

（2）交易各方执行的功能、承担的风险和使用的资产。功能包括研发、设计、采购、加工、装配、制造、维修、分销、营销、广告、存货管理、物流、仓储、融资、管理、财务、会计、法律及人力资源管理等；风险包括投资风险、研发风险、采购风险、生产风险、市场风险、管理风险及财务风险等；资产包括有形资产、无形资产、金融资产等。

（3）合同条款，包括交易标的、交易数量、交易价格、收付款方式和条件、交货条件、售后服务范围和条件、提供附加劳务的约定、变更或者修改合同内容的权利、合同有效期、终止或者续签合同的权利等。合同条款分析应当关注企业执行合同的能力与行为，以及关联方之间签署合同条款的可信度等。

（4）经济环境，包括行业概况、地理区域、市场规模、市场层级、市场占有率、市场竞争程度、消费者购买力、商品或者劳务可替代性、生产要素价格、运输成本、政府管制，以及成本节约、市场溢价等地域特殊因素。

（5）经营策略，包括创新和开发、多元化经营、协同效应、风险规避及市场占有策略等。

摘自2017年3月17日《国家税务总局关于发布〈特别纳税调查调整及相互协商程序管理办法〉的公告》（国家税务总局公告2017年第6号）

二、转让定价方法

1. 可比非受控价格法的内容及其适用范围

可比非受控价格法以非关联方之间进行的与关联交易相同或者类似业务活动所收取的价格作为关联交易的公平成交价格。

可比非受控价格法可以适用于所有类型的关联交易。

摘自2017年3月17日《国家税务总局关于发布〈特别纳税调查调整及相互协商程序管理办法〉的公告》（国家税务总局公告2017年第6号）

2. 选择可比非受控价格法进行可比分析的特殊要求

可比非受控价格法的可比性分析，应当按照不同交易类型，特别考察关联交易与非关联交易中交易资产或者劳务的特性、合同条款、经济环境和经营策略上的差异：

（1）有形资产使用权或者所有权的转让，包括：

①转让过程，包括交易时间与地点、交货条件、交货手续、支付条件、交易数量、售后服务等；

②转让环节，包括出厂环节、批发环节、零售环节、出口环节等；

③转让环境，包括民族风俗、消费者偏好、政局稳定程度以及财政、税收、外汇政策等；

④有形资产的性能、规格、型号、结构、类型、折旧方法等；

⑤提供使用权的时间、期限、地点、费用收取标准等；

⑥资产所有者对资产的投资支出、维修费用等。

（2）金融资产的转让，包括金融资产的实际持有期限、流动性、安全性、收益性。其中，股权转让交易的分析内容包括公司性质、业务结构、资产构成、所属行业、行业周期、经营模式、企业规模、资产配置和使用情况、企业所处经营阶段、成长性、经营风险、财务风险、交易时间、地理区域、股权关系、历史与未来经营情况、商誉、税收利益、流动性、经济趋势、宏观政策、企业收入和成本结构及其他因素。

（3）无形资产使用权或者所有权的转让，包括：

①无形资产的类别、用途、适用行业、预期收益；

②无形资产的开发投资、转让条件、独占程度、可替代性、受有关国家法律保护的程度及期限、地理位置、使用年限、研发阶段、维护改良及更新的权利、受让成本和费用、功能风险情况、摊销方法以及其他影响其价值发生实质变动的特殊因素等。

（4）资金融通，包括融资的金额、币种、期限、担保、融资人的资信、还款方式、计息方法等。

（5）劳务交易，包括劳务性质、技术要求、专业水准、承担责任、付款条件和方式、直接和间接成本等。

关联交易与非关联交易在以上方面存在重大差异的，应当就该差异对价格的影响进行合理调整，无法合理调整的，应当选择其他合理的转让定价方法。

摘自2017年3月17日《国家税务总局关于发布〈特别纳税调查调整及相互协商程序管理办法〉的公告》（国家税务总局公告2017年第6号）

3. 再销售价格法的内容及其适用范围

再销售价格法以关联方购进商品再销售给非关联方的价格减去可比非关联交易毛利后的金额作为关联方购进商品的公平成交价格。其计算公式如下：

公平成交价格＝再销售给非关联方的价格×（1－可比非关联交易毛利率）

可比非关联交易毛利率＝可比非关联交易毛利/可比非关联交易收入净额×100%

再销售价格法一般适用于再销售者未对商品进行改变外形、性能、结构或者更换商标等实质性增值加工的简单加工或者单纯购销业务。

摘自2017年3月17日《国家税务总局关于发布〈特别纳税调查调整及相互协商程序管理办法〉的公告》（国家税务总局公告2017年第6号）

4. 选择再销售价格法进行可比分析的特殊要求

再销售价格法的可比性分析，应当特别考察关联交易与非关联交易中企业执行的功能、承担的风险、使用的资产和合同条款上的差异，以及影响毛利率的其他因素，具体包括营销、分销、产品保障及服务功能，存货风险，机器、设备的价值及使用年限，无形资产的使用及价值，有价值的营销型无形资产，批发或者零售环节，商业经验，会计处理及管理效率等。

关联交易与非关联交易在以上方面存在重大差异的，应当就该差异对毛利率的影响进行合理调整，无法合理调整的，应当选择其他合理的转让定价方法。

摘自2017年3月17日《国家税务总局关于发布〈特别纳税调查调整及相互协商程序管理办法〉的公告》（国家税务总局公告2017年第6号）

5. 成本加成法的内容及其适用范围

成本加成法以关联交易发生的合理成本加上可比非关联交易毛利后的金额作为关联交易的公平成交价格。其计算公式如下：

公平成交价格＝关联交易发生的合理成本×（1＋可比非关联交易成本加成率）

可比非关联交易成本加成率＝可比非关联交易毛利/可比非关联交易成本×100%

成本加成法一般适用于有形资产使用权或者所有权的转让、资金融通、劳务交易等关联交易。

摘自2017年3月17日《国家税务总局关于发布〈特别纳税调查调整及相互协商程序管理办法〉的公告》（国家税务总局公告2017年第6号）

6. 选择成本加成法进行可比分析的特殊要求

成本加成法的可比性分析，应当特别考察关联交易与非关联交易中企业执行的功能、承担的风险、使用的资产和合同条款上的差异，以及影响成本加成率的其他因素，具体包括制造、加工、安装及测试功能，市场及汇兑风险，机器、设备的价值及使用年限，无形资产的使用及价值，商业经验，会计处理，生产及管理效率等。

关联交易与非关联交易在以上方面存在重大差异的，应当就该差异对成本加成率的影响进行合理调整，无法合理调整的，应当选择其他合理的转让定价方法。

摘自 2017 年 3 月 17 日《国家税务总局关于发布〈特别纳税调查调整及相互协商程序管理办法〉的公告》（国家税务总局公告 2017 年第 6 号）

7. 交易净利润法的内容及其适用范围

交易净利润法以可比非关联交易的利润指标确定关联交易的利润。利润指标包括息税前利润率、完全成本加成率、资产收益率、贝里比率等。具体计算公式如下：

（1）息税前利润率 = 息税前利润/营业收入 ×100%

（2）完全成本加成率 = 息税前利润/完全成本 ×100%

（3）资产收益率 = 息税前利润/[（年初资产总额 + 年末资产总额）/2] ×100%

（4）贝里比率 = 毛利/（营业费用 + 管理费用）×100%

利润指标的选取应当反映交易各方执行的功能、承担的风险和使用的资产。利润指标的计算以企业会计处理为基础，必要时可以对指标口径进行合理调整。

交易净利润法一般适用于不拥有重大价值无形资产企业的有形资产使用权或者所有权的转让和受让、无形资产使用权受让以及劳务交易等关联交易。

摘自 2017 年 3 月 17 日《国家税务总局关于发布〈特别纳税调查调整及相互协商程序管理办法〉的公告》（国家税务总局公告 2017 年第 6 号）

8. 选择交易净利润法进行可比分析的特殊要求

交易净利润法的可比性分析，应当特别考察关联交易与非关联交易中企业执行的功能、承担的风险和使用的资产，经济环境上的差异，以及影响利润的其他因素，具体包括行业和市场情况，经营规模，经济周期和产品生命周期，收入、成本、费用和资产在各交易间的分配，会计处理及经营管理效率等。

关联交易与非关联交易在以上方面存在重大差异的，应当就该差异对利润的影响进行合理调整，无法合理调整的，应当选择其他合理的转让定价方法。

摘自2017年3月17日《国家税务总局关于发布〈特别纳税调查调整及相互协商程序管理办法〉的公告》（国家税务总局公告2017年第6号）

9. 利润分割法的内容及其适用范围

利润分割法根据企业与其关联方对关联交易合并利润（实际或者预计）的贡献计算各自应当分配的利润额。利润分割法主要包括一般利润分割法和剩余利润分割法。

一般利润分割法通常根据关联交易各方所执行的功能、承担的风险和使用的资产，采用符合独立交易原则的利润分割方式，确定各方应当取得的合理利润；当难以获取可比交易信息但能合理确定合并利润时，可以结合实际情况考虑与价值贡献相关的收入、成本、费用、资产、雇员人数等因素，分析关联交易各方对价值做出的贡献，将利润在各方之间进行分配。

剩余利润分割法将关联交易各方的合并利润减去分配给各方的常规利润后的余额作为剩余利润，再根据各方对剩余利润的贡献程度进行分配。

利润分割法一般适用于企业及其关联方均对利润创造具有独特贡献，业务高度整合且难以单独评估各方交易结果的关联交易。利润分割法的适用应当体现利润应在经济活动发生地和价值创造地征税的基本原则。

摘自2017年3月17日《国家税务总局关于发布〈特别纳税调查调整及相互协商程序管理办法〉的公告》（国家税务总局公告2017年第6号）

10. 选择利润分割法进行可比分析的特殊要求

利润分割法的可比性分析，应当特别考察关联交易各方执行的功能、承担的风险和使用的资产，收入、成本、费用和资产在各方之间的分配，成本节约、市场溢价等地域特殊因素，以及其他价值贡献因素，确定各方对剩余利润贡献所使用的信息和假设条件的可靠性等。

摘自2017年3月17日《国家税务总局关于发布〈特别纳税调查调整及相互协商程序管理办法〉的公告》（国家税务总局公告2017年第6号）

11. 其他方法

其他符合独立交易原则的方法包括成本法、市场法和收益法等资产评估方法，以及其他能够反映利润与经济活动发生地和价值创造地相匹配原则的方法。

成本法是以替代或者重置原则为基础，通过在当前市场价格下创造一项相似资产所发生的支出确定评估标的价值的评估方法。成本法适用于能够被替代的资产价值评估。

市场法是利用市场上相同或者相似资产的近期交易价格，经过直接比较或者类比分析以确定评估标的价值的评估方法。市场法适用于在市场上能找到与评估标的相同或者相似的非关联可比交易信息时的资产价值评估。

收益法是通过评估标的未来预期收益现值来确定其价值的评估方法。收益法适用于企业整体资产和可预期未来收益的单项资产评估。

摘自 2017 年 3 月 17 日《国家税务总局关于发布〈特别纳税调查调整及相互协商程序管理办法〉的公告》（国家税务总局公告 2017 年第 6 号）

第五节　特别纳税调查及调整

一、基本规定

1. 监控管理

税务机关通过关联申报审核、同期资料管理和利润水平监控等手段，对企业实施特别纳税调整监控管理，发现企业存在特别纳税调整风险的，可以向企业送达《税务事项通知书》，提示其存在的税收风险。

企业收到特别纳税调整风险提示或者发现自身存在特别纳税调整风险的，可以自行调整补税。企业自行调整补税的，应当填报《特别纳税调整自行缴纳税款表》。

摘自 2017 年 3 月 17 日《国家税务总局关于发布〈特别纳税调查调整及相互协商程序管理办法〉的公告》（国家税务总局公告 2017 年第 6 号）

2. 特别纳税调整程序的启动

企业自行调整补税的，税务机关仍可按照有关规定实施特别纳税调查调整。

企业要求税务机关确认关联交易定价原则和方法等特别纳税调整事项的，税务机关应当启动特别纳税调查程序。

摘自2017年3月17日《国家税务总局关于发布〈特别纳税调查调整及相互协商程序管理办法〉的公告》(国家税务总局公告2017年第6号)

3. 特别纳税重点调查企业

税务机关实施特别纳税调查，应当重点关注具有以下风险特征的企业：

(1) 关联交易金额较大或者类型较多；

(2) 存在长期亏损、微利或者跳跃性盈利；

(3) 低于同行业利润水平；

(4) 利润水平与其所承担的功能风险不相匹配，或者分享的收益与分摊的成本不相配比；

(5) 与低税国家（地区）关联方发生关联交易；

(6) 未按照规定进行关联申报或者准备同期资料；

(7) 从其关联方接受的债权性投资与权益性投资的比例超过规定标准；

(8) 由居民企业，或者由居民企业和中国居民控制的设立在实际税负低于12.5%的国家（地区）的企业，并非由于合理的经营需要而对利润不作分配或者减少分配；

(9) 实施其他不具有合理商业目的的税收筹划或者安排。

摘自2017年3月17日《国家税务总局关于发布〈特别纳税调查调整及相互协商程序管理办法〉的公告》(国家税务总局公告2017年第6号)

4. 不作为特别纳税调查的调整对象

经预备会谈与税务机关达成一致意见，已向税务机关提交《预约定价安排谈签意向书》，并申请预约定价安排追溯适用以前年度的企业，或者已向税务机关提交《预约定价安排续签申请书》的企业，可以暂不作为特别纳税调整的调查对象。预约定价安排未涉及的年度和关联交易除外。

摘自2017年3月17日《国家税务总局关于发布〈特别纳税调查调整及相互协商程序管理办法〉的公告》(国家税务总局公告2017年第6号)

5. 境内关联交易的调查、调整

实际税负相同的境内关联方之间的交易，只要该交易没有直接或者间接导致国家总体税收收入的减少，原则上不作特别纳税调整。

摘自 2017 年 3 月 17 日《国家税务总局关于发布〈特别纳税调查调整及相互协商程序管理办法〉的公告》（国家税务总局公告 2017 年第 6 号）

6. 税务机关应履行的程序

税务机关应当向已确定立案调查的企业送达《税务检查通知书（一）》。被立案调查企业为非居民企业的，税务机关可以委托境内关联方或者与调查有关的境内企业送达《税务检查通知书（一）》。

摘自 2017 年 3 月 17 日《国家税务总局关于发布〈特别纳税调查调整及相互协商程序管理办法〉的公告》（国家税务总局公告 2017 年第 6 号）

税务机关实施特别纳税调查时，可以要求被调查企业及其关联方，或者与调查有关的其他企业提供相关资料：

（1）要求被调查企业及其关联方，或者与调查有关的其他企业提供相关资料的，应当向该企业送达《税务事项通知书》，该企业在境外的，税务机关可以委托境内关联方或者与调查有关的境内企业向该企业送达《税务事项通知书》；

（2）需要到被调查企业的关联方或者与调查有关的其他企业调查取证的，应当向该企业送达《税务检查通知书（二）》。

摘自 2017 年 3 月 17 日《国家税务总局关于发布〈特别纳税调查调整及相互协商程序管理办法〉的公告》（国家税务总局公告 2017 年第 6 号）

二、调查及调整的方式

1. 调查方式

税务机关实施特别纳税调查时，应当按照法定权限和程序进行，可以采用实地调查、检查纸质或者电子数据资料、调取账簿、询问、查询存款账户或者储蓄存款、发函协查、国际税收信息交换、异地协查等方式，收集能够证明案件事实的证据材料。收集证据材料过程中，可以记录、录音、录像、照相和复制，录音、录像、照相前应当告知被取证方。记录内容应当由两名以上调查人员签字，并经被取证方核实签章确认。被取证方拒绝签章的，税务机关调查人员（两名以上）应当注明。

摘自2017年3月17日《国家税务总局关于发布〈特别纳税调查调整及相互协商程序管理办法〉的公告》（国家税务总局公告2017年第6号）

2. 调查取证

以电子数据证明案件事实的，税务机关可以采取以下方式进行取证：

（1）要求提供方将电子数据打印成纸质资料，在纸质资料上注明数据出处、打印场所，并注明“与电子数据核对无误”，由提供方签章；

（2）采用有形载体形式固定电子数据，由调查人员与提供方指定人员一起将电子数据复制到只读存储介质上并封存。在封存包装物上注明电子数据名称、数据来源、制作方法、制作时间、制作人、文件格式及大小等，并注明“与原始载体记载的电子数据核对无误”，由提供方签章。

税务机关需要将以前年度的账簿、会计凭证、财务会计报告和其他有关资料调回检查的，应当按照税收征管法及其实施细则有关规定，向被调查企业送达《调取账簿资料通知书》，填写《调取账簿资料清单》交其核对后签章确认。调回资料应当妥善保管，并在法定时限内完整退还。

税务机关需要采用询问方式收集证据材料的，应当由两名以上调查人员实施询问，并制作《询问（调查）笔录》。

需要被调查当事人、证人陈述或者提供证言的，应当事先告知其不如实陈述或者提供虚假证言应当承担的法律责任。被调查当事人、证人可以采取书面或者口头方式陈述或者提供证言，以口头方式陈述或者提供证言的，调查人员可以笔录、录音、录像。笔录应当使用能够长期保持字迹的书写工具书写，也可使用计算机记录并打印，陈述或者证言应当由被调查当事人、证人逐页签章。

陈述或者证言中应当写明被调查当事人、证人的姓名、工作单位、联系方式等基本信息，注明出具日期，并附居民身份证复印件等身份证明材料。

被调查当事人、证人口头提出变更陈述或者证言的，调查人员应当就变更部分重新制作笔录，注明原因，由被调查当事人、证人逐页签章。被调查当事人、证人变更书面陈述或者证言的，不退回原件。

摘自2017年3月17日《国家税务总局关于发布〈特别纳税调查调整及相互协商程序管理办法〉的公告》（国家税务总局公告2017年第6号）

3. 提供资料的要求

被调查企业及其关联方以及与调查有关的其他企业应当按照税务机关要求提供真实、完整的相关资料：

（1）提供由自身保管的书证原件。原本、正本和副本均属于书证的原件。提供原件确有困难的，可以提供与原件核对无误的复印件、照片、节录本等复制件。提供方应当在复制件上注明“与原件核对无误，原件存于我处”，并由提供方签章；

（2）提供由有关方保管的书证原件复制件、影印件或者抄录件的，提供方应当在复制件、影印件或者抄录件上注明“与原件核对无误”，并注明出处，由该有关方及提供方签章；

（3）提供外文书证或者外文视听资料的，应当附送中文译本。提供方应当对中文译本的准确性和完整性负责；

（4）提供境外相关资料的，应当说明来源。税务机关对境外资料真实性和完整性有疑义的，可以要求企业提供公证机构的证明。

摘自2017年3月17日《国家税务总局关于发布〈特别纳税调查调整及相互协商程序管理办法〉的公告》（国家税务总局公告2017年第6号）

4. 关联关系及交易信息的核实

税务机关应当结合被调查企业年度关联业务往来报告表和相关资料，对其与关联方的关联关系以及关联交易金额进行确认，填制《关联关系认定表》和《关联交易认定表》，并由被调查企业确认签章。被调查企业拒绝确认的，税务机关调查人员（两名以上）应当注明。

摘自2017年3月17日《国家税务总局关于发布〈特别纳税调查调整及相互协商程序管理办法〉的公告》（国家税务总局公告2017年第6号）

5. 分析评估使用的信息资料来源

税务机关分析评估被调查企业关联交易时，应当在分析评估交易各方功能风险的基础上，选择功能相对简单的一方作为被测试对象。

税务机关在进行可比性分析时，优先使用公开信息，也可以使用非公开信息。

摘自2017年3月17日《国家税务总局关于发布〈特别纳税调查调整及

相互协商程序管理办法〉的公告》(国家税务总局公告2017年第6号)

税务机关与企业不能达成预约定价安排的，税务机关在协商过程中所取得的有关企业的提议、推理、观念和判断等非事实性信息，不得用于对该预约定价安排涉及关联交易的特别纳税调查调整。

摘自2016年10月11日《国家税务总局关于完善预约定价安排管理有关事项的公告》(国家税务总局公告2016年第64号)

6. 业务模式及营运资本差异的调整原则

税务机关分析评估被调查企业为其关联方提供的来料加工业务，在可比企业不是相同业务模式，且业务模式的差异会对利润水平产生影响的情况下，应当对业务模式的差异进行调整，还原其不作价的来料和设备价值。企业提供真实完整的来料加工产品整体价值链相关资料，能够反映各关联方总体利润水平的，税务机关可以就被调查企业与可比企业因料件还原产生的资金占用差异进行可比性调整，利润水平调整幅度超过10%的，应当重新选择可比企业。

除本条第一款外，对因营运资本占用不同产生的利润差异不作调整。

摘自2017年3月17日《国家税务总局关于发布〈特别纳税调查调整及相互协商程序管理办法〉的公告》(国家税务总局公告2017年第6号)

7. 因无形资产支付特许权使用费的调整原则

判定企业及其关联方对无形资产价值的贡献程度及相应的收益分配时，应当全面分析企业所属企业集团的全球营运流程，充分考虑各方在无形资产开发、价值提升、维护、保护、应用和推广中的价值贡献，无形资产价值的实现方式，无形资产与集团内其他业务的功能、风险和资产的相互作用。

企业仅拥有无形资产所有权而未对无形资产价值做出贡献的，不应当参与无形资产收益分配。无形资产形成和使用过程中，仅提供资金而未实际执行相关功能和承担相应风险的，应当仅获得合理的资金成本回报。

企业与其关联方转让或者受让无形资产使用权而收取或者支付的特许权使用费，应当与无形资产为企业或者其关联方带来的经济利益相匹配。与经济利益不匹配而减少企业或者其关联方应纳税收入或者所得额的，税务机关可以实施特别纳税调整。未带来经济利益，且不符合独立交易原则的，税务机关可以按照已税前扣除的金额全额实施特别纳税调整。

企业向仅拥有无形资产所有权而未对其价值创造做出贡献的关联方支付特许权使用费，不符合独立交易原则的，税务机关可以按照已税前扣除的金额全额实施特别纳税调整。

摘自 2017 年 3 月 17 日《国家税务总局关于发布〈特别纳税调查调整及相互协商程序管理办法〉的公告》（国家税务总局公告 2017 年第 6 号）

8. 因融资上市支付特许权使用费的调整原则

企业以融资上市为主要目的在境外成立控股公司或者融资公司，仅因融资上市活动所产生的附带利益向境外关联方支付特许权使用费，不符合独立交易原则的，税务机关可以按照已税前扣除的金额全额实施特别纳税调整。

摘自 2017 年 3 月 17 日《国家税务总局关于发布〈特别纳税调查调整及相互协商程序管理办法〉的公告》（国家税务总局公告 2017 年第 6 号）

9. 向境外关联方支付费用的调整原则

企业向未执行功能、承担风险，无实质性经营活动的境外关联方支付费用，不符合独立交易原则的，税务机关可以按照已税前扣除的金额全额实施特别纳税调整。

摘自 2017 年 3 月 17 日《国家税务总局关于发布〈特别纳税调查调整及相互协商程序管理办法〉的公告》（国家税务总局公告 2017 年第 6 号）

10. 关联劳务交易的调整原则

企业与其关联方发生劳务交易支付或者收取价款不符合独立交易原则而减少企业或者其关联方应纳税收入或者所得额的，税务机关可以实施特别纳税调整。

符合独立交易原则的关联劳务交易应当是受益性劳务交易，并且按照非关联方在相同或者类似情形下的营业常规和公平成交价格进行定价。受益性劳务是指能够为劳务接受方带来直接或者间接经济利益，且非关联方在相同或者类似情形下，愿意购买或者愿意自行实施的劳务活动。

摘自 2017 年 3 月 17 日《国家税务总局关于发布〈特别纳税调查调整及相互协商程序管理办法〉的公告》（国家税务总局公告 2017 年第 6 号）

母公司为其子公司（以下简称子公司）提供各种服务而发生的费用，应按照独立企业之间公平交易原则确定服务的价格，作为企业正常的劳务费用进行税务处理。

母子公司未按照独立企业之间的业务往来收取价款的，税务机关有权予以调整。

母公司向其子公司提供各项服务，双方应签订服务合同或协议，明确规定提供服务的内容、收费标准及金额等，凡按上述合同或协议规定所发生的服务费，母公司应作为营业收入申报纳税；子公司作为成本费用在税前扣除。

子公司申报税前扣除向母公司支付的服务费用，应向主管税务机关提供与母公司签订的服务合同或者协议等与税前扣除该项费用相关的材料。不能提供相关材料的，支付的服务费用不得税前扣除。

摘自2008年8月14日《国家税务总局关于母子公司间提供服务支付费用有关企业所得税处理问题的通知》（国税发〔2008〕86号）

11. 受益性劳务的调整方法及交易价格的确定

企业接受或者提供的受益性劳务应当充分考虑劳务的具体内容和特性，劳务提供方的功能、风险、成本和费用，劳务接受方的受益情况、市场环境，交易双方的财务状况，以及可比交易的定价情况等因素，按照本办法的有关规定选择合理的转让定价方法，并遵循以下原则：

（1）关联劳务能够分别按照各劳务接受方、劳务项目为核算单位归集相关劳务成本费用的，应当以劳务接受方、劳务项目合理的成本费用为基础，确定交易价格；

（2）关联劳务不能分别按照各劳务接受方、劳务项目为核算单位归集相关劳务成本费用的，应当采用合理标准和比例向各劳务接受方分配，并以分配的成本费用为基础，确定交易价格。分配标准应当根据劳务性质合理确定，可以根据实际情况采用营业收入、营运资产、人员数量、人员工资、设备使用量、数据流量、工作时间以及其他合理指标，分配结果应当与劳务接受方的受益程度相匹配。非受益性劳务的相关成本费用支出不得计入分配基数。

摘自2017年3月17日《国家税务总局关于发布〈特别纳税调查调整及相互协商程序管理办法〉的公告》（国家税务总局公告2017年第6号）

母公司向其多个子公司提供同类项服务，其收取的服务费可以采取分项签订合同或协议收取；也可以采取服务分摊协议的方式，即，由母公司与各子公司签订服务费用分摊合同或协议，以母公司为其子公司提供服务所发生的实际费用并附加一定比例利润作为向子公司收取的总服务费，在各服务受益子公司（包括盈利企业、亏损企业和享受减免税企业）之间按《中华人民共和国企业所得税法》第四十一条第二款规定合理分摊。

摘自2008年8月14日《国家税务总局关于母子公司间提供服务支付费用有关企业所得税处理问题的通知》（国税发〔2008〕86号）

12. 非受益性劳务情形及调整

企业向其关联方支付非受益性劳务的价款，税务机关可以按照已税前扣除的金额全额实施特别纳税调整。非受益性劳务主要包括以下情形：

（1）劳务接受方从其关联方接受的，已经购买或者自行实施的劳务活动；

（2）劳务接受方从其关联方接受的，为保障劳务接受方的直接或者间接投资方的投资利益而实施的控制、管理和监督等劳务活动。该劳务活动主要包括：

①董事会活动、股东会活动、监事会活动和发行股票等服务于股东的活动；

②与劳务接受方的直接或者间接投资方、集团总部和区域总部的经营报告或者财务报告编制及分析有关的活动；

③与劳务接受方的直接或者间接投资方、集团总部和区域总部的经营及资本运作有关的筹资活动；

④为集团决策、监管、控制、遵从需要所实施的财务、税务、人事、法务等活动；

⑤其他类似情形。

（3）劳务接受方从其关联方接受的，并非针对其具体实施的，只是因附属于企业集团而获得额外收益的劳务活动。该劳务活动主要包括：

①为劳务接受方带来资源整合效应和规模效应的法律形式改变、债务重组、股权收购、资产收购、合并、分立等集团重组活动；

②由于企业集团信用评级提高，为劳务接受方带来融资成本下降等利益的相关活动；

③其他类似情形。

（4）劳务接受方从其关联方接受的，已经在其他关联交易中给予补偿的劳务活动。该劳务活动主要包括：

①从特许权使用费支付中给予补偿的与专利权或者非专利技术相关的服务；

②从贷款利息支付中给予补偿的与贷款相关的服务；

③其他类似情形。

（5）与劳务接受方执行的功能和承担的风险无关，或者不符合劳务接受方经营需要的关联劳务活动；

（6）其他不能为劳务接受方带来直接或者间接经济利益，或者非关联方不愿意购买或者不愿意自行实施的关联劳务活动。

摘自2017年3月17日《国家税务总局关于发布〈特别纳税调查调整及相互协商程序管理办法〉的公告》（国家税务总局公告2017年第6号）

母公司以管理费形式向子公司提取费用，子公司因此支付给母公司的管理费，不得在税前扣除。

摘自2008年8月14日《国家税务总局关于母子公司间提供服务支付费用有关企业所得税处理问题的通知》（国税发〔2008〕86号）

13. 单一生产功能企业调整原则

企业为境外关联方从事来料加工或者进料加工等单一生产业务，或者从事分销、合约研发业务，原则上应当保持合理的利润水平。

上述企业如出现亏损，无论是否达到《国家税务总局关于完善关联申报和同期资料管理有关事项的公告》（国家税务总局公告2016年第42号）中的同期资料准备标准，均应当就亏损年度准备同期资料本地文档。税务机关应当重点审核上述企业的本地文档，加强监控管理。

上述企业承担由于决策失误、开工不足、产品滞销、研发失败等原因造成的应当由关联方承担的风险和损失的，税务机关可以实施特别纳税调整。

摘自2017年3月17日《国家税务总局关于发布〈特别纳税调查调整及相互协商程序管理办法〉的公告》（国家税务总局公告2017年第6号）

14. 隐匿、抵消交易的还原

企业与其关联方之间隐匿关联交易直接或者间接导致国家总体税收收入减少

的，税务机关可以通过还原隐匿交易实施特别纳税调整。

企业与其关联方之间抵消关联交易直接或者间接导致国家总体税收收入减少的，税务机关可以通过还原抵消交易实施特别纳税调整。

摘自 2017 年 3 月 17 日《国家税务总局关于发布〈特别纳税调查调整及相互协商程序管理办法〉的公告》（国家税务总局公告 2017 年第 6 号）

15. 已扣缴税款的调整

税务机关对企业实施特别纳税调整，涉及企业向境外关联方支付利息、租金、特许权使用费的，除另有规定外，不调整已扣缴的税款。

摘自 2017 年 3 月 17 日《国家税务总局关于发布〈特别纳税调查调整及相互协商程序管理办法〉的公告》（国家税务总局公告 2017 年第 6 号）

16. 四分位法的使用

税务机关分析评估被调查企业关联交易是否符合独立交易原则时，可以根据实际情况选择算术平均法、加权平均法或者四分位法等统计方法，逐年分别或者多年度平均计算可比企业利润或者价格的平均值或者四分位区间。

税务机关应当按照可比利润水平或者可比价格对被调查企业各年度关联交易进行逐年测试调整。

税务机关采用四分位法分析评估企业利润水平时，企业实际利润水平低于可比企业利润率区间中位值的，原则上应当按照不低于中位值进行调整。

摘自 2017 年 3 月 17 日《国家税务总局关于发布〈特别纳税调查调整及相互协商程序管理办法〉的公告》（国家税务总局公告 2017 年第 6 号）

三、调查及调整的结论

1. 关联交易符合独立交易原则的处理

经调查，税务机关未发现企业存在特别纳税调整问题的，应当作出特别纳税调查结论，并向企业送达《特别纳税调查结论通知书》。

摘自 2017 年 3 月 17 日《国家税务总局关于发布〈特别纳税调查调整及相互协商程序管理办法〉的公告》（国家税务总局公告 2017 年第 6 号）

2. 关联交易不符合独立原则的处理

经调查，税务机关发现企业存在特别纳税调整问题的，应当按照以下程序实施调整：

（1）在测算、论证、可比性分析的基础上，拟定特别纳税调查调整方案；

（2）根据拟定调整方案与企业协商谈判，双方均应当指定主谈人，调查人员应当做好《协商内容记录》，并由双方主谈人签字确认。企业拒签的，税务机关调查人员（两名以上）应当注明。企业拒绝协商谈判的，税务机关向企业送达《特别纳税调查初步调整通知书》；

（3）协商谈判过程中，企业对拟定调整方案有异议的，应当在税务机关规定的期限内进一步提供相关资料。税务机关收到资料后，应当认真审议，并作出审议结论。根据审议结论，需要进行特别纳税调整的，税务机关应当形成初步调整方案，向企业送达《特别纳税调查初步调整通知书》；

（4）企业收到《特别纳税调查初步调整通知书》后有异议的，应当自收到通知书之日起 7 日内书面提出。税务机关收到企业意见后，应当再次协商、审议。根据审议结论，需要进行特别纳税调整，并形成最终调整方案的，税务机关应当向企业送达《特别纳税调查调整通知书》；

（5）企业收到《特别纳税调查初步调整通知书》后，在规定期限内未提出异议的，或者提出异议后又拒绝协商的，或者虽提出异议但经税务机关审议后不予采纳的，税务机关应当以初步调整方案作为最终调整方案，向企业送达《特别纳税调查调整通知书》。

摘自 2017 年 3 月 17 日《国家税务总局关于发布〈特别纳税调查调整及相互协商程序管理办法〉的公告》（国家税务总局公告 2017 年第 6 号）

3. 企业异议的处理

企业收到《特别纳税调查调整通知书》后有异议的，可以在依照《特别纳税调查调整通知书》缴纳或者解缴税款、利息、滞纳金或者提供相应的担保后，依法申请行政复议。

对行政复议决定不服的，可以依法向人民法院提起行政诉讼。

摘自 2017 年 3 月 17 日《国家税务总局关于发布〈特别纳税调查调整及相互协商程序管理办法〉的公告》（国家税务总局公告 2017 年第 6 号）第四十一条第一款、第三款

4. 企业自行补税的处理

企业可以在《特别纳税调查调整通知书》送达前自行缴纳税款。企业自行缴纳税款的，应当填报《特别纳税调整自行缴纳税款表》。

摘自 2017 年 3 月 17 日《国家税务总局关于发布〈特别纳税调查调整及相互协商程序管理办法〉的公告》（国家税务总局公告 2017 年第 6 号）

第六节　预约定价安排管理

一、基本规定

1. 预约定价安排管理的含义

预约定价安排管理是指税务机关按照所得税法第四十二条和征管法实施细则第五十三条的规定，对企业提出的未来年度关联交易的定价原则和计算方法进行审核评估，并与企业协商达成预约定价安排等工作的总称。

摘自 2009 年 1 月 8 日《国家税务总局关于印发〈特别纳税调整实施办法（试行）〉的通知》（国税发〔2009〕2 号）

2. 预约定价安排的种类

企业可以与税务机关就其未来年度关联交易的定价原则和计算方法达成预约定价安排。

预约定价安排包括单边、双边和多边 3 种类型。

摘自 2016 年 10 月 11 日《国家税务总局关于完善预约定价安排管理有关事项的公告》（国家税务总局公告 2016 年第 64 号）

3. 预约定价安排谈签与执行的阶段

预约定价安排的谈签与执行经过预备会谈、谈签意向、分析评估、正式申请、协商签署和监控执行 6 个阶段。

摘自 2016 年 10 月 11 日《国家税务总局关于完善预约定价安排管理有关事项的公告》（国家税务总局公告 2016 年第 64 号）

4. 预约定价安排的受理机关

本公告所称主管税务机关是指负责特别纳税调整事项的税务机关。

摘自2016年10月11日《国家税务总局关于完善预约定价安排管理有关事项的公告》(国家税务总局公告2016年第64号)

5. 预约定价安排的适用条件

预约定价安排一般适用于主管税务机关向企业送达接收其谈签意向的《税务事项通知书》之日所属纳税年度前3个年度每年度发生的关联交易金额4000万元人民币以上的企业。

摘自2016年10月11日《国家税务总局关于完善预约定价安排管理有关事项的公告》(国家税务总局公告2016年第64号)

6. 预约定价安排的适用年限

预约定价安排适用于主管税务机关向企业送达接收其谈签意向的《税务事项通知书》之日所属纳税年度起3至5个年度的关联交易。

摘自2016年10月11日《国家税务总局关于完善预约定价安排管理有关事项的公告》(国家税务总局公告2016年第64号)

7. 可追溯适用的规则

企业以前年度的关联交易与预约定价安排适用年度相同或者类似的，经企业申请，税务机关可以将预约定价安排确定的定价原则和计算方法追溯适用于以前年度该关联交易的评估和调整。追溯期最长为10年。

摘自2016年10月11日《国家税务总局关于完善预约定价安排管理有关事项的公告》(国家税务总局公告2016年第64号)

8. 对转让定价调查、调整的影响

预约定价安排的谈签不影响税务机关对企业不适用预约定价安排的年度及关联交易的特别纳税调查调整和监控管理。

摘自2016年10月11日《国家税务总局关于完善预约定价安排管理有关事项的公告》(国家税务总局公告2016年第64号)

9. 优先受理情形

有下列情形之一的，税务机关可以优先受理企业提交的申请：

（1）企业关联申报和同期资料完备合理，披露充分；

（2）企业纳税信用级别为 A 级；

（3）税务机关曾经对企业实施特别纳税调查调整，并已经结案；

（4）签署的预约定价安排执行期满，企业申请续签，且预约定价安排所述事实和经营环境没有发生实质性变化；

（5）企业提交的申请材料齐备，对价值链或者供应链的分析完整、清晰，充分考虑成本节约、市场溢价等地域特殊因素，拟采用的定价原则和计算方法合理；

（6）企业积极配合税务机关开展预约定价安排谈签工作；

（7）申请双边或者多边预约定价安排的，所涉及的税收协定缔约对方税务主管当局有较强的谈签意愿，对预约定价安排的重视程度较高；

（8）其他有利于预约定价安排谈签的因素。

摘自 2016 年 10 月 11 日《国家税务总局关于完善预约定价安排管理有关事项的公告》（国家税务总局公告 2016 年第 64 号）

二、预备会谈

1. 预备会谈的开展

企业有谈签预约定价安排意向的，应当向税务机关书面提出预备会谈申请。税务机关可以与企业开展预备会谈。

（1）企业申请单边预约定价安排的，应当向主管税务机关书面提出预备会谈申请，提交《预约定价安排预备会谈申请书》。主管税务机关组织与企业开展预备会谈。

企业申请双边或者多边预约定价安排的，应当同时向国家税务总局和主管税务机关书面提出预备会谈申请，提交《预约定价安排预备会谈申请书》。国家税务总局统一组织与企业开展预备会谈。

（2）预备会谈期间，企业应当就以下内容作出简要说明：

①预约定价安排的适用年度；

②预约定价安排涉及的关联方及关联交易；

③企业及其所属企业集团的组织结构和管理架构；

④企业最近3至5个年度生产经营情况、同期资料等；

⑤预约定价安排涉及各关联方功能和风险的说明，包括功能和风险划分所依据的机构、人员、费用、资产等；

⑥市场情况的说明，包括行业发展趋势和竞争环境等；

⑦是否存在成本节约、市场溢价等地域特殊优势；

⑧预约定价安排是否追溯适用以前年度；

⑨其他需要说明的情况。

企业申请双边或者多边预约定价安排的，说明内容还应当包括：

①向税收协定缔约对方税务主管当局提出预约定价安排申请的情况；

②预约定价安排涉及的关联方最近3至5个年度生产经营情况及关联交易情况；

③是否涉及国际重复征税及其说明。

（3）预备会谈期间，企业应当按照税务机关的要求补充资料。

摘自2016年10月11日《国家税务总局关于完善预约定价安排管理有关事项的公告》（国家税务总局公告2016年第64号）

2. 预备会谈的结果

税务机关和企业在预备会谈期间达成一致意见的，主管税务机关向企业送达同意其提交谈签意向的《税务事项通知书》。

有下列情形之一的，税务机关可以拒绝企业提交谈签意向：

（1）税务机关已经对企业实施特别纳税调整立案调查或者其他涉税案件调查，且尚未结案的；

（2）未按照有关规定填报年度关联业务往来报告表；

（3）未按照有关规定准备、保存和提供同期资料；

（4）预备会谈阶段税务机关和企业无法达成一致意见。

摘自2016年10月11日《国家税务总局关于完善预约定价安排管理有关事项的公告》（国家税务总局公告2016年第64号）

三、谈签意向及草案内容

1. 谈签意向

企业收到《税务事项通知书》后向税务机关提出谈签意向。

企业申请单边预约定价安排的，应当向主管税务机关提交《预约定价安排谈签意向书》，并附送单边预约定价安排申请草案。

企业申请双边或者多边预约定价安排的，应当同时向国家税务总局和主管税务机关提交《预约定价安排谈签意向书》，并附送双边或者多边预约定价安排申请草案。

摘自2016年10月11日《国家税务总局关于完善预约定价安排管理有关事项的公告》（国家税务总局公告2016年第64号）

2. 预约定价安排申请草案内容

单边预约定价安排申请草案应当包括以下内容：

（1）预约定价安排的适用年度；

（2）预约定价安排涉及的关联方及关联交易；

（3）企业及其所属企业集团的组织结构和管理架构；

（4）企业最近3至5个年度生产经营情况、财务会计报告、审计报告、同期资料等；

（5）预约定价安排涉及各关联方功能和风险的说明，包括功能和风险划分所依据的机构、人员、费用、资产等；

（6）预约定价安排使用的定价原则和计算方法，以及支持这一定价原则和计算方法的功能风险分析、可比性分析和假设条件等；

（7）价值链或者供应链分析，以及对成本节约、市场溢价等地域特殊优势的考虑；

（8）市场情况的说明，包括行业发展趋势和竞争环境等；

（9）预约定价安排适用期间的年度经营规模、经营效益预测以及经营规划等；

（10）预约定价安排是否追溯适用以前年度；

（11）对预约定价安排有影响的境内、外行业相关法律、法规；

（12）企业关于不存在本条第（3）项所列举情形的说明；

（13）其他需要说明的情况。

双边或者多边预约定价安排申请草案还应当包括：

（1）向税收协定缔约对方税务主管当局提出预约定价安排申请的情况；

（2）预约定价安排涉及的关联方最近 3 至 5 个年度生产经营情况及关联交易情况；

（3）是否涉及国际重复征税及其说明。

摘自 2016 年 10 月 11 日《国家税务总局关于完善预约定价安排管理有关事项的公告》（国家税务总局公告 2016 年第 64 号）

3. 拒绝企业提交谈签意向情形

有下列情形之一的，税务机关可以拒绝企业提交谈签意向：

（1）税务机关已经对企业实施特别纳税调整立案调查或者其他涉税案件调查，且尚未结案的；

（2）未按照有关规定填报年度关联业务往来报告表；

（3）未按照有关规定准备、保存和提供同期资料；

（4）预备会谈阶段税务机关和企业无法达成一致意见。

摘自 2016 年 10 月 11 日《国家税务总局关于完善预约定价安排管理有关事项的公告》（国家税务总局公告 2016 年第 64 号）

四、分析评估

1. 分析评估的内容

企业提交谈签意向后，税务机关应当分析预约定价安排申请草案内容，评估其是否符合独立交易原则。根据分析评估的具体情况可以要求企业补充提供有关资料。

税务机关可以从以下方面进行分析评估：

（1）功能和风险状况。分析评估企业与其关联方之间在供货、生产、运输、销售等各环节以及在研究、开发无形资产等方面各自作出的贡献、执行的功能以及在存货、信贷、外汇、市场等方面承担的风险。

（2）可比交易信息。分析评估企业提供的可比交易信息，对存在的实质性差异进行调整。

（3）关联交易数据。分析评估预约定价安排涉及的关联交易的收入、成本、费用和利润是否单独核算或者按照合理比例划分。

（4）定价原则和计算方法。分析评估企业在预约定价安排中采用的定价原则和计算方法。如申请追溯适用以前年度的，应当作出说明。

（5）价值链分析和贡献分析。评估企业对价值链或者供应链的分析是否完整、清晰，是否充分考虑成本节约、市场溢价等地域特殊优势，是否充分考虑本地企业对价值创造的贡献等。

（6）交易价格或者利润水平。根据上述分析评估结果，确定符合独立交易原则的价格或者利润水平。

（7）假设条件。分析评估影响行业利润水平和企业生产经营的因素及程度，合理确定预约定价安排适用的假设条件。

摘自2016年10月11日《国家税务总局关于完善预约定价安排管理有关事项的公告》（国家税务总局公告2016年第64号）

2. 分析评估开展

税务机关可以与企业就预约定价安排申请草案进行讨论。税务机关可以进行功能和风险实地访谈。税务机关认为预约定价安排申请草案不符合独立交易原则的，企业应当与税务机关协商，并进行调整；税务机关认为预约定价安排申请草案符合独立交易原则的，主管税务机关向企业送达同意其提交正式申请的《税务事项通知书》。

摘自2016年10月11日《国家税务总局关于完善预约定价安排管理有关事项的公告》（国家税务总局公告2016年第64号）

五、正式申请

1. 正式申请的提交

企业收到通知后，可以向税务机关提交《预约定价安排正式申请书》，并附送预约定价安排正式申请报告。

企业申请单边预约定价安排的，应当向主管税务机关提交上述资料。企业申请双边或者多边预约定价安排的，应当同时向国家税务总局和主管税务机关提交上述资料，并按照有关规定提交启动特别纳税调整相互协商程序的申请。

摘自2016年10月11日《国家税务总局关于完善预约定价安排管理有关事项的公告》（国家税务总局公告2016年第64号）

2. 拒绝企业提交正式申请情形

（1）预约定价安排申请草案拟采用的定价原则和计算方法不合理，且企业拒绝协商调整；

（2）企业拒不提供有关资料或者提供的资料不符合税务机关要求，且不按时补正或者更正；

（3）企业拒不配合税务机关进行功能和风险实地访谈；

（4）其他不适合谈签预约定价安排的情况。

摘自2016年10月11日《国家税务总局关于完善预约定价安排管理有关事项的公告》（国家税务总局公告2016年第64号）

六、协商签署

1. 协商

税务机关应当在分析评估的基础上形成协商方案，并据此开展协商工作。

主管税务机关与企业开展单边预约定价安排协商，协商达成一致的，拟定单边预约定价安排文本。

国家税务总局与税收协定缔约对方税务主管当局开展双边或者多边预约定价安排协商，协商达成一致的，拟定双边或者多边预约定价安排文本。

摘自2016年10月11日《国家税务总局关于完善预约定价安排管理有关事项的公告》（国家税务总局公告2016年第64号）

2. 预约定价安排文本内容

预约定价安排文本可以包括以下内容：

（1）企业及其关联方名称、地址等基本信息；

（2）预约定价安排涉及的关联交易及适用年度；

（3）预约定价安排选用的定价原则和计算方法，以及可比价格或者可比利润水平等；

（4）与转让定价方法运用和计算基础相关的术语定义；

(5) 假设条件及假设条件变动通知义务；

(6) 企业年度报告义务；

(7) 预约定价安排的效力；

(8) 预约定价安排的续签；

(9) 预约定价安排的生效、修订和终止；

(10) 争议的解决；

(11) 文件资料等信息的保密义务；

(12) 单边预约定价安排的信息交换；

(13) 附则。

摘自2016年10月11日《国家税务总局关于完善预约定价安排管理有关事项的公告》(国家税务总局公告2016年第64号)

3. 预约定价安排的签订

主管税务机关与企业就单边预约定价安排文本达成一致后，双方的法定代表人或者法定代表人授权的代表签署单边预约定价安排。

国家税务总局与税收协定缔约对方税务主管当局就双边或者多边预约定价安排文本达成一致后，双方或者多方税务主管当局授权的代表签署双边或者多边预约定价安排。

摘自2016年10月11日《国家税务总局关于完善预约定价安排管理有关事项的公告》(国家税务总局公告2016年第64号)

4. 预约定价安排的暂停和终止

在预约定价安排签署前，税务机关和企业均可暂停、终止预约定价安排程序。税务机关发现企业或者其关联方故意不提供与谈签预约定价安排有关的必要资料，或者提供虚假、不完整资料，或者存在其他不配合的情形，使预约定价安排难以达成一致的，可以暂停、终止预约定价安排程序。涉及双边或者多边预约定价安排的，经税收协定缔约各方税务主管当局协商，可以暂停、终止预约定价安排程序。税务机关暂停、终止预约定价安排程序的，应当向企业送达《税务事项通知书》，并说明原因；企业暂停、终止预约定价安排程序的，应当向税务机关提交书面说明。

没有按照规定的权限和程序签署预约定价安排，或者税务机关发现企业隐瞒事实的，应当认定预约定价安排自始无效，并向企业送达《税务事项通知书》，说明原因；发现企业拒不执行预约定价安排或者存在违反预约定价安排的其他情况，可以视情况进行处理，直至终止预约定价安排。

摘自2016年10月11日《国家税务总局关于完善预约定价安排管理有关事项的公告》（国家税务总局公告2016年第64号）

七、监控执行

1. 预约定价安排的执行

国家税务总局应当将预约定价安排转发主管税务机关。主管税务机关应当向企业送达《税务事项通知书》，附送预约定价安排，并做好执行工作。

预约定价安排涉及适用年度或者追溯年度补（退）税款的，税务机关应当按照纳税年度计算应补征或者退还的税款，并向企业送达《预约定价安排补（退）税款通知书》。

摘自2016年10月11日《国家税务总局关于完善预约定价安排管理有关事项的公告》（国家税务总局公告2016年第64号）

2. 预约定价安排年度获利水平的调整

预约定价安排采用四分位法确定价格或者利润水平，在预约定价安排执行期间，如果企业当年实际经营结果在四分位区间之外，税务机关可以将实际经营结果调整到四分位区间中位值。预约定价安排执行期满，企业各年度经营结果的加权平均值低于区间中位值，且未调整至中位值的，税务机关不再受理续签申请。

双边或者多边预约定价安排执行期间存在上述问题的，主管税务机关应当及时将有关情况层报国家税务总局。

摘自2016年10月11日《国家税务总局关于完善预约定价安排管理有关事项的公告》（国家税务总局公告2016年第64号）

3. 预约定价安排的监控执行

税务机关应当监控预约定价安排的执行情况。

（1）预约定价安排执行期间，企业应当完整保存与预约定价安排有关的文件和资料，包括账簿和有关记录等，不得丢失、销毁和转移。

企业应当在纳税年度终了后6个月内，向主管税务机关报送执行预约定价安排情况的纸质版和电子版年度报告，主管税务机关将电子版年度报告报送国家税务总局；涉及双边或者多边预约定价安排的，企业应当向主管税务机关报送执行预约定价安排情况的纸质版和电子版年度报告，同时将电子版年度报告报送国家税务总局。

年度报告应当说明报告期内企业经营情况以及执行预约定价安排的情况。需要修订、终止预约定价安排，或者有未决问题或者预计将要发生问题的，应当作出说明。

（2）预约定价安排执行期间，主管税务机关应当每年监控企业执行预约定价安排的情况。监控内容主要包括：企业是否遵守预约定价安排条款及要求；年度报告是否反映企业的实际经营情况；预约定价安排所描述的假设条件是否仍然有效等。

（3）预约定价安排执行期间，企业发生影响预约定价安排的实质性变化，应当在发生变化之日起30日内书面报告主管税务机关，详细说明该变化对执行预约定价安排的影响，并附送相关资料。由于非主观原因而无法按期报告的，可以延期报告，但延长期限不得超过30日。

税务机关应当在收到企业书面报告后，分析企业实质性变化情况，根据实质性变化对预约定价安排的影响程度，修订或者终止预约定价安排。签署的预约定价安排终止执行的，税务机关可以和企业按照本公告规定的程序和要求，重新谈签预约定价安排。

摘自2016年10月11日《国家税务总局关于完善预约定价安排管理有关事项的公告》（国家税务总局公告2016年第64号）

4. 预约定价安排的续签

预约定价安排执行期满后自动失效。企业申请续签的，应当在预约定价安排执行期满之日前90日内向税务机关提出续签申请，报送《预约定价安排续签申请书》，并提供执行现行预约定价安排情况的报告，现行预约定价安排所述事实和经营环境是否发生实质性变化的说明材料以及续签预约定价安排年度的预测情况等相关资料。

摘自2016年10月11日《国家税务总局关于完善预约定价安排管理有关事项的公告》（国家税务总局公告2016年第64号）

预约定价安排执行期满，企业各年度经营结果的加权平均值低于区间中位值，且未调整至中位值的，税务机关不再受理续签申请。

摘自2016年10月11日《国家税务总局关于完善预约定价安排管理有关事项的公告》（国家税务总局公告2016年第64号）

5. 预约定价安排谈签或执行的协调

预约定价安排同时涉及两个或者两个以上省、自治区、直辖市和计划单列市税务机关的，由国家税务总局统一组织协调。

企业申请上述单边预约定价安排的，应当同时向国家税务总局及其指定的税务机关提出谈签预约定价安排的相关申请。国家税务总局可以与企业统一签署单边预约定价安排，或者指定税务机关与企业统一签署单边预约定价安排，也可以由各主管税务机关与企业分别签署单边预约定价安排。

单边预约定价安排涉及一个省、自治区、直辖市和计划单列市内两个或者两个以上主管税务机关的，由省、自治区、直辖市和计划单列市相应税务机关统一组织协调。

摘自2016年10月11日《国家税务总局关于完善预约定价安排管理有关事项的公告》（国家税务总局公告2016年第64号）

6. 税企双方的保密义务

税务机关与企业在预约定价安排谈签过程中取得的所有信息资料，双方均负有保密义务。除依法应当向有关部门提供信息的情况外，未经纳税人同意，税务机关不得以任何方式泄露预约定价安排相关信息。

摘自2016年10月11日《国家税务总局关于完善预约定价安排管理有关事项的公告》（国家税务总局公告2016年第64号）

7. 非事实性信息的使用

税务机关与企业不能达成预约定价安排的，税务机关在协商过程中所取得的有关企业的提议、推理、观念和判断等非事实性信息，不得用于对该预约定价安排涉及关联交易的特别纳税调查调整。

摘自2016年10月11日《国家税务总局关于完善预约定价安排管理有关事项的公告》（国家税务总局公告2016年第64号）

8. 税企分歧的处理

预约定价安排执行期间，主管税务机关与企业发生分歧的，双方应当进行协商。协商不能解决的，可以报上一级税务机关协调；涉及双边或者多边预约定价安排的，必须层报国家税务总局协调。对上一级税务机关或者国家税务总局的决定，下一级税务机关应当予以执行。企业仍不能接受的，可以终止预约定价安排的执行。

摘自2016年10月11日《国家税务总局关于完善预约定价安排管理有关事项的公告》（国家税务总局公告2016年第64号）

八、单边预约定价安排信息交换

除涉及国家安全的信息以外，国家税务总局可以按照对外缔结的国际公约、协定、协议等有关规定，与其他国家（地区）税务主管当局就2016年4月1日以后签署的单边预约定价安排文本实施信息交换。企业应当在签署单边预约定价安排时提供其最终控股公司、上一级直接控股公司及单边预约定价安排涉及的境外关联方所在国家（地区）的名单。

摘自2016年10月11日《国家税务总局关于完善预约定价安排管理有关事项的公告》（国家税务总局公告2016年第64号）

九、单边预约定价安排适用简易程序

1. 简易程序的阶段

简易程序包括申请评估、协商签署和监控执行3个阶段。

摘自2021年7月26日《国家税务总局关于单边预约定价安排适用简易程序有关事项的公告》（国家税务总局公告2021年第24号）

2. 简易程序的适用条件

企业在主管税务机关向其送达受理申请的《税务事项通知书》之日所属纳税

年度前3个年度，每年度发生的关联交易金额4000万元人民币以上，并符合下列条件之一的，可以申请适用简易程序。

（1）已向主管税务机关提供拟提交申请所属年度前3个纳税年度的、符合《国家税务总局关于完善关联申报和同期资料管理有关事项的公告》（2016年第42号）规定的同期资料；

（2）自企业提交申请之日所属纳税年度前10个年度内，曾执行预约定价安排，且执行结果符合安排要求的；

（3）自企业提交申请之日所属纳税年度前10个年度内，曾受到税务机关特别纳税调查调整且结案的。

摘自2021年7月26日《国家税务总局关于单边预约定价安排适用简易程序有关事项的公告》（国家税务总局公告2021年第24号）

同时涉及两个或者两个以上省、自治区、直辖市和计划单列市税务机关的单边预约定价安排，暂不适用简易程序。

摘自2021年7月26日《国家税务总局关于单边预约定价安排适用简易程序有关事项的公告》（国家税务总局公告2021年第24号）

3. 简易程序的适用期限

单边预约定价安排适用于主管税务机关向企业送达受理申请的《税务事项通知书》之日所属纳税年度起3至5个年度的关联交易。

摘自2021年7月26日《国家税务总局关于单边预约定价安排适用简易程序有关事项的公告》（国家税务总局公告2021年第24号）

4. 简易程序的申请评估及受理

企业应当向主管税务机关提出适用简易程序的申请，主管税务机关分析评估后，决定是否受理。

（1）适用简易程序的申请报告内容

企业有申请意向的，应当向主管税务机关提交《单边预约定价安排简易程序申请书》（附件），并附送申请报告。申请报告包括以下内容：

①单边预约定价安排涉及的关联方及关联交易；

②单边预约定价安排的适用年度；

③单边预约定价安排是否追溯适用以前年度；

④企业及其所属企业集团的组织结构和管理架构；

⑤企业最近3至5个纳税年度生产经营情况、财务会计报告、审计报告、同期资料等；

⑥单边预约定价安排涉及各关联方功能和风险的说明，包括功能和风险划分所依据的机构、人员、费用、资产等；

⑦单边预约定价安排使用的定价原则和计算方法，以及支持这一定价原则和计算方法的功能风险分析、可比性分析和假设条件等；

⑧价值链或者供应链分析，以及对成本节约、市场溢价等地域特殊优势的考虑；

⑨市场情况的说明，包括行业发展趋势和竞争环境等；

⑩单边预约定价安排适用期间的年度经营规模、经营效益预测以及经营规划等；

⑪对单边预约定价安排有影响的境内、外行业相关法律、法规；

⑫符合本公告第三条的有关情况；

⑬其他需要说明的情况。

（2）不予受理企业提交申请的情形

有下列情形之一的，主管税务机关不予受理企业提交的申请：

①税务机关已经对企业实施特别纳税调整立案调查或者其他涉税案件调查，且尚未结案；

②未按照有关规定填报年度关联业务往来报告表，且不按时更正；

③未按照有关规定准备、保存和提供同期资料；

④未按照本公告要求提供相关资料或者提供的资料不符合税务机关要求，且不按时补正或者更正；

⑤拒不配合税务机关进行功能和风险实地访谈。

（3）税务机关分析评估

主管税务机关收到企业申请后，应当开展分析评估，进行功能和风险实地访谈，并于收到企业申请之日起90日内向企业送达《税务事项通知书》，告知其是否受理；不予受理的，说明理由。

摘自2021年7月26日《国家税务总局关于单边预约定价安排适用简易程序有关事项的公告》（国家税务总局公告2021年第24号）

5. 简易程序的协商签署

主管税务机关受理企业申请后，应当与企业就其关联交易是否符合独立交易原则进行协商，并于向企业送达受理申请的《税务事项通知书》之日起6个月内协商完毕。协商期间，主管税务机关可以要求企业补充提交相关资料，企业补充提交资料时间不计入上述6个月内。

（1）主管税务机关与企业协商一致的，应当拟定单边预约定价安排文本。双方的法定代表人或法定代表人授权的代表签署单边预约定价安排。

（2）主管税务机关不能与企业协商一致的，应当向企业送达终止简易程序的《税务事项通知书》。企业可以按照64号公告[①]的规定，重新申请单边预约定价安排。已经提交过的资料，无需重复提交。

摘自2021年7月26日《国家税务总局关于单边预约定价安排适用简易程序有关事项的公告》（国家税务总局公告2021年第24号）

6. 简易程序的监控执行

税务机关应当按照64号公告[②]的要求，做好单边预约定价安排的监控执行工作。

单边预约定价安排执行期间，企业发生影响单边预约定价安排的实质性变化，导致终止执行的，可以按照本公告的规定，重新申请单边预约定价安排。

摘自2021年7月26日《国家税务总局关于单边预约定价安排适用简易程序有关事项的公告》（国家税务总局公告2021年第24号）

第七节　成本分摊协议管理

一、基本规定

1. 成本分摊协议管理的含义

成本分摊协议管理是指税务机关按照所得税法第四十一条第二款的规定，对

---

①② 编者注：64号公告是指《国家税务总局关于完善预约定价安排管理有关事项的公告》（国家税务总局公告2016年第64号）。

企业与其关联方签署的成本分摊协议是否符合独立交易原则进行审核评估和调查调整等工作的总称。

摘自2009年1月8日《国家税务总局关于印发〈特别纳税调整实施办法（试行）〉的通知》（国税发〔2009〕2号）

2. 成本分摊协议的原则

成本分摊协议的参与方对开发、受让的无形资产或参与的劳务活动享有受益权，并承担相应的活动成本。关联方承担的成本应与非关联方在可比条件下为获得上述受益权而支付的成本相一致。

参与方使用成本分摊协议所开发或受让的无形资产不需另支付特许权使用费。

企业对成本分摊协议所涉及无形资产或劳务的受益权应有合理的、可计量的预期收益，且以合理商业假设和营业常规为基础。

摘自2009年1月8日《国家税务总局关于印发〈特别纳税调整实施办法（试行）〉的通知》（国税发〔2009〕2号）

3. 涉及劳务的成本分摊协议适用范围

涉及劳务的成本分摊协议一般适用于集团采购和集团营销策划。

摘自2009年1月8日《国家税务总局关于印发〈特别纳税调整实施办法（试行）〉的通知》（国税发〔2009〕2号）

4. 成本分摊协议的内容

成本分摊协议主要包括以下内容：

（1）参与方的名称、所在国家（地区）、关联关系、在协议中的权利和义务；

（2）成本分摊协议所涉及的无形资产或劳务的内容、范围，协议涉及研发或劳务活动的具体承担者及其职责、任务；

（3）协议期限；

（4）参与方预期收益的计算方法和假设；

（5）参与方初始投入和后续成本支付的金额、形式、价值确认的方法以及符合独立交易原则的说明；

（6）参与方会计方法的运用及变更说明；

(7) 参与方加入或退出协议的程序及处理规定；

(8) 参与方之间补偿支付的条件及处理规定；

(9) 协议变更或终止的条件及处理规定；

(10) 非参与方使用协议成果的规定。

摘自2009年1月8日《国家税务总局关于印发〈特别纳税调整实施办法(试行)〉的通知》(国税发〔2009〕2号)

5. 成本分摊协议的报送规定

企业应自与关联方签订（变更）成本分摊协议之日起30日内，向主管税务机关报送成本分摊协议副本，并在年度企业所得税纳税申报时，附送《中华人民共和国企业年度关联业务往来报告表》。

摘自2015年6月16日《国家税务总局关于规范成本分摊协议管理的公告》(国家税务总局公告2015年第45号)

6. 变更或终止的处理

已经执行并形成一定资产的成本分摊协议，参与方发生变更或协议终止执行，应根据独立交易原则做如下处理：

(1) 加入支付，即新参与方为获得已有协议成果的受益权应做出合理的支付；

(2) 退出补偿，即原参与方退出协议安排，将已有协议成果的受益权转让给其他参与方应获得合理的补偿；

(3) 参与方变更后，应对各方受益和成本分摊情况做出相应调整；

(4) 协议终止时，各参与方应对已有协议成果做出合理分配。

企业不按独立交易原则对上述情况做出处理而减少其应纳税所得额的，税务机关有权做出调整。

摘自2009年1月8日《国家税务总局关于印发〈特别纳税调整实施办法(试行)〉的通知》(国税发〔2009〕2号)

二、成本分摊协议的税务处理

1. 成本分摊协议补偿调整

企业执行成本分摊协议期间，参与方实际分享的收益与分摊的成本不配比的，应当根据实际情况做出补偿调整。参与方未做补偿调整的，税务机关应当实施特别纳税调查调整。

摘自 2015 年 6 月 16 日《国家税务总局关于规范成本分摊协议管理的公告》（国家税务总局公告 2015 年第 45 号）

2. 符合独立交易原则的成本分摊协议的税务处理

对于符合独立交易原则的成本分摊协议，有关税务处理如下：

（1）企业按照协议分摊的成本，应在协议规定的各年度税前扣除；

（2）涉及补偿调整的，应在补偿调整的年度计入应纳税所得额；

（3）涉及无形资产的成本分摊协议，加入支付、退出补偿或终止协议时对协议成果分配的，应按资产购置或处置的有关规定处理。

摘自 2009 年 1 月 8 日《国家税务总局关于印发〈特别纳税调整实施办法（试行）〉的通知》（国税发〔2009〕2 号）

3. 预约定价方式达成成本分摊协议

企业可根据本办法第六章的规定采取预约定价安排的方式达成成本分摊协议。

摘自 2009 年 1 月 8 日《国家税务总局关于印发〈特别纳税调整实施办法（试行）〉的通知》（国税发〔2009〕2 号）

4. 自行分摊成本不得税前扣除的情形

企业与其关联方签署成本分摊协议，有下列情形之一的，其自行分摊的成本不得税前扣除：

（1）不具有合理商业目的和经济实质；

（2）不符合独立交易原则；

（3）没有遵循成本与收益配比原则；

（4）未按本办法有关规定备案或准备、保存和提供有关成本分摊协议的同期资料；

（5）自签署成本分摊协议之日起经营期限少于 20 年。

摘自 2009 年 1 月 8 日《国家税务总局关于印发〈特别纳税调整实施办法（试行）〉的通知》（国税发〔2009〕2 号）

5. 成本分摊协议的后续管理

税务机关应当加强成本分摊协议的后续管理，对不符合独立交易原则和成本与收益相匹配原则的成本分摊协议，实施特别纳税调查调整。

摘自2015年6月16日《国家税务总局关于规范成本分摊协议管理的公告》（国家税务总局公告2015年第45号）

第八节　受控外国企业管理

一、基本规定

1. 受控外国企业管理的含义

受控外国企业管理是指税务机关按照所得税法第四十五条的规定，对受控外国企业不作利润分配或减少分配进行审核评估和调查，并对归属于中国居民企业所得进行调整等工作的总称。

摘自2009年1月8日《国家税务总局关于印发〈特别纳税调整实施办法（试行）〉的通知》（国税发〔2009〕2号）

2. 受控外国企业的范围

受控外国企业是指由居民企业，或者由居民企业和中国居民控制的依照外国（地区）法律成立且实际管理机构不在中国境内的企业。

在判定控制时，多层间接持有股份按各层持股比例相乘计算，中间层持有股份超过50%的，按100%计算。

摘自2023年9月7日《国家税务总局关于优化纳税服务　简并居民企业报告境外投资和所得信息有关报表的公告》（国家税务总局公告2023年第17号）

3. 中国居民企业股东的报送义务

居民企业或其通过境内合伙企业，在一个纳税年度中的任何一天，直接或间接持有外国企业股份或有表决权股份达到10%（含）以上的，应当在办理该年度企业所得税年度申报时向主管税务机关报送简并后的《居民企业境外投资信息报告表》。

摘自2023年9月7日《国家税务总局关于优化纳税服务　简并居民企业报告境外投资和所得信息有关报表的公告》（国家税务总局公告2023年第17号）

二、对中国居民企业股东的税务处理

1. 视同股息分配所得的计算

计入中国居民企业股东当期的视同受控外国企业股息分配的所得，应按以下公式计算：

中国居民企业股东当期所得＝视同股息分配额×实际持股天数÷受控外国企业纳税年度天数×股东持股比例

中国居民股东多层间接持有股份的，股东持股比例按各层持股比例相乘计算。

摘自2009年1月8日《国家税务总局关于印发〈特别纳税调整实施办法（试行）〉的通知》（国税发〔2009〕2号）

2. 纳税年度差异的股息处理

受控外国企业与中国居民企业股东纳税年度存在差异的，应将视同股息分配所得计入受控外国企业纳税年度终止日所属的中国居民企业股东的纳税年度。

摘自2009年1月8日《国家税务总局关于印发〈特别纳税调整实施办法（试行）〉的通知》（国税发〔2009〕2号）

3. 受控外国企业缴纳税款的抵免

计入中国居民企业股东当期所得已在境外缴纳的企业所得税税款，可按照所得税法或税收协定的有关规定抵免。

摘自2009年1月8日《国家税务总局关于印发〈特别纳税调整实施办法（试行）〉的通知》（国税发〔2009〕2号）

4. 视同股息分配所得避免重复征税的处理

受控外国企业实际分配的利润已根据所得税法第四十五条规定征税的，不再计入中国居民企业股东的当期所得。

摘自2009年1月8日《国家税务总局关于印发〈特别纳税调整实施办法（试行）〉的通知》（国税发〔2009〕2号）

5. 视同股息分配所得的豁免条件

中国居民企业股东能够提供资料证明其控制的外国企业满足以下条件之一的，可免于将外国企业不作分配或减少分配的利润视同股息分配额，计入中国居民企业股东的当期所得：

（1）设立在国家税务总局指定的非低税率国家（地区）；

（2）主要取得积极经营活动所得；

（3）年度利润总额低于500万元人民币。

摘自2009年1月8日《国家税务总局关于印发〈特别纳税调整实施办法（试行）〉的通知》（国税发〔2009〕2号）

三、免于判定受控外国企业的国家

根据《中华人民共和国企业所得税法》第四十五条的规定，为了简化判定由中国居民企业，或者由中国居民企业和居民个人控制的外国企业的实际税负，现明确如下：

中国居民企业或居民个人能够提供资料证明其控制的外国企业设立在美国、英国、法国、德国、日本、意大利、加拿大、澳大利亚、印度、南非、新西兰和挪威的，可免于将该外国企业不作分配或者减少分配的利润视同股息分配额，计入中国居民企业的当期所得。

摘自2009年1月21日《国家税务总局关于简化判定中国居民股东控制外国企业所在国实际税负的通知》（国税函〔2009〕37号）

第九节　资本弱化管理

一、基本规定

1. 资本弱化管理的含义

资本弱化管理是指税务机关按照所得税法第四十六条的规定，对企业接受关联方债权性投资与企业接受的权益性投资的比例是否符合规定比例或独立交易原则进行审核评估和调查调整等工作的总称。

摘自2009年1月8日《国家税务总局关于印发〈特别纳税调整实施办法（试行）〉的通知》（国税发〔2009〕2号）

2. 不得扣除利息支出的计算公式

所得税法第四十六条所称不得在计算应纳税所得额时扣除的利息支出应按以下公式计算：

不得扣除利息支出 = 年度实际支付的全部关联方利息 ×（1 – 标准比例/关联债资比例）

其中：

标准比例是指《财政部　国家税务总局关于企业关联方利息支出税前扣除标准有关税收政策问题的通知》（财税〔2008〕121号）规定的比例。

关联债资比例是指根据所得税法第四十六条及所得税法实施条例第一百一十九条的规定，企业从其全部关联方接受的债权性投资（以下简称关联债权投资）占企业接受的权益性投资（以下简称权益投资）的比例，关联债权投资包括关联方以各种形式提供担保的债权性投资。

摘自2009年1月8日《国家税务总局关于印发〈特别纳税调整实施办法（试行）〉的通知》（国税发〔2009〕2号）

3. 利息支出的范围

所得税法第四十六条所称的利息支出包括直接或间接关联债权投资实际支付的利息、担保费、抵押费和其他具有利息性质的费用。

“实际支付利息”是指企业按照权责发生制原则计入相关成本、费用的利息。

企业实际支付关联方利息存在转让定价问题的，税务机关应首先按照本办法第五章的有关规定实施转让定价调查调整。

摘自2009年1月8日《国家税务总局关于印发〈特别纳税调整实施办法（试行）〉的通知》（国税发〔2009〕2号）

4. 关联方利息支出税前扣除的标准比例

在计算应纳税所得额时，企业实际支付给关联方的利息支出，不超过以下规定比例和税法及其实施条例有关规定计算的部分，准予扣除，超过的部分不得在发生当期和以后年度扣除。

企业实际支付给关联方的利息支出，除符合本通知第二条规定外，其接受关联方债权性投资与其权益性投资比例为：

（1）金融企业，为5∶1；

（2）其他企业，为2∶1。

企业同时从事金融业务和非金融业务，其实际支付给关联方的利息支出，应按照合理方法分开计算；没有按照合理方法分开计算的，一律按本通知第一条有关其他企业的比例计算准予税前扣除的利息支出。

摘自2008年9月19日《财政部　国家税务总局关于企业关联方利息支出税前扣除标准有关税收政策问题的通知》（财税〔2008〕121号）

5. 关联债资比例的计算方法

关联债资比例的具体计算方法如下：

关联债资比例＝年度各月平均关联债权投资之和/年度各月平均权益投资之和

其中：

各月平均关联债权投资＝(关联债权投资月初账面余额＋月末账面余额)/2

各月平均权益投资＝(权益投资月初账面余额＋月末账面余额)/2

权益投资为企业资产负债表所列示的所有者权益金额。如果所有者权益小于实收资本（股本）与资本公积之和，则权益投资为实收资本（股本）与资本公积之和；如果实收资本（股本）与资本公积之和小于实收资本（股本）金额，则权益投资为实收资本（股本）金额。

摘自2009年1月8日《国家税务总局关于印发〈特别纳税调整实施办法（试行）〉的通知》（国税发〔2009〕2号）

二、税务处理

1. 不得税前扣除利息支出的税务处理

所得税法第四十六条规定不得在计算应纳税所得额时扣除的利息支出，不得结转到以后纳税年度；应按照实际支付给各关联方利息占关联方利息总额的比例，在各关联方之间进行分配，其中，分配给实际税负高于企业的境内关联方的利息准予扣除；直接或间接实际支付给境外关联方的利息应视同分配的股息，按照股息和利息分别适用的所得税税率差补征企业所得税，如已扣缴的所得税税款多于按股息计算应征所得税税款，多出的部分不予退税。

摘自2009年1月8日《国家税务总局关于印发〈特别纳税调整实施办法（试行）〉的通知》（国税发〔2009〕2号）

2. 超出标准比例利息支出税前扣除的特殊规定

企业如果能够按照税法①及其实施条例的有关规定提供相关资料，并证明相关交易活动符合独立交易原则的；或者该企业的实际税负不高于境内关联方的，其实际支付给境内关联方的利息支出，在计算应纳税所得额时准予扣除。

摘自2008年9月19日《财政部　国家税务总局关于企业关联方利息支出税前扣除标准有关税收政策问题的通知》（财税〔2008〕121号）

3. 超过标准比例利息支出可税前扣除的证明资料

企业关联债资比例超过标准比例需要说明符合独立交易原则的，应当准备资本弱化特殊事项文档。

摘自2016年6月29日《国家税务总局关于完善关联申报和同期资料管理有关事项的公告》（国家税务总局公告2016年第42号）

第十节　一般反避税管理

一、基本规定

1. 一般反避税管理的含义

一般反避税管理是指税务机关按照所得税法第四十七条的规定，对企业实施其他不具有合理商业目的的安排而减少其应纳税收入或所得额进行审核评估和调查调整等工作的总称。

摘自2009年1月8日《国家税务总局关于印发〈特别纳税调整实施办法（试行）〉的通知》（国税发〔2009〕2号）

---

① 编者注：税法即《中华人民共和国企业所得税法》。

2. 一般反避税管理办法的适用

本办法适用于税务机关按照企业所得税法第四十七条、企业所得税法实施条例第一百二十条的规定，对企业实施的不具有合理商业目的而获取税收利益的避税安排，实施的特别纳税调整。

下列情况不适用本办法：

（1）与跨境交易或者支付无关的安排；

（2）涉嫌逃避缴纳税款、逃避追缴欠税、骗税、抗税以及虚开发票等税收违法行为。

税收利益是指减少、免除或者推迟缴纳企业所得税应纳税额。

避税安排具有以下特征：

（1）以获取税收利益为唯一目的或者主要目的；

（2）以形式符合税法规定、但与其经济实质不符的方式获取税收利益。

摘自2014年12月2日《一般反避税管理办法（试行）》（国家税务总局令第32号）

3. 一般反避税的审批权限

一般反避税调查及调整须层报国家税务总局批准。

摘自2009年1月8日《国家税务总局关于印发〈特别纳税调整实施办法（试行）〉的通知》（国税发〔2009〕2号）

4. 启动一般反避税调查的情形

税务机关可依据所得税法第四十七条及所得税法实施条例第一百二十条的规定对存在以下避税安排的企业，启动一般反避税调查：

（1）滥用税收优惠；

（2）滥用税收协定；

（3）滥用公司组织形式；

（4）利用避税港避税；

（5）其他不具有合理商业目的的安排。

摘自2009年1月8日《国家税务总局关于印发〈特别纳税调整实施办法（试行）〉的通知》（国税发〔2009〕2号）

5. 避税安排的审核内容

税务机关应按照实质重于形式的原则审核企业是否存在避税安排，并综合考虑安排的以下内容：

（1）安排的形式和实质；

（2）安排订立的时间和执行期间；

（3）安排实现的方式；

（4）安排各个步骤或组成部分之间的联系；

（5）安排涉及各方财务状况的变化；

（6）安排的税收结果。

摘自2009年1月8日《国家税务总局关于印发〈特别纳税调整实施办法（试行）〉的通知》（国税发〔2009〕2号）

二、税务处理原则

1. 避税安排的重新定性

税务机关应按照经济实质对企业的避税安排重新定性，取消企业从避税安排获得的税收利益。

摘自2009年1月8日《国家税务总局关于印发〈特别纳税调整实施办法（试行）〉的通知》（国税发〔2009〕2号）

2. 避税港企业的穿透处理

对于没有经济实质的企业，特别是设在避税港并导致其关联方或非关联方避税的企业，可在税收上否定该企业的存在。

摘自2009年1月8日《国家税务总局关于印发〈特别纳税调整实施办法（试行）〉的通知》（国税发〔2009〕2号）

三、调查程序

1. 立案

各级税务机关应当结合工作实际，应用各种数据资源，如企业所得税汇算清缴、纳税评估、同期资料管理、对外支付税务管理、股权转让交易管理、税收协定执行等，及时发现一般反避税案源。

主管税务机关发现企业存在避税嫌疑的，层报省、自治区、直辖市和计划单列市（以下简称省）税务机关复核同意后，报税务总局申请立案。

省税务机关应当将税务总局形成的立案申请审核意见转发主管税务机关。税务总局同意立案的，主管税务机关实施一般反避税调查。

摘自2014年12月2日《一般反避税管理办法（试行）》（国家税务总局令第32号）

2. 调查的程序及方法

主管税务机关实施一般反避税调查时，应当向被调查企业送达《税务检查通知书》。

主管税务机关实施一般反避税调查时，可以要求为企业筹划安排的单位或者个人（以下简称筹划方）提供有关资料及证明材料。

一般反避税调查涉及向筹划方、关联方以及与关联业务调查有关的其他企业调查取证的，主管税务机关应当送达《税务事项通知书》。

主管税务机关审核企业、筹划方、关联方以及与关联业务调查有关的其他企业提供的资料，可以采用现场调查、发函协查和查阅公开信息等方式核实。需取得境外有关资料的，可以按有关规定启动税收情报交换程序，或者通过我驻外机构调查收集有关信息。涉及境外关联方相关资料的，主管税务机关也可以要求企业提供公证机构的证明。

摘自2014年12月2日《一般反避税管理办法（试行）》（国家税务总局令第32号）

3. 企业的举证时限及责任

企业应自收到通知书之日起60日内提供资料证明其安排具有合理的商业目的。企业未在规定期限内提供资料，或提供资料不能证明安排具有合理商业目的的，税务机关可根据已掌握的信息实施纳税调整，并向企业送达《特别纳税调查调整通知书》。

摘自2009年1月8日《国家税务总局关于印发〈特别纳税调整实施办法（试行）〉的通知》（国税发〔2009〕2号）

被调查企业认为其安排不属于本办法所称避税安排的，应当自收到《税务检查通知书》之日起60日内提供下列资料：

（1）安排的背景资料；

（2）安排的商业目的等说明文件；

（3）安排的内部决策和管理资料，如董事会决议、备忘录、电子邮件等；

（4）安排涉及的详细交易资料，如合同、补充协议、收付款凭证等；

（5）与其他交易方的沟通信息；

（6）可以证明其安排不属于避税安排的其他资料；

（7）税务机关认为有必要提供的其他资料。

企业因特殊情况不能按期提供的，可以向主管税务机关提交书面延期申请，经批准可以延期提供，但是最长不得超过30日。主管税务机关应当自收到企业延期申请之日起15日内书面回复。逾期未回复的，视同税务机关同意企业的延期申请。

企业拒绝提供资料的，主管税务机关可以按照税收征管法第三十五条的规定进行核定。

摘自2014年12月2日《一般反避税管理办法（试行）》（国家税务总局令第32号）

4. 一般反避税的调整方法及与其他政策的衔接

税务机关应当以具有合理商业目的和经济实质的类似安排为基准，按照实质重于形式的原则实施特别纳税调整。调整方法包括：

（1）对安排的全部或者部分交易重新定性；

（2）在税收上否定交易方的存在，或者将该交易方与其他交易方视为同一实体；

（3）对相关所得、扣除、税收优惠、境外税收抵免等重新定性或者在交易各方间重新分配；

（4）其他合理方法。

企业的安排属于转让定价、成本分摊、受控外国企业、资本弱化等其他特别纳税调整范围的，应当首先适用其他特别纳税调整相关规定。

企业的安排属于受益所有人、利益限制等税收协定执行范围的，应当首先适用税收协定执行的相关规定。

摘自2014年12月2日《一般反避税管理办法（试行）》（国家税务总局令第32号）

5. 税务机关结案流程

（1）主管税务机关根据调查过程中获得的相关资料，自税务总局同意立案之日起9个月内进行审核，综合判断企业是否存在避税安排，形成案件不予调整或者初步调整方案的意见和理由，层报省税务机关复核同意后，报税务总局申请结案。

（2）主管税务机关应当根据税务总局形成的结案申请审核意见，分别以下情况进行处理：

①同意不予调整的，向被调查企业下发《特别纳税调查结论通知书》；

②同意初步调整方案的，向被调查企业下发《特别纳税调查初步调整通知书》；

③税务总局有不同意见的，按照税务总局的意见修改后再次层报审核。

被调查企业在收到《特别纳税调查初步调整通知书》之日起7日内未提出异议的，主管税务机关应当下发《特别纳税调查调整通知书》。

被调查企业在收到《特别纳税调查初步调整通知书》之日起7日内提出异议，但是主管税务机关经审核后认为不应采纳的，应将被调查企业的异议及不应采纳的意见和理由层报省税务机关复核同意后，报税务总局再次申请结案。

被调查企业在收到《特别纳税调查初步调整通知书》之日起7日内提出异议，主管税务机关经审核后认为确需对调整方案进行修改的，应当将被调查企业的异议及修改后的调整方案层报省税务机关复核同意后，报税务总局再次申请结案。

（3）主管税务机关应当根据税务总局考虑企业异议形成的结案申请审核意见，分别以下情况进行处理：

①同意不应采纳企业所提异议的，向被调查企业下发《特别纳税调查调整通知书》；

②同意修改后调整方案的，向被调查企业下发《特别纳税调查调整通知书》；

③税务总局有不同意见的，按照税务总局的意见修改后再次层报审核。

摘自2014年12月2日《一般反避税管理办法（试行）》（国家税务总局令第32号）

6. 争议处理

被调查企业对主管税务机关作出的一般反避税调整决定不服的，可以按照有关法律法规的规定申请法律救济。

主管税务机关作出的一般反避税调整方案导致国内双重征税的，由税务总局统一组织协调解决。

被调查企业认为我国税务机关作出的一般反避税调整，导致国际双重征税或者不符合税收协定规定征税的，可以按照税收协定及其相关规定申请启动相互协商程序。

摘自 2014 年 12 月 2 日《一般反避税管理办法（试行）》（国家税务总局令第 32 号）

第十一节　相 互 协 商

一、基本规定

1. 相互协商的含义

根据我国对外签署的税收协定的有关规定，国家税务总局可以依据企业申请或者税收协定缔约对方税务主管当局请求启动相互协商程序，与税收协定缔约对方税务主管当局开展协商谈判，避免或者消除由特别纳税调整事项引起的国际重复征税。

摘自 2017 年 3 月 17 日《国家税务总局关于发布〈特别纳税调查调整及相互协商程序管理办法〉的公告》（国家税务总局公告 2017 年第 6 号）

2. 相互协商的内容

相互协商内容包括：

（1）双边或者多边预约定价安排的谈签；

（2）税收协定缔约一方实施特别纳税调查调整引起另一方相应调整的协商谈判。

摘自 2017 年 3 月 17 日《国家税务总局关于发布〈特别纳税调查调整及相互协商程序管理办法〉的公告》（国家税务总局公告 2017 年第 6 号）

二、相互协商的资料提供及启动、暂停、终止

1. 申请相互协商应提供的资料

（1）企业申请启动相互协商程序

企业申请启动相互协商程序的，应当在税收协定规定期限内，向国家税务总局书面提交《启动特别纳税调整相互协商程序申请表》和特别纳税调整事项的有关说明。企业当面报送上述资料的，以报送日期为申请日期；邮寄报送的，以国家税务总局收到上述资料的日期为申请日期。

国家税务总局收到企业提交的上述资料后，认为符合税收协定有关规定的，可以启动相互协商程序；认为资料不全的，可以要求企业补充提供资料。

（2）缔约对方税务主管当局请求启动相互协商程序

税收协定缔约对方税务主管当局请求启动相互协商程序的，国家税务总局收到正式来函后，认为符合税收协定有关规定的，可以启动相互协商程序。

国家税务总局认为税收协定缔约对方税务主管当局提供的资料不完整、事实不清晰的，可以要求对方补充提供资料，或者通过主管税务机关要求涉及的境内企业协助核实。

（3）相互协商过程中的资料补充提供

在相互协商过程中，税务机关可以要求企业进一步补充提供资料，企业应当在规定的时限内提交。

摘自2017年3月17日《国家税务总局关于发布〈特别纳税调查调整及相互协商程序管理办法〉的公告》（国家税务总局公告2017年第6号）

2. 相互协商的启动

国家税务总局决定启动相互协商程序的，应当书面通知省税务机关，并告知税收协定缔约对方税务主管当局。负责特别纳税调整事项的主管税务机关应当在收到书面通知后15个工作日内，向企业送达启动相互协商程序的《税务事项通知书》。

摘自2017年3月17日《国家税务总局关于发布〈特别纳税调查调整及相互协商程序管理办法〉的公告》（国家税务总局公告2017年第6号）

3. 相互协商程序的暂停或终止

国家税务总局决定暂停或者终止相互协商程序的，应当书面通知省税务机

关。负责特别纳税调整事项的主管税务机关应当在收到书面通知后 15 个工作日内，向企业送达暂停或者终止相互协商程序的《税务事项通知书》。

摘自 2017 年 3 月 17 日《国家税务总局关于发布〈特别纳税调查调整及相互协商程序管理办法〉的公告》（国家税务总局公告 2017 年第 6 号）

4. 拒绝启动相互协商程序请求的情形

有下列情形之一的，国家税务总局可以拒绝企业申请或者税收协定缔约对方税务主管当局启动相互协商程序的请求：

（1）企业或者其关联方不属于税收协定任一缔约方的税收居民；

（2）申请或者请求不属于特别纳税调整事项；

（3）申请或者请求明显缺乏事实或者法律依据；

（4）申请不符合税收协定有关规定；

（5）特别纳税调整案件尚未结案或者虽然已经结案但是企业尚未缴纳应纳税款。

摘自 2017 年 3 月 17 日《国家税务总局关于发布〈特别纳税调查调整及相互协商程序管理办法〉的公告》（国家税务总局公告 2017 年第 6 号）

5. 暂停相互协商程序的情形

有下列情形之一的，国家税务总局可以暂停相互协商程序：

（1）企业申请暂停相互协商程序；

（2）税收协定缔约对方税务主管当局请求暂停相互协商程序；

（3）申请必须以另一被调查企业的调查调整结果为依据，而另一被调查企业尚未结束调查调整程序；

（4）其他导致相互协商程序暂停的情形。

摘自 2017 年 3 月 17 日《国家税务总局关于发布〈特别纳税调查调整及相互协商程序管理办法〉的公告》（国家税务总局公告 2017 年第 6 号）

6. 终止相互协商程序的情形

有下列情形之一的，国家税务总局可以终止相互协商程序：

（1）企业或者其关联方不提供与案件有关的必要资料，或者提供虚假、不完整资料，或者存在其他不配合的情形；

（2）企业申请撤回或者终止相互协商程序；

（3）税收协定缔约对方税务主管当局撤回或者终止相互协商程序；

（4）其他导致相互协商程序终止的情形。

摘自2017年3月17日《国家税务总局关于发布〈特别纳税调查调整及相互协商程序管理办法〉的公告》（国家税务总局公告2017年第6号）

三、相互协商结果的送达与执行

国家税务总局与税收协定缔约对方税务主管当局签署相互协商协议后，应当书面通知省税务机关，附送相互协商协议。负责特别纳税调整事项的主管税务机关应当在收到书面通知后15个工作日内，向企业送达《税务事项通知书》，附送相互协商协议。需要补（退）税的，应当附送《特别纳税调整相互协商协议补（退）税款通知书》或者《预约定价安排补（退）税款通知书》，并监控执行补（退）税款情况。

应纳税收入或者所得额以外币计算的，应当按照相互协商协议送达企业之日上月最后一日人民币汇率中间价折合成人民币，计算应补缴或者应退还的税款。

补缴税款应当加收利息的，按照《中华人民共和国企业所得税法实施条例》第一百二十二条规定的人民币贷款基准利率执行。

摘自2017年3月17日《国家税务总局关于发布〈特别纳税调查调整及相互协商程序管理办法〉的公告》（国家税务总局公告2017年第6号）

第十二节　法律责任及利息、滞纳金加收的具体规定

一、法律责任

1. 未按规定进行关联申报、准备同期资料的法律责任

纳税人有下列行为之一的，由税务机关责令限期改正，可以处二千元以下的罚款；情节严重的，处二千元以上一万元以下的罚款。

摘自2015年4月24日《中华人民共和国税收征收管理法》（中华人民共

和国主席令第23号）第六十条

纳税人未按照规定的期限办理纳税申报和报送纳税资料的，或者扣缴义务人未按照规定的期限向税务机关报送代扣代缴、代收代缴税款报告表和有关资料的，由税务机关责令限期改正，可以处二千元以下的罚款；情节严重的，可以处二千元以上一万元以下的罚款。

摘自2015年4月24日《中华人民共和国税收征收管理法》（中华人民共和国主席令第23号）第六十二条

2. 拒绝提供、虚假提供、不完整提供资料的法律责任

被调查企业不提供特别纳税调查相关资料，或者提供虚假、不完整资料的，由税务机关责令限期改正，逾期仍未改正的，税务机关按照税收征管法及其实施细则有关规定进行处理，并依法核定其应纳税所得额。

企业或者其扣缴义务人、代理人等在相互协商中弄虚作假，或者有其他违法行为的，税务机关应当按照税收征管法及其实施细则的有关规定处理。

摘自2017年3月17日《国家税务总局关于发布〈特别纳税调查调整及相互协商程序管理办法〉的公告》（国家税务总局公告2017年第6号）

纳税人、扣缴义务人逃避、拒绝或者以其他方式阻挠税务机关检查的，由税务机关责令改正，可以处一万元以下的罚款；情节严重的，处一万元以上五万元以下的罚款。

摘自2015年4月24日《中华人民共和国税收征收管理法》（中华人民共和国主席令第23号）第七十条

纳税人、扣缴义务人有下列情形之一的，依照税收征管法第七十条的规定处罚：

（1）提供虚假资料，不如实反映情况，或者拒绝提供有关资料的；

（2）拒绝或者阻止税务机关记录、录音、录像、照相和复制与案件有关的情况和资料的；

（3）在检查期间，纳税人、扣缴义务人转移、隐匿、销毁有关资料的；

（4）有不依法接受税务检查的其他情形的。

摘自 2016 年 2 月 6 日《中华人民共和国税收征收管理法实施细则》（中华人民共和国国务院令第 666 号）第九十六条

企业不提供与其关联方之间业务往来资料，或者提供虚假、不完整资料，未能真实反映其关联业务往来情况的，税务机关有权依法核定其应纳税所得额。

摘自 2018 年 12 月 29 日《中华人民共和国企业所得税法》（中华人民共和国主席令第 23 号）第四十四条

税务机关依照企业所得税法第四十四条的规定核定企业的应纳税所得额时，可以采用下列方法：

（1）参照同类或者类似企业的利润率水平核定；

（2）按照企业成本加合理的费用和利润的方法核定；

（3）按照关联企业集团整体利润的合理比例核定；

（4）按照其他合理方法核定。

企业对税务机关按照前款规定的方法核定的应纳税所得额有异议的，应当提供相关证据，经税务机关认定后，调整核定的应纳税所得额。

摘自 2019 年 4 月 23 日《中华人民共和国企业所得税法实施条例》（中华人民共和国国务院令第 714 号）第一百一十五条

二、利息加收

1. 特别纳税调整加收利息

税务机关对企业实施特别纳税调整的，应当根据企业所得税法及其实施条例的有关规定对 2008 年 1 月 1 日以后发生交易补征的企业所得税按日加收利息。

特别纳税调查调整补缴的税款，应当按照应补缴税款所属年度的先后顺序确定补缴税款的所属年度，以入库日为截止日，分别计算应加收的利息额：

（1）企业在《特别纳税调查调整通知书》送达前缴纳或者送达后补缴税款的，应当自税款所属纳税年度的次年 6 月 1 日起至缴纳或者补缴税款之日止计算加收利息。企业超过《特别纳税调查调整通知书》补缴税款期限仍未缴纳税款的，应当自补缴税款期限届满次日起按照税收征管法及其实施细则的有关规定加收滞纳金，在加收滞纳金期间不再加收利息；

（2）利息率按照税款所属纳税年度12月31日公布的与补税期间同期的中国人民银行人民币贷款基准利率（以下简称基准利率）加5个百分点计算，并按照一年365天折算日利息率；

（3）企业按照有关规定提供同期资料及有关资料的，或者按照有关规定不需要准备同期资料但根据税务机关要求提供其他相关资料的，可以只按照基准利率加收利息。

经税务机关调查，企业实际关联交易额达到准备同期资料标准，但未按照规定向税务机关提供同期资料的，税务机关补征税款加收利息，适用本条第二款第（2）项规定。

企业自行调整补税且主动提供同期资料等有关资料，或者按照有关规定不需要准备同期资料但根据税务机关要求提供其他相关资料的，其2008年1月1日以后发生交易的自行调整补税按照基准利率加收利息。

摘自2017年3月17日《国家税务总局关于发布〈特别纳税调查调整及相互协商程序管理办法〉的公告》（国家税务总局公告2017年第6号）

个人所得税法第八条第二款规定的利息，应当按照税款所属纳税申报期最后一日中国人民银行公布的与补税期间同期的人民币贷款基准利率计算，自税款纳税申报期满次日起至补缴税款期限届满之日止按日加收。纳税人在补缴税款期限届满前补缴税款的，利息加收至补缴税款之日。

摘自2018年12月18日《中华人民共和国个人所得税法实施条例》（中华人民共和国国务院令第707号）第二十三条

2. 相互协商加收利息

补缴税款应当加收利息的，按照《中华人民共和国企业所得税法实施条例》第一百二十二条规定的人民币贷款基准利率执行。

摘自2017年3月17日《国家税务总局关于发布〈特别纳税调查调整及相互协商程序管理办法〉的公告》（国家税务总局公告2017年第6号）

三、特别纳税调整加收滞纳金

企业超过《特别纳税调查调整通知书》补缴税款期限仍未缴纳税款的，应当自补缴税款期限届满次日起按照税收征管法及其实施细则的有关规定加收滞纳金，在加收滞纳金期间不再加收利息。

摘自2017年3月17日《国家税务总局关于发布〈特别纳税调查调整及相互协商程序管理办法〉的公告》（国家税务总局公告2017年第6号）

政策依据

1.《中华人民共和国税收征收管理法》（中华人民共和国主席令第23号）

2.《中华人民共和国税收征收管理法实施细则》（中华人民共和国国务院令第666号）

3.《中华人民共和国企业所得税法》（中华人民共和国主席令第23号）

4.《中华人民共和国企业所得税法实施条例》（中华人民共和国国务院令第714号）

5.《中华人民共和国个人所得税法》（中华人民共和国主席令第9号）

6.《中华人民共和国个人所得税法实施条例》（中华人民共和国国务院令第707号）

7.《财政部　国家税务总局关于企业关联方利息支出税前扣除标准有关税收政策问题的通知》（财税〔2008〕121号）

8.《国家税务总局关于印发〈特别纳税调整实施办法（试行）〉的通知》（国税发〔2009〕2号）

9.《国家税务总局关于简化判定中国居民股东控制外国企业所在国实际税负的通知》（国税函〔2009〕37号）

10.《一般反避税管理办法（试行）》（国家税务总局令第32号）

11.《国家税务总局关于规范成本分摊协议管理的公告》（国家税务总局公告2015年第45号）

12.《国家税务总局关于完善关联申报和同期资料管理有关事项的公告》（国家税务总局公告2016年第42号）

13.《国家税务总局关于完善预约定价安排管理有关事项的公告》（国家税务总局公告2016年第64号）

14.《国家税务总局关于发布〈特别纳税调查调整及相互协商程序管理办

法〉的公告》（国家税务总局公告 2017 年第 6 号）

15.《国家税务总局关于明确同期资料主体文档提供及管理有关事项的公告》（国家税务总局公告 2018 年第 14 号）

16.《国家税务总局关于单边预约定价安排适用简易程序有关事项的公告》（国家税务总局公告 2021 年第 24 号）

17.《国家税务总局关于进一步深化税务领域“放管服”改革　培养和激发市场主体活力若干措施的通知》（税总征科发〔2021〕69 号）

第四章 『走出去』企业税收

“走出去”企业是指实施境外投资（包括港澳台）以及在境外开展营业活动的中国居民企业。为配合“走出去”战略的实施，鼓励和规范企业的对外投资，维护我国税收权益和“走出去”企业的合法税收权益，财政部、国家税务总局相继出台一系列文件，编写并发布了分国别的税收投资指南和“走出去”税收指引。本章根据财政部、国家税务总局出台的相关法律法规进行归类编辑，旨在更好地满足“走出去”企业需要，为其了解、办理跨境涉税事项提供参考。

第一节 “走出去”企业税源管理

一、户籍管理

企业，企业在外地设立的分支机构和从事生产、经营的场所，个体工商户和从事生产、经营的事业单位，均应当按照《税收征管法》及《实施细则》和本办法的规定办理税务登记。

纳税人税务登记内容发生变化的，应当向原税务登记机关申报办理变更税务登记。

摘自2014年12月27日《国家税务总局关于修改〈税务登记管理办法〉的决定》（国家税务总局令第36号）

按照规定，企业发生境外投资行为时应按时到其所在地主管税务机关办理税务变更登记。

摘自2007年3月20日《国家税务总局关于做好我国企业境外投资税收服务与管理工作的意见》（国税发〔2007〕32号）

二、信息管理

做好企业境外涉税信息申报管理，督促企业按照《国家税务总局关于发布〈中华人民共和国企业所得税年度纳税申报表（A类，2014年版）〉的公告》（国家税务总局公告2014年第63号）[①] 和《国家税务总局关于居民企业报告境外投资和所得信息有关问题的公告》（国家税务总局公告2014年第38号）[②] 的规定履行相关涉税信息申报义务，为企业遵从提供指导和方便，并分类归集境外

① 编者注：根据《国家税务总局关于发布〈中华人民共和国企业所得税年度纳税申报表（A类，2017年版）〉的公告》（国家税务总局公告2017年第54号），《国家税务总局关于发布〈中华人民共和国企业所得税年度纳税申报表（A类，2014年版）〉的公告》（国家税务总局公告2014年第63号）已于2017年12月29日废止。

② 编者注：根据《国家税务总局关于优化纳税服务 简并居民企业报告境外投资和所得信息有关报表的公告》（国家税务总局公告2023年第17号），《国家税务总局关于居民企业报告境外投资和所得信息有关问题的公告》（国家税务总局公告2014年第38号）已于2023年10月10日废止。

税收信息，建立境外税收信息专门档案。

摘自2015年4月21日《国家税务总局关于落实“一带一路”发展战略要求 做好税收服务与管理工作的通知》（税总发〔2015〕60号）

居民企业或其通过境内合伙企业，在一个纳税年度中的任何一天，直接或间接持有外国企业股份或有表决权股份达到10%（含）以上的，应当在办理该年度企业所得税年度申报时向主管税务机关报送简并后的《居民企业境外投资信息报告表》。

摘自2023年9月7日《国家税务总局关于优化纳税服务 简并居民企业报告境外投资和所得信息有关报表的公告》（国家税务总局公告2023年第17号）

三、权益维护

1. 认真执行税收协定

按照税务总局“便民办税春风行动”和纳税服务规范的要求，认真执行我国对外签署的税收协定及相关解释性文件，保证不同地区执法的一致性，减少涉税争议的发生，并配合税务总局做好非居民享受协定待遇审批改备案相关工作，为跨境纳税人提供良好的税收环境。

摘自2015年4月21日《国家税务总局关于落实“一带一路”发展战略要求 做好税收服务与管理工作的通知》（税总发〔2015〕60号）

2. 加强涉税争议双边协商

落实《国家税务总局关于发布〈税收协定相互协商程序实施办法〉的公告》（国家税务总局公告2013年第56号）和《国家税务总局关于印发〈特别纳税调整实施办法（试行）〉的通知》（国税发〔2009〕2号）的有关规定，及时了解我国与“一带一路”沿线其他国家“引进来”和“走出去”企业涉税诉求和税收争议，主动向企业宣传、解释税收协定相关条款，特别是相互协商程序的规定，及时受理企业提起的相互协商申请，并配合税务总局完成相关工作。

摘自2015年4月21日《国家税务总局关于落实“一带一路”发展战略要求　做好税收服务与管理工作的通知》（税总发〔2015〕60号）

3. 对部分税务证明事项实行告知承诺制

自2021年7月1日起，在全国范围内对6项税务证明事项实行告知承诺制。

实行告知承诺制的税务证明事项目录

序号	证明名称	证明用途
1	出生医学证明、户口簿、结婚证（已婚的提供）等家庭成员信息证明	1. 个人购买家庭唯一住房、第二套改善性住房，申报享受减征契税政策。 ……
2	家庭住房情况书面查询结果	1. 个人购买家庭唯一住房、第二套改善性住房，申报享受减征契税政策。 ……
3	县级以上人民政府教育行政主管部门或劳动行政主管部门批准并核发的办学许可证	企业事业组织、社会团体及其他社会组织和公民个人利用非国家财政性教育经费面向社会举办的教育机构，其承受土地、房屋权属用于教学的，申报享受免征契税政策。
4	分支机构审计报告	企业取得境外分支机构的营业利润所得，申报抵免境外所得税收。
5	企业在境外享受税收优惠政策的证明或有关审计报告	企业申报享受税收饶让抵免。
6	相关部门核准企业股权变更事项证明资料	纳税人办理非居民企业股权转让适用特殊性税务处理手续。

对实行告知承诺制的税务证明事项，纳税人可以自主选择是否适用告知承诺制办理。

选择适用告知承诺制办理的，税务机关以书面形式（含电子文本）将证明义务、证明内容、承诺方式以及不实承诺的法律责任一次性告知纳税人，纳税人书面承诺已经符合告知的相关要求并愿意承担不实承诺的法律责任，税务机关不再索要该事项需要的证明材料，并依据纳税人书面承诺办理相关税务事项。

纳税人不选择适用告知承诺制的，应当提供该事项需要的证明材料。

摘自2021年6月30日《国家税务总局关于部分税务证明事项实行告知承诺制 进一步优化纳税服务的公告》（国家税务总局公告2021年第21号）

第二节 中国税收居民身份证明管理

一、申请

1. 申请范围

企业或者个人（以下统称申请人）为享受中国政府对外签署的税收协定（含与香港、澳门和台湾签署的税收安排或者协议）、航空协定税收条款、海运协定税收条款、汽车运输协定税收条款、互免国际运输收入税收协议或者换函（以下统称税收协定）待遇，可以向税务机关申请开具《税收居民证明》。

摘自2016年6月28日《国家税务总局关于开具〈中国税收居民身份证明〉有关事项的公告》（国家税务总局公告2016年第40号）

（1）企业

申请人为企业的，根据《中华人民共和国企业所得税法》及其实施条例等有关规定，依法在中国境内成立，或者依照外国（地区）法律成立但实际管理机构在中国境内的企业。

摘自2019年4月1日《国家税务总局关于调整〈中国税收居民身份证明〉有关事项的公告》（国家税务总局公告2019年第17号）附件2《中国税收居民身份证明》申请表填表说明

（2）个人

申请人为个人的，根据《中华人民共和国个人所得税法》及其实施条例等有关规定，在中国境内有住所或者无住所而一个纳税年度内在中国境内居住累计满183天的个人。其中，在中国境内有住所的居民个人是指因户籍、家庭、经济利益关系而在中国境内习惯性居住的个人；在中国境内无住所居民个人是指一个纳税年度内在中国境内居住累计满 183 天的无住所个人。

摘自 2019 年 4 月 1 日《国家税务总局关于调整〈中国税收居民身份证明〉有关事项的公告》（国家税务总局公告 2019 年第 17 号）附件 2《中国税收居民身份证明》申请表填表说明

2. 开具机关

申请人应向主管其所得税的县税务局（以下称主管税务机关）申请开具《税收居民证明》。中国居民企业的境内、境外分支机构应由其中国总机构向总机构主管税务机关申请。合伙企业应当以其中国居民合伙人作为申请人，向中国居民合伙人主管税务机关申请。

摘自 2019 年 4 月 1 日《国家税务总局关于调整〈中国税收居民身份证明〉有关事项的公告》（国家税务总局公告 2019 年第 17 号）

3. 申请开具年度

申请人可以就其构成中国税收居民的任一公历年度申请开具《税收居民证明》。

摘自 2016 年 6 月 28 日《国家税务总局关于开具〈中国税收居民身份证明〉有关事项的公告》（国家税务总局公告 2016 年第 40 号）

4. 申请开具《税收居民证明》的资料

申请人申请开具《税收居民证明》应向主管税务机关提交以下资料：

（1）《中国税收居民身份证明》申请表（见附件 2）；

（2）与拟享受税收协定待遇收入有关的合同、协议、董事会或者股东会决议、相关支付凭证等证明资料；

（3）申请人为个人且在中国境内有住所的，提供因户籍、家庭、经济利益关系而在中国境内习惯性居住的证明材料，包括申请人身份信息、住所情况说明等资料；

（4）申请人为个人且在中国境内无住所，而一个纳税年度内在中国境内居住累计满 183 天的，提供在中国境内实际居住时间的证明材料，包括出入境信息等资料；

（5）境内、境外分支机构通过其总机构提出申请时，还需提供总分机构的登记注册情况；

（6）合伙企业的中国居民合伙人作为申请人提出申请时，还需提供合伙企业登记注册情况。

上述填报或提供的资料应提交中文文本，相关资料原件为外文文本的，应当同时提供中文译本。申请人向主管税务机关提交上述资料的复印件时，应在复印件上加盖申请人印章或签字，主管税务机关核验原件后留存复印件。

摘自2019年4月1日《国家税务总局关于调整〈中国税收居民身份证明〉有关事项的公告》（国家税务总局公告2019年第17号）

5.《税收居民证明》申请表

《中国税收居民身份证明》申请表

申请人信息：个人：□　企业：□　对《税收居民证明》样式有特殊要求　□

基本信息	申请人名称（姓名）：　　　英文名称（姓名）： 纳税人识别号： 联系地址： 联系电话： 主管税务机关名称：
申请开具《税收居民证明》有关信息	申请年度： 缔约对方国家（地区）： 对方纳税人名称：英文： 中文： 对方纳税人识别号： 拟享受协定名称一：　　　拟享受协定条款一： 拟享受协定收入金额一：　　　预计减免税金额一： 拟享受协定名称二：　　　拟享受协定条款二： 拟享受协定收入金额二：　　　预计减免税金额二：
申请人为个人时填报	国家（地区）：　　　职业： 身份证件：　　　证件号码： 在中国境内是否有住所：　　　是：□　否：□ 如无住所，申请年度在中国境内是否居住累计满183天：是：□　否：□ 现居住住址： 在中国境内居住满183天的年度是否连续满6年（含6年）：是：□　否：□ 合伙企业名称：　　　合伙企业纳税人识别号： 合伙企业所在国家（地区）：　　　合伙企业所在地：

续表

<table>
<tr><td>申请人为企业时填报</td><td>注册登记地：
依据实际管理机构认定的居民企业，认定文号：　　　实际管理机构所在地：
境内分支机构名称：　　　所在地：
境外分支机构名称：　　　所在国家（地区）：
合伙企业名称：　　　合伙企业纳税人识别号：
合伙企业所在国家（地区）：　　　合伙企业所在地：</td></tr>
<tr><td colspan="2">声明：
此表是根据国家税收法律法规及相关规定填写，对填报内容（及附带资料）的真实性、可靠性、完整性负责。
申请人或者代理人（签名或者盖章）：________________
日期：______年______月______日</td></tr>
</table>

摘自2019年4月1日《国家税务总局关于调整〈中国税收居民身份证明〉有关事项的公告》（国家税务总局公告2019年第17号）

二、开具

1. 开具程序

（1）申请人提交资料齐全的，主管税务机关应当按规定当场受理；资料不齐全的，主管税务机关不予受理，并一次性告知申请人应补正内容。

（2）主管税务机关根据《中华人民共和国企业所得税法》及其实施条例、《中华人民共和国个人所得税法》及其实施条例等规定，结合纳税人登记注册、在中国境内住所及居住时间等情况对居民身份进行判定。

（3）主管税务机关在受理申请之日起10个工作日内，由负责人签发《税收居民证明》并加盖公章或者将不予开具的理由书面告知申请人。

主管税务机关无法准确判断居民身份的，应当及时报告上级税务机关。需要报告上级税务机关的，主管税务机关应当在受理申请之日起20个工作日内办结。

（4）主管税务机关或者上级税务机关根据申请人提交资料无法作出判断的，可以要求申请人补充提供相关资料，需要补充的内容应当一次性书面告知。申请人补充资料的时间不计入上述工作时限。

摘自 2016 年 6 月 28 日《国家税务总局关于开具〈中国税收居民身份证明〉有关事项的公告》（国家税务总局公告 2016 年第 40 号）

2.《中国税收居民身份证明》样式

中国税收居民身份证明

（Certificate of Chinese Fiscal Resident）

日期（Date）：
编号（Catalogue Number）：

纳税人名称（Taxpayer's Name）：
纳税年度（Tax Year）：
缔约国（地区）Contracting state（jurisdiction）：

为享受税收协定待遇的目的，经中国税务主管当局国家税务总局授权，兹证明上述纳税人是中国税收居民。（For the purpose of enjoying Double Taxation Agreement benefits, and authorized by the State Taxation Administration（STA）, the Competent Authority of the People's Republic of China, this is to certify that the above-named taxpayer is a Chinese fiscal resident.）

签字（signature）：
国家税务总局________税务局
Director of ________, State Taxation Administration

摘自 2019 年 4 月 1 日《国家税务总局关于调整〈中国税收居民身份证明〉有关事项的公告》（国家税务总局公告 2019 年第 17 号）

3. 特殊式样居民身份证明的办理

缔约对方税务主管当局对《税收居民证明》样式有特殊要求的，申请人应当提供书面说明以及《税收居民证明》样式，主管税务机关可以按照规定予以办理。

摘自 2016 年 6 月 28 日《国家税务总局关于开具〈中国税收居民身份证明〉有关事项的公告》（国家税务总局公告 2016 年第 40 号）

三、编号

主管税务机关对开具的《税收居民证明》进行统一编号，编号格式为：税务机构代码（前7位）+年份（4位）+顺序号（5位）。“年份”为开具《税收居民证明》的公历年度，“顺序号”为本年度主管税务机关开具的自然顺序号。

摘自2016年6月28日《国家税务总局关于开具〈中国税收居民身份证明〉有关事项的公告》（国家税务总局公告2016年第40号）

第三节　境外所得税收规定

一、基本规定

居民企业应当就其来源于中国境内、境外的所得缴纳企业所得税。

摘自2018年12月29日《中华人民共和国企业所得税法》（中华人民共和国主席令第23号）第三条

二、境外应纳税所得额的处理

1. 境外应纳税所得额的计算

根据规定确定的境外所得，在计算适用境外税额直接抵免的应纳税所得额时，应为将该项境外所得直接缴纳的境外所得税额还原计算后的境外税前所得；上述直接缴纳税额还原后的所得中属于股息、红利所得的，在计算适用境外税额间接抵免的境外所得时，应再将该项境外所得间接负担的税额还原计算，即该境外股息、红利所得应为境外股息、红利税后净所得与就该项所得直接缴纳和间接负担的税额之和。

对上述税额还原后的境外税前所得，应再就计算企业应纳税所得总额时已按税法规定扣除的有关成本费用中与境外所得有关的部分进行对应调整扣除后，计算为境外应纳税所得额。

摘自2010年7月2日《国家税务总局关于发布〈企业境外所得税收抵免操作指南〉的公告》（国家税务总局公告2010年第1号）

2. 境外分支机构应纳税所得的计算

居民企业在境外投资设立不具有独立纳税地位的分支机构，其来源于境外的所得，以境外收入总额扣除与取得境外收入有关的各项合理支出后的余额为应纳税所得额。各项收入、支出按企业所得税法及实施条例的有关规定确定。

摘自 2009 年 12 月 25 日《财政部　国家税务总局关于企业境外所得税收抵免有关问题的通知》（财税〔2009〕125 号）

3. 对企业境外分支机构所得的税收处理

居民企业在境外设立不具有独立纳税地位的分支机构取得的各项境外所得，无论是否汇回中国境内，均应计入该企业所属纳税年度的境外应纳税所得额。

摘自 2009 年 12 月 25 日《财政部　国家税务总局关于企业境外所得税收抵免有关问题的通知》（财税〔2009〕125 号）

4. 境外营业机构的亏损处理

企业在汇总计算缴纳企业所得税时，其境外营业机构的亏损不得抵减境内机构的盈利。

摘自 2018 年 12 月 29 日《中华人民共和国企业所得税法》（中华人民共和国主席令第 23 号）第十七条

在汇总计算境外应纳税所得额时，企业在境外同一国家（地区）设立不具有独立纳税地位的分支机构，按照企业所得税法及实施条例的有关规定计算的亏损，不得抵减其境内或他国（地区）的应纳税所得额，但可以用同一国家（地区）其他项目或以后年度的所得按规定弥补。

摘自 2009 年 12 月 25 日《财政部　国家税务总局关于企业境外所得税收抵免有关问题的通知》（财税〔2009〕125 号）

5. 境外投资性收入应纳税所得额的计算

居民企业从境外收到的股息、红利、利息等境外投资性所得一般表现为毛所得，应对在计算企业总所得额时已做统一扣除的成本费用中与境外所得有关的部分，在该境外所得中对应调整扣除后，才能作为计算境外税额抵免限额的境外应纳税所得额。在就境外所得计算应对应调整扣除的有关成本费用时，应对如下成本费用（但不限于）予以特别注意：

（1）股息、红利，应对应调整扣除与境外投资业务有关的项目研究、融资成本和管理费用；

（2）利息，应对应调整扣除为取得该项利息而发生的相应的融资成本和相关费用；

（3）租金，属于融资租赁业务的，应对应调整扣除其融资成本；属于经营租赁业务的，应对应调整扣除租赁物相应的折旧或折耗；

（4）特许权使用费，应对应调整扣除提供特许使用的资产的研发、摊销等费用；

（5）财产转让，应对应调整扣除被转让财产的成本净值和相关费用。

摘自2010年7月2日《国家税务总局关于发布〈企业境外所得税收抵免操作指南〉的公告》（国家税务总局公告2010年第1号）

三、境外所得实现年度

对企业境外所得的实现年度及其税额抵免年度应按以下原则确认：

（1）企业来源于境外的股息、红利等权益性投资收益所得，若实际收到所得的日期与境外被投资方作出利润分配决定的日期不在同一纳税年度的，应按被投资方作出利润分配日所在的纳税年度确认境外所得。

（2）企业来源于境外的利息、租金、特许权使用费、转让财产等收入，若未能在合同约定的付款日期当年收到上述所得，仍应按合同约定付款日期所属的纳税年度确认境外所得。

（3）属于企业所得税法第四十五条以及实施条例第一百一十七条和第一百一十八条规定情形的，应按照有关法律法规的规定确定境外所得的实现年度。

（4）企业受到某一纳税年度的境外所得已纳税凭证时，凡是迟于次年5月31日汇算清缴终止日的，可以对该所得境外税额抵免追溯计算。

摘自2010年7月2日《国家税务总局关于发布〈企业境外所得税收抵免操作指南〉的公告》（国家税务总局公告2010年第1号）

四、共同费用支出

1. 共同费用支出范围

所谓共同支出，是指与取得境外所得有关但未直接计入境外所得应纳税所得额的成本费用支出，通常包括未直接计入境外所得的营业费用、管理费用和财务费用等支出。

摘自2010年7月2日《国家税务总局关于发布〈企业境外所得税收抵免操作指南〉的公告》（国家税务总局公告2010年第1号）

2. 共同费用支出分摊的计算

企业应对在计算总所得额时已统一归集并扣除的共同费用，按境外每一国（地区）别数额占企业全部数额的下列一种比例或几种比例的综合比例，在每一国别的境外所得中对应调整扣除，计算来自每一国别的应纳税所得额。

（1）资产比例；

（2）收入比例；

（3）员工工资支出比例；

（4）其他合理比例。

上述分摊比例确定后应报送主管税务机关备案；无合理原因不得改变。

摘自2010年7月2日《国家税务总局关于发布〈企业境外所得税收抵免操作指南〉的公告》（国家税务总局公告2010年第1号）

五、抵减和弥补境外亏损

1. 抵减和弥补境外亏损的原则

在汇总计算境外应纳税所得额时，企业在境外同一国家（地区）设立不具有独立纳税地位的分支机构，按照企业所得税法及实施条例的有关规定计算的亏损，不得抵减其境内或他国（地区）的应纳税所得额，但可以用同一国家（地区）其他项目或以后年度的所得按规定弥补。

摘自2009年12月25日《财政部　国家税务总局关于企业境外所得税收抵免有关问题的通知》（财税〔2009〕125号）

2. 抵减和弥补境外亏损的时限

企业在同一纳税年度的境内外所得加总为正数的，其境外分支机构发生的亏损，由于上述结转弥补的限制而发生的未予弥补的部分（以下称为非实际亏损额），今后在该分支机构的结转弥补期限不受5年期限制。即：

（1）如果企业当期境内外所得盈利额与亏损额加总后和为零或正数，则其当年度境外分支机构的非实际亏损额可无限期向后结转弥补；

（2）如果企业当期境内外所得盈利额与亏损额加总后和为负数，则以境外分支机构的亏损额超过企业盈利额部分的实际亏损额，按企业所得税法第十八条规定的期限进行亏损弥补，未超过企业盈利额部分的非实际亏损额仍可无限期向后结转弥补。

企业应对境外分支机构的实际亏损额与非实际亏损额不同的结转弥补情况做好记录。

摘自2010年7月2日《国家税务总局关于发布〈企业境外所得税收抵免操作指南〉的公告》（国家税务总局公告2010年第1号）

六、境外所得申报

1. 境外所得申报的规定

我国境外投资企业取得的境外营业利润、股息、利息、特许权使用费、财产收益及其他所得，应在年度纳税申报中准确反映；企业应在所得税年度申报的同时，向其所在地主管税务机关报送境外投资的组织结构和经营状况、财会制度和财务报表以及境外投资所在国公证会计师的查账报告。各地应督促企业及时履行相关资料报告和纳税申报义务。

摘自2007年3月20日《国家税务总局关于做好我国企业境外投资税收服务与管理工作的意见》（国税发〔2007〕32号）

2. 居民企业或其通过境内合伙企业，在一个纳税年度中的任何一天，直接或间接持有外国企业股份或有表决权股份达到10%（含）以上的，应当在办理该年度企业所得税年度申报时向主管税务机关报送简并后的《居民企业境外投资信息报告表》（见附件）

非居民企业在境内设立机构、场所，取得发生在境外但与其所设机构、场所有实际联系的所得的，参照本公告执行。

摘自2023年9月7日《国家税务总局关于优化纳税服务　简并居民企业报告境外投资和所得信息有关报表的公告》（国家税务总局公告2023年第17号）

七、境外所得税收优惠

1. 高新技术企业境外所得优惠

以境内、境外全部生产经营活动有关的研究开发费用总额、总收入、销售收入总额、高新技术产品（服务）收入等指标申请并经认定的高新技术企业，其来源于境外的所得可以享受高新技术企业所得税优惠政策，即对其来源于境外所得可以按照15%的优惠税率缴纳企业所得税，在计算境外抵免限额时，可按照15%的优惠税率计算境内外应纳税总额。

摘自2011年5月31日《财政部　国家税务总局关于高新技术企业境外所得适用税率及税收抵免问题的通知》（财税〔2011〕47号）

2. H股股息红利所得免税

对内地企业投资者通过沪港通投资香港联交所上市股票取得的股息红利所得，计入其收入总额，依法计征企业所得税。其中，内地居民企业连续持有H股满12个月取得的股息红利所得，依法免征企业所得税。

摘自2014年10月31日《财政部　国家税务总局　证监会关于沪港股票市场交易互联互通机制试点有关税收政策的通知》（财税〔2014〕81号）

对内地企业投资者通过深港通投资香港联交所上市股票取得的股息红利所得，计入其收入总额，依法计征企业所得税。其中，内地居民企业连续持有H股满12个月取得的股息红利所得，依法免征企业所得税。

摘自2016年11月5日《财政部　国家税务总局　证监会关于深港股票市场交易互联互通机制试点有关税收政策的通知》（财税〔2016〕127号）

3. 跨境资产重组特殊性税务处理

本通知第七条第（三）项所指的居民企业以其拥有的资产或股权向其100%

直接控股关系的非居民企业进行投资，其资产或股权转让收益如选择特殊性税务处理，可以在10个纳税年度内均匀计入各年度应纳税所得额。

摘自2009年4月30日《财政部　国家税务总局关于企业重组业务企业所得税处理若干问题的通知》（财税〔2009〕59号）

八、管理与检查

1. 境外所得的税务检查

针对企业境外投资税收管理的主要内容和特点，各地应规范境外所得纳税评估和税务检查操作程序，及时发现和处理企业境外投资的税收风险；同时，要加大对境外投资企业的反避税力度，重点审计其来源于避税港及境外受控子公司的所得。

摘自2007年3月20日《国家税务总局关于做好我国企业境外投资税收服务与管理工作的意见》（国税发〔2007〕32号）

2. 管理措施

各地税务机关要进一步加强对"走出去"企业的纳税登记、境外所得申报、税款缴纳和抵免、关联交易申报、转让定价调整和同期资料准备的税收管理，同时引导企业自觉遵守投资目的地国家或地区的法律法规，防范国内和国外的税法遵从风险。

摘自2010年6月10日《国家税务总局关于进一步做好"走出去"企业税收服务与管理工作的意见》（国税发〔2010〕59号）

第四节　境外所得税收抵免管理

一、基本规定

1. 可以享受税收抵免的企业境外已纳税所得

企业取得的下列所得已在境外缴纳的所得税税额，可以从其当期应纳税额中抵免，抵免限额为该项所得依照本法规定计算的应纳税额；超过抵免限额的部分，可以在以后五个年度内，用每年度抵免限额抵免当年应抵税额后的余额进行抵补：

（1）居民企业来源于中国境外的应税所得；

（2）非居民企业在中国境内设立机构、场所，取得发生在中国境外但与该机构、场所有实际联系的应税所得。

摘自 2018 年 12 月 29 日《中华人民共和国企业所得税法》（中华人民共和国主席令第 23 号）第二十三条

企业在哈萨克斯坦缴纳的超额利润税，属于企业在境外缴纳的企业所得税性质的税款，依据企业所得税法及其实施条例、财税〔2009〕125 号文件、国家税务总局公告 2010 年第 1 号和财税〔2017〕84 号文件等有关规定，应纳入可抵免境外所得税税额范围，计算境外税收抵免。

本公告适用于 2018 年及以后年度企业所得税汇算清缴。

摘自 2019 年 1 月 3 日《国家税务总局关于哈萨克斯坦超额利润税税收抵免有关问题的公告》（国家税务总局公告 2019 年第 1 号）

2. 直接抵免的含义

企业直接作为纳税人就其境外所得在境外缴纳的所得税额在我国应纳税额中抵免。

摘自 2010 年 7 月 2 日《国家税务总局关于发布〈企业境外所得税收抵免操作指南〉的公告》（国家税务总局公告 2010 年第 1 号）

3. 直接抵免的适用范围

直接抵免主要适用于企业就来源于境外的营业利润所得在境外所缴纳的企业所得税，以及就来源于或发生于境外的股息、红利等权益性投资所得、利息、租金、特许权使用费、财产转让等所得在境外被源泉扣缴的预提所得税。

摘自 2010 年 7 月 2 日《国家税务总局关于发布〈企业境外所得税收抵免操作指南〉的公告》（国家税务总局公告 2010 年第 1 号）

4. 间接抵免的含义

间接抵免是指境外企业就分配股息前的利润缴纳的外国所得税额中由我国居

民企业就该项分得的股息性质的所得间接负担的部分，在我国的应纳税额中抵免。

摘自2010年7月2日《国家税务总局关于发布〈企业境外所得税收抵免操作指南〉的公告》（国家税务总局公告2010年第1号）

5. 间接抵免的适用范围

间接抵免的适用范围为居民企业从其符合规定的境外子公司取得的股息、红利等权益性投资收益所得。

摘自2010年7月2日《国家税务总局关于发布〈企业境外所得税收抵免操作指南〉的公告》（国家税务总局公告2010年第1号）

6. 抵免限额的含义

企业所得税法第二十三条所称抵免限额，是指企业来源于中国境外的所得，依照企业所得税法和本条例的规定计算的应纳税额。除国务院财政、税务主管部门另有规定外，该抵免限额应当分国（地区）不分项计算，其计算公式如下：

抵免限额 = 中国境内、境外所得依照企业所得税法和本条例的规定计算的应纳税总额 × 来源于某国（地区）的应纳税所得额 ÷ 中国境内、境外应纳税所得总额

摘自2019年4月23日《中华人民共和国企业所得税法实施条例》（中华人民共和国国务院令第714号）第七十八条

企业可以选择按国（地区）别分别计算（即“分国（地区）不分项”），或者不按国（地区）别汇总计算（即“不分国（地区）不分项”）其来源于境外的应纳税所得额，并按照财税〔2009〕125号文件第八条规定的税率，分别计算其可抵免境外所得税税额和抵免限额。上述方式一经选择，5年内不得改变。

摘自2017年12月28日《财政部　税务总局关于完善企业境外所得税收抵免政策问题的通知》（财税〔2017〕84号）

7. 石油企业可直接抵免的境外所得税税额和抵免限额

石油企业可以选择按国（地区）别分别计算（即“分国（地区）不分项”），或者不按国（地区）别汇总计算（即“不分国（地区）不分项”）其来源于境外油（气）项目投资、工程技术服务和工程建设的油（气）资源开

采活动的应纳税所得额，并按照财税〔2009〕125 号文件第八条规定的税率，分别计算其可抵免境外所得税税额和抵免限额。上述方式一经选择，5 年内不得改变。

石油企业选择采用不同于以前年度的方式（以下简称新方式）计算可抵免境外所得税税额和抵免限额时，对该企业以前年度按照财税〔2009〕125 号文件规定没有抵免完的余额，可在税法规定结转的剩余年限内，按新方式计算的抵免限额中继续结转抵免。

摘自 2011 年 5 月 26 日《财政部　国家税务总局关于我国石油企业在境外从事油（气）资源开采所得税收抵免有关问题的通知》（财税〔2011〕23 号）

8. 已在境外缴纳的所得税税额

企业所得税法第二十三条所称已在境外缴纳的所得税税额，是指企业来源于中国境外的所得依照中国境外税收法律以及相关规定应当缴纳并已经实际缴纳的企业所得税性质的税款。

摘自 2019 年 4 月 23 日《中华人民共和国企业所得税法实施条例》（中华人民共和国国务院令第 714 号）第七十七条

9. 超过抵免限额部分的抵免

企业所得税法第二十三条所称 5 个年度，是指从企业取得的来源于中国境外的所得，已经在中国境外缴纳的企业所得税性质的税额超过抵免限额的当年的次年起连续 5 个纳税年度。

摘自 2019 年 4 月 23 日《中华人民共和国企业所得税法实施条例》（中华人民共和国国务院令第 714 号）第七十九条

企业选择采用不同于以前年度的方式（以下简称新方式）计算可抵免境外所得税税额和抵免限额时，对该企业以前年度按照财税〔2009〕125 号文件规定没有抵免完的余额，可在税法规定结转的剩余年限内，按新方式计算的抵免限额中继续结转抵免。

摘自 2017 年 12 月 28 日《财政部　税务总局关于完善企业境外所得税收抵免政策问题的通知》（财税〔2017〕84 号）

10. 直接控制的含义

企业所得税法第二十四条所称直接控制，是指居民企业直接持有外国企业20%以上股份。

摘自2019年4月23日《中华人民共和国企业所得税法实施条例》（中华人民共和国国务院令第714号）第八十条

11. 间接控制的含义

企业所得税法第二十四条所称间接控制，是指居民企业以间接持股方式持有外国企业20%以上股份。

摘自2019年4月23日《中华人民共和国企业所得税法实施条例》（中华人民共和国国务院令第714号）第八十条

12. 非居民企业在中国境内分支机构的税收抵免

为缓解由于国家间对所得来源地判定标准的重叠而产生的国际重复征税，我国税法对非居民企业在中国境内分支机构取得的发生于境外的所得所缴纳的境外税额，给予了与居民企业类似的税额抵免待遇。对此类非居民给予的境外税额抵免仅涉及直接抵免。

摘自2010年7月2日《国家税务总局关于发布〈企业境外所得税收抵免操作指南〉的公告》（国家税务总局公告2010年第1号）

二、境外所得税额抵免条件

1. 境外所得实现年度及其税额抵免年度的确认

对企业境外所得的实现年度及其税额抵免年度应按以下原则确认：

（1）企业来源于境外的股息、红利等权益性投资收益所得，若实际收到所得的日期与境外被投资方作出利润分配决定的日期不在同一纳税年度的，应按被投资方作出利润分配日所在的纳税年度确认境外所得。

（2）企业来源于境外的利息、租金、特许权使用费、转让财产等收入，若未能在合同约定的付款日期当年收到上述所得，仍应按合同约定付款日期所属的纳税年度确认境外所得。

（3）企业收到某一纳税年度的境外所得已纳税凭证时，凡是迟于次年5月

31日汇算清缴终止日的，可以对该所得境外税额抵免追溯计算。

摘自2010年7月2日《国家税务总局关于发布〈企业境外所得税收抵免操作指南〉的公告》（国家税务总局公告2010年第1号）

2. 境外所得对境内亏损的弥补和抵免

若企业境内所得为亏损，境外所得为盈利，且企业已使用同期境外盈利全部或部分弥补了境内亏损，则境内已用境外盈利弥补的亏损不得再用以后年度境内盈利重复弥补。由此，在计算境外所得抵免限额时，形成当期境内、外应纳税所得总额小于零的，应以零计算当期境内、外应纳税所得总额，其当期境外所得税的抵免限额也为零。上述境外盈利在境外已纳的可予抵免但未能抵免的税额可以在以后5个纳税年度内进行结转抵免。

如果企业境内为亏损，境外盈利分别来自多个国家，则弥补境内亏损时，企业可以自行选择弥补境内亏损的境外所得来源国家（地区）顺序。

摘自2010年7月2日《国家税务总局关于发布〈企业境外所得税收抵免操作指南〉的公告》（国家税务总局公告2010年第1号）

3. 境外已纳所得税额的抵免

企业取得境外所得，其在中国境外已经实际直接缴纳和间接负担的企业所得税性质的税额，进行境外税额抵免计算的基本项目包括：境内、境外所得分国别（地区）的应纳税所得额、可抵免税额、抵免限额和实际抵免税额。不能按照有关税收法律法规准确计算实际可抵免的境外分国别（地区）的所得税税额的，不应给予税收抵免。

摘自2010年7月2日《国家税务总局关于发布〈企业境外所得税收抵免操作指南〉的公告》（国家税务总局公告2010年第1号）

4. 可抵免境外所得税税额的基本条件

（1）企业来源于中国境外的所得依照中国境外税收法律以及相关规定计算而缴纳的税额；

（2）缴纳的属于企业所得税性质的税额，而不拘泥于名称；

（3）限于企业应当缴纳且已实际缴纳的税额。税收抵免旨在解决重复征税问题，仅限于企业应当缴纳且已实际缴纳的税额（除另有饶让抵免或其他规定外）。

摘自2010年7月2日《国家税务总局关于发布〈企业境外所得税收抵免操作指南〉的公告》(国家税务总局公告2010年第1号)

5. 对无法判定的境外所得税税额的抵免

可抵免的企业所得税税额，若是税收协定非适用所得税项目，或来自非协定国家的所得，无法判定是否属于对企业征收的所得税税额的，应层报国家税务总局裁定。

摘自2010年7月2日《国家税务总局关于发布〈企业境外所得税收抵免操作指南〉的公告》(国家税务总局公告2010年第1号)

6. 境外错缴、多缴税额的税收处理

对下列税额企业应向境外税务机关申请予以退还，而不应作为境外已交税额向中国申请抵免企业所得税：

(1) 属于境外所得税法律及相关规定适用错误而且企业不应缴纳而错缴的税额。

(2) 根据中国政府与其他国家（地区）政府签订的税收协定（或安排）的规定不属于对方国家的应税项目，却被对方国家（地区）就其征收的企业所得税。

(3) 企业就境外所得在来源国纳税时适用税率高于税收协定限定税率所多缴纳的所得税税额。

摘自2010年7月2日《国家税务总局关于发布〈企业境外所得税收抵免操作指南〉的公告》(国家税务总局公告2010年第1号)

7. 从可抵免税额中减除的境外已缴税额

(1) 如果有关国家为了实现特定目标而规定不同形式和程度的税收优惠，并采取征收后由政府予以返还或补偿方式退还的已缴税额，对此，企业应从其境外所得可抵免税额中剔除该相应部分。

(2) 如果我国税收法律法规做出对某项境外所得给予免税优惠规定，企业取得免征我国企业所得税的境外所得的，该项所得的应纳税所得额及其缴纳的境外所得税额均应从计算境外所得税额抵免的境外应纳税所得额和境外已纳税额中减除。

(3) 如果我国税法规定就一项境外所得的已纳所得税额仅作为费用从该项境外所得额中扣除的，该项所得及其缴纳的境外所得税额不应再纳入境外税额抵免计算。

摘自2010年7月2日《国家税务总局关于发布〈企业境外所得税收抵免操作指南〉的公告》（国家税务总局公告2010年第1号）

8. 境外税额抵免的币种换算

企业取得的境外所得已直接缴纳和间接负担的税额为人民币以外货币的，在以人民币计算可予抵免的境外税额时，凡企业记账本位币为人民币的，应按企业就该项境外所得记入账内时使用的人民币汇率进行换算；凡企业以人民币以外其他货币作为记账本位币的，应统一按实现该项境外所得对应的我国纳税年度最后一日的人民币汇率中间价进行换算。

摘自2010年7月2日《国家税务总局关于发布〈企业境外所得税收抵免操作指南〉的公告》（国家税务总局公告2010年第1号）

三、间接抵免

1. 境外所得间接抵免税额的计算公式

居民企业在按照企业所得税法第二十四条规定用境外所得间接负担的税额进行税收抵免时，其取得的境外投资收益实际间接负担的税额，是指根据直接或者间接持股方式合计持股20%以上（含20%，下同）的规定层级的外国企业股份，由此应分得的股息、红利等权益性投资收益中，从最低一层外国企业起逐层计算的属于由上一层企业负担的税额，其计算公式如下：

本层企业所纳税额属于由一家上一层企业负担的税额=(本层企业就利润和投资收益所实际缴纳的税额+符合本通知规定的由本层企业间接负担的税额)×本层企业向一家上一层企业分配的股息(红利)÷本层企业所得税后利润额

摘自2009年12月25日《财政部　国家税务总局关于企业境外所得税收抵免有关问题的通知》（财税〔2009〕125号）

2. “本层企业”及其直接负担税额的含义

本层企业是指实际分配股息（红利）的境外被投资企业。

本层企业就利润和投资收益所实际缴纳的税额，是指本层企业按所在国税法就利润缴纳的企业所得税和在被投资方所在国就分得的股息等权益性投资收益被源泉扣缴的预提所得税。

摘自 2010 年 7 月 2 日《国家税务总局关于发布〈企业境外所得税收抵免操作指南〉的公告》(国家税务总局公告 2010 年第 1 号)

3. “本层企业间接负担的税额”的含义

符合《通知》[①] 规定的由本层企业间接负担的税额，是指该层企业由于从下一层企业分回股息（红利）而间接负担的由下一层企业就其利润缴纳的企业所得税税额。

摘自 2010 年 7 月 2 日《国家税务总局关于发布〈企业境外所得税收抵免操作指南〉的公告》(国家税务总局公告 2010 年第 1 号)

4. “向一家上一层企业分配的股息”的含义

本层企业向一家上一层企业分配的股息（红利），是指该层企业向上一层企业实际分配的扣缴预提所得税前的股息（红利）数额。

摘自 2010 年 7 月 2 日《国家税务总局关于发布〈企业境外所得税收抵免操作指南〉的公告》(国家税务总局公告 2010 年第 1 号)

5. 石油企业可间接抵免的境外所得税税额和抵免限额

石油企业在境外从事油（气）项目投资、工程技术服务和工程建设的油（气）资源开采活动取得股息所得，在按规定计算该石油企业境外股息所得的可抵免所得税额和抵免限额时，由该企业直接或者间接持有 20% 以上股份的外国企业，限于按照财税〔2009〕125 号文件第六条规定的持股方式确定的五层外国企业，即：

第一层：石油企业直接持有 20% 以上股份的外国企业；

第二层至第五层：单一上一层外国企业直接持有 20% 以上股份，且由该石油企业直接持有或通过一个或多个符合财税〔2009〕125 号文件第六条规定持股方式的外国企业间接持有总和达到 20% 以上股份的外国企业。

摘自 2011 年 5 月 26 日《财政部　国家税务总局关于我国石油企业在境外从事油（气）资源开采所得税收抵免有关问题的通知》（财税〔2011〕23 号）

① 编者注：《通知》是指《财政部　国家税务总局关于企业境外所得税收抵免有关问题的通知》(财税〔2009〕125 号)。

6. 不同年度间接负担的税额计算

每一层企业从其持股的下一层企业在一个年度中分得的股息（红利），若是由该下一层企业不同年度的税后未分配利润组成，则应按该股息（红利）对应的每一年度未分配利润，分别计算就该项分配利润所间接负担的税额；按各年度计算的间接负担税额之和，即为取得股息（红利）的企业该一个年度中分得的股息（红利）所得所间接负担的所得税额。

摘自2010年7月2日《国家税务总局关于发布〈企业境外所得税收抵免操作指南〉的公告》（国家税务总局公告2010年第1号）

7. 对不同国别负担税额的归集计算

境外第二层及以下层级企业归属不同国家的，在计算居民企业负担境外税额时，均以境外第一层企业所在国（地区）为国别划分进行归集计算，而不论该第一层企业的下层企业归属何国（地区）。

摘自2010年7月2日《国家税务总局关于发布〈企业境外所得税收抵免操作指南〉的公告》（国家税务总局公告2010年第1号）

8. 适用间接抵免的外国企业持股条件

企业在境外取得的股息所得，在按规定计算该企业境外股息所得的可抵免所得税额和抵免限额时，由该企业直接或者间接持有20%以上股份的外国企业，限于按照财税〔2009〕125号文件第六条规定的持股方式确定的五层外国企业，即：

第一层：企业直接持有20%以上股份的外国企业；

第二层至第五层：单一上一层外国企业直接持有20%以上股份，且由该企业直接持有或通过一个或多个符合财税〔2009〕125号文件第六条规定持股方式的外国企业间接持有总和达到20%以上股份的外国企业。

摘自2017年12月28日《财政部　税务总局关于完善企业境外所得税收抵免政策问题的通知》（财税〔2017〕84号）

本条所述符合规定的“持股条件”是指，各层企业直接持股、间接持股以及为计算居民企业间接持股总和比例的每一个单一持股，均应达到20%的持股比例。

摘自2010年7月2日《国家税务总局关于发布〈企业境外所得税收抵免

操作指南〉的公告》（国家税务总局公告2010年第1号）

四、饶让抵免

1. 税收饶让抵免应纳税额的确定

居民企业从与我国政府订立税收协定（或安排）的国家（地区）取得的所得，按照该国（地区）税收法律享受了免税或减税待遇，且该免税或减税的数额按照税收协定规定应视同已缴税额在中国的应纳税额中抵免的，该免税或减税数额可作为企业实际缴纳的境外所得税额用于办理税收抵免。

摘自2009年12月25日《财政部　国家税务总局关于企业境外所得税收抵免有关问题的通知》（财税〔2009〕125号）

2. 税收饶让抵免的计算

税收饶让抵免应区别下列情况进行计算：

（1）税收协定规定定率饶让抵免的，饶让抵免税额为按该定率计算的应纳境外所得税额超过实际缴纳的境外所得税额的数额；

（2）税收协定规定列举一国税收优惠额给予饶让抵免的，饶让抵免税额为按协定国家（地区）税收法律规定税率计算的应纳所得税额超过实际缴纳税额的数额，即实际税收优惠额。

摘自2010年7月2日《国家税务总局关于发布〈企业境外所得税收抵免操作指南〉的公告》（国家税务总局公告2010年第1号）

3. 不适用饶让抵免的情形

（1）境外所得采用《通知》[①] 第十条规定的简易办法计算抵免额的，不适用饶让抵免。

（2）企业取得的境外所得根据来源国税收法律法规不判定为所在国应税所得，而按中国税收法律法规规定属于应税所得的，不属于税收饶让抵免范畴，应全额按中国税收法律法规规定缴纳企业所得税。

摘自2010年7月2日《国家税务总局关于发布〈企业境外所得税收抵免

① 编者注：《通知》是指《财政部　国家税务总局关于企业境外所得税收抵免有关问题的通知》（财税〔2009〕125号）。

操作指南〉的公告》（国家税务总局公告2010年第1号）

五、抵免限额的计算

1. 企业应按照企业所得税法及其实施条例和本通知的有关规定分国（地区）别计算境外税额的抵免限额

某国（地区）所得税抵免限额 = 中国境内、境外所得依照企业所得税法及实施条例的规定计算的应纳税总额 × 来源于某国（地区）的应纳税所得额 ÷ 中国境内、境外应纳税所得总额

据以计算上述公式中“中国境内、境外所得依照企业所得税法及实施条例的规定计算的应纳税总额”的税率，除国务院财政、税务主管部门另有规定外，应为企业所得税法第四条第一款规定的税率。

企业按照企业所得税法及其实施条例和本通知的有关规定计算的当期境内、境外应纳税所得总额小于零的，应以零计算当期境内、境外应纳税所得总额，其当期境外所得税的抵免限额也为零。

摘自2009年12月25日《财政部　国家税务总局关于企业境外所得税收抵免有关问题的通知》（财税〔2009〕125号）

2. 简便计算抵免限额的方法

今后若国务院财政、税务主管部门规定境外所得与境内所得享受相同企业所得税优惠政策的，应按有关优惠政策的适用税率或税收负担率计算其应纳税总额和抵免限额；简便计算，也可以按该境外应纳税所得额直接乘以其实际适用的税率或税收负担率得出抵免限额。

摘自2010年7月2日《国家税务总局关于发布〈企业境外所得税收抵免操作指南〉的公告》（国家税务总局公告2010年第1号）

3. 境内为亏损时抵免限额的处理

若企业境内所得为亏损，境外所得为盈利，且企业已使用同期境外盈利全部或部分弥补了境内亏损，则境内已用境外盈利弥补的亏损不得再用以后年度境内盈利重复弥补。由此，在计算境外所得抵免限额时，形成当期境内、外应纳税所得总额小于零的，应以零计算当期境内、外应纳税所得总额，其当期境外所得税的抵免限额也为零。上述境外盈利在境外已纳的可予抵免但未能抵免的税额可以

在以后 5 个纳税年度内进行结转抵免。

如果企业境内为亏损，境外盈利分别来自多个国家，则弥补境内亏损时，企业可以自行选择弥补境内亏损的境外所得来源国家（地区）顺序。

摘自 2010 年 7 月 2 日《国家税务总局关于发布〈企业境外所得税收抵免操作指南〉的公告》（国家税务总局公告 2010 年第 1 号）

六、简易办法计算抵免

属于下列情形的，经企业申请，主管税务机关核准①，可以采取简易办法对境外所得已纳税额计算抵免：

（1）企业从境外取得营业利润所得以及符合境外税额间接抵免条件的股息所得，虽有所得来源国（地区）政府机关核发的具有纳税性质的凭证或证明，但因客观原因无法真实、准确地确认应当缴纳并已经实际缴纳的境外所得税税额的，除就该所得直接缴纳及间接负担的税额在所得来源国（地区）的实际有效税率低于我国企业所得税法第四条第一款规定税率 50% 以上的外，可按境外应纳税所得额的 125% 作为抵免限额，企业按该国（地区）税务机关或政府机关核发具有纳税性质凭证或证明的金额，其不超过抵免限额的部分，准予抵免；超过的部分不得抵免。

属于本款规定以外的股息、利息、租金、特许权使用费、转让财产等投资性所得，均应按本通知的其他规定计算境外税额抵免。

（2）企业从境外取得营业利润所得以及符合境外税额间接抵免条件的股息所得，凡就该所得缴纳及间接负担的税额在所得来源国（地区）的法定税率且其实际有效税率明显高于我国的，可直接以按本通知规定计算的境外应纳税所得额和我国企业所得税法规定的税率计算的抵免限额作为可抵免的已在境外实际缴纳的企业所得税税额。

属于本款规定以外的股息、利息、租金、特许权使用费、转让财产等投资性所得，均应按本通知的其他规定计算境外税额抵免。

摘自 2009 年 12 月 25 日《财政部　国家税务总局关于企业境外所得税收抵免有关问题的通知》（财税〔2009〕125 号）

① 编者注："经企业申请，主管税务机关核准"的规定由《国家税务总局关于企业境外所得适用简易征收和饶让抵免的核准事项取消后有关后续管理问题的公告》（国家税务总局公告 2015 年第 70 号）废止。

税收协定有关抵免规定一览表

<table>
<tr><th colspan="2">消除双重征税规定</th><th>与下列国家（地区）协定</th></tr>
<tr><td rowspan="2">中国居民从下列国家取得所得已征税款在中国：按限额抵免</td><td>包括间接抵免（条件：股份10%）</td><td>日本、美国、法国（20%）、英国（20%）、比利时（20%）、德国（20%）、马来西亚、挪威、丹麦（20%）、新加坡（20%）、加拿大、芬兰（20%）、瑞典、新西兰（20%）、泰国、意大利、荷兰（20%）、斯洛伐克、波兰、澳大利亚、保加利亚、巴基斯坦、科威特、瑞士（20%）、塞浦路斯、西班牙（20%）、罗马尼亚（20%）、奥地利、巴西、蒙古、匈牙利、马耳他（20%）、阿联酋、卢森堡、韩国、俄罗斯（20%）、巴新、印度、毛里求斯、克罗地亚、白俄罗斯、斯洛文尼亚、以色列、越南、土耳其、乌克兰、牙买加、冰岛、立陶宛、拉脱维亚（20%）、孟加拉国、苏丹、葡萄牙、爱沙尼亚（20%）、爱尔兰、巴巴多斯（20%）、印度尼西亚、突尼斯、巴林（20%）、特多、墨西哥、阿尔及利亚、塔吉克斯坦（20%）、埃塞俄比亚（20%）、土库曼斯坦（20%）、捷克（20%）、赞比亚、叙利亚、博茨瓦纳（20%）、厄瓜多尔（20%）、智利（20%）、津巴布韦、柬埔寨、刚果（布）（20%）、安哥拉、卢旺达（20%）、中国香港</td></tr>
<tr><td>一般抵免（不包括间接抵免）</td><td>波黑、亚美尼亚、乌兹别克斯坦、塞尔维亚和黑山、马其顿、埃及、老挝、塞舌尔、菲律宾、南非、摩尔多瓦、卡塔尔、古巴、委内瑞拉、尼泊尔、哈萨克斯坦、阿曼、尼日利亚、伊朗、希腊、吉尔吉斯、摩洛哥、斯里兰卡、阿尔巴尼亚、文莱、阿塞拜疆、格鲁吉亚、沙特阿拉伯</td></tr>
<tr><td rowspan="2">缔约国对方居民从中国境内取得所得已征税款在对方国家：按限额抵免</td><td>包括间接抵免（条件：股份10%）</td><td>日本（25%）、美国、英国、马来西亚、新加坡、斯洛伐克、澳大利亚（不限额）、巴基斯坦、蒙古、韩国、毛里求斯、以色列、牙买加、拉脱维亚、苏丹、爱沙尼亚、爱尔兰（不限额）、巴巴多斯、尼日利亚、突尼斯、希腊（无比例限制）、特多（25%）、墨西哥、柬埔寨、中国香港</td></tr>
<tr><td>一般抵免（不包括间接抵免）</td><td>法国、比利时、德国、挪威、丹麦、加拿大、芬兰、瑞典、新西兰、泰国、意大利、波兰、波黑、保加利亚、科威特、瑞士、塞浦路斯、西班牙、罗马尼亚、奥地利、巴西、匈牙利、马耳他、阿联酋、卢森堡、俄罗斯、巴新、印度、克罗地亚、白俄罗斯、斯洛文尼亚、越南、土耳其、乌克兰、亚美尼亚、冰岛、立陶宛、乌兹别克斯坦、孟加拉国、塞尔维亚和黑山、马其顿、埃及、葡萄牙、老挝、塞舌尔、菲律宾、南非、摩尔多瓦、卡塔尔、古巴、委内瑞拉、尼泊尔、哈萨克斯坦、印度尼西亚、阿曼、伊朗、巴林、吉尔吉斯、摩洛哥、斯里兰卡、阿尔巴尼亚、文莱、阿塞拜疆、格鲁吉亚、沙特阿拉伯、阿尔及利亚、塔吉克斯坦、埃塞俄比亚、土库曼斯坦、捷克、赞比亚、叙利亚、博茨瓦纳、厄瓜多尔、智利（不限额）、津巴布韦、刚果（布）、安哥拉、卢旺达、中国澳门</td></tr>
</table>

续表

消除双重征税规定		与下列国家（地区）协定
缔约国对方居民从中国境内取得所得已征税款在对方国家：免税	仅就部分所得征收的税收	英国、比利时、德国、挪威、加拿大、芬兰、瑞典、荷兰、波兰、保加利亚、瑞士、西班牙、奥地利、巴西、匈牙利、卢森堡、亚美尼亚、厄瓜多尔、中国澳门
饶让规定（互相给予饶让抵免）	普通饶让抵免	马来西亚、泰国、波黑、保加利亚、巴基斯坦、科威特、塞浦路斯、巴新、印度、毛里求斯、越南、牙买加、塞尔维亚和黑山、马其顿、塞舌尔、古巴、尼泊尔、阿曼、突尼斯、摩洛哥、特多、埃塞俄比亚（营业利润）、柬埔寨、卢旺达、安哥拉（仅中国）
	定率饶让抵免仅就部分所得征收的税收（股息、利息及特许权使用费的定率饶让）	意大利（股息：10%；利息：10%；特许权：15%） 斯洛伐克（股息：10%；利息：10%；特许权：20%） 巴基斯坦（股息：15%；利息：10%；特许权：15%；技术服务费：15%） 塞浦路斯（股息：10%；利息：10%；特许权：10%） 巴新（股息：15%；利息：10%；特许权：10%） 越南（股息：10%；利息 10%；特许权：10%） 牙买加（股息：5%；利息：7.5%；特许权：10%）
对方国家给予单方面饶让（即对方国家居民从中国取得的所得对方国家单方面给予税收饶让抵免）	普通饶让抵免	新加坡、阿联酋、科威特
	一般仅限于对投资所得税收的饶让（专指股息、利息及特许权使用费的定率饶让抵免）	日本（股息：合资经营 10%，其他 20%；利息 10%；特许权：20%） 加拿大（股息：根据投资比例分别 10%、15%；利息：10%；特许权：15%；合营企业股息不征税） 波兰（股息：10%；利息：10%；特许权：10%） 科威特（股息：合资经营 10%，其他 20%；利息 20%；特许权：20%） 奥地利（股息：10%；利息：10%；特许权：20%） 匈牙利（股息：20%） 阿联酋（股息 20%；利息 20%；特许权：20%）

注：此表根据国家税务总局网站截止 2023 年 12 月底的税收协定（安排）资料整理，仅供参考，详细情况以税收协定（安排）文本为准。

七、资料管理

1. 申报税收抵免时所需的资料

企业申报抵免境外所得税收（包括按照《通知》[①] 第十条规定的简易办法进行的抵免）时应向其主管税务机关提交如下书面资料[②]：

（1）与境外所得相关的完税证明或纳税凭证（原件或复印件）。

（2）不同类型的境外所得申报税收抵免还需分别提供：

①取得境外分支机构的营业利润所得需提供境外分支机构会计报表；境外分支机构所得依照中国境内企业所得税法及实施条例的规定计算的应纳税额的计算过程及说明资料；具有资质的机构出具的有关分支机构审计报告等；

②取得境外股息、红利所得需提供集团组织架构图；被投资公司章程复印件；境外企业有权决定利润分配的机构作出的决定书等；

③取得境外利息、租金、特许权使用费、转让财产等所得需提供依照中国境内企业所得税法及实施条例规定计算的应纳税额的资料及计算过程；项目合同复印件等。

（3）申请享受税收饶让抵免的还需提供：

①本企业及其直接或间接控制的外国企业在境外所获免税及减税的依据及证明或有关审计报告披露该企业享受的优惠政策的复印件；

②企业在其直接或间接控制的外国企业的参股比例等情况的证明复印件；

③间接抵免税额或者饶让抵免税额的计算过程；

④由本企业直接或间接控制的外国企业的财务会计资料。

（4）采用简易办法计算抵免限额的还需提供：

①取得境外分支机构的营业利润所得需提供企业申请及有关情况说明；来源国（地区）政府机关核发的具有纳税性质的凭证和证明复印件；

②取得符合境外税额间接抵免条件的股息所得需提供企业申请及有关情况说

---

① 编者注：《通知》是指《财政部　国家税务总局关于企业境外所得税收抵免有关问题的通知》（财税〔2009〕125 号）。

② 根据《国家税务总局关于部分税务事项实行容缺办理和进一步精简涉税费资料报送的公告》（国家税务总局公告 2022 年第 26 号）规定，自 2023 年 2 月 1 日起，《企业境外所得税收抵免操作指南》第九条第 30 项第（1）点，第（2）点①中“境外分支机构所得依照中国境内企业所得税法及实施条例的规定计算的应纳税额的计算过程及说明资料”、第（2）点②、第（2）点③中“项目合同复印件等”，第（3）点②、③、④，第（4）点①、②不再向税务机关报送，改由纳税人完整保存留存备查。纳税人对留存备查资料的真实性和合法性承担法律责任。

明；符合企业所得税法第二十四条条件的有关股权证明的文件或凭证复印件。

（5）主管税务机关要求提供的其它资料。

摘自2010年7月2日《国家税务总局关于发布〈企业境外所得税收抵免操作指南〉的公告》（国家税务总局公告2010年第1号）

2. 企业境外承包工程税收抵免凭证的规定

企业以总分包或联合体方式在境外实施工程项目（包括但不限于工程建设、基础设施建设等项目，下同），其来源于境外所得已在境外缴纳的企业所得税税额，可按本公告规定以总承包企业或联合体主导方企业开具的《境外承包工程项目完税凭证分割单（总分包方式）》（以下简称《分割单（总分包方式）》）或《境外承包工程项目完税凭证分割单（联合体方式）》（以下简称《分割单（联合体方式）》）作为境外所得完税证明或纳税凭证进行税收抵免。

企业以总分包方式在境外承包工程，除总承包企业自行施工的部分外，发生分包（再分包，下同）的，其分包部分来源于境外所得已由总承包企业在境外缴纳的企业所得税税额，总承包企业可按实际取得的收入、工作量等因素确定的合理比例进行分配，开具《分割单（总分包方式）》，并将《分割单（总分包方式）》复印件提供给分包企业，分包企业据此申报抵免。总承包企业按分配后的余额申报抵免。同一项目分配方法应当一致，且在项目存续期内不得改变。

企业以联合体方式中标境外工程，该联合体在境外缴纳的企业所得税税额可由主导方企业按实际取得的收入、工作量等因素确定的合理比例进行分配，开具《分割单（联合体方式）》，并将《分割单（联合体方式）》复印件提供给联合体各方企业，联合体各方企业据此申报抵免。

摘自2017年11月21日《国家税务总局关于企业境外承包工程税收抵免凭证有关问题的公告》（国家税务总局公告2017年第41号）

3. 对企业非中文备案资料的处理

以上提交备案资料使用非中文的，企业应同时提交中文译本复印件。

上述资料已向税务机关提供的，可不再提供；若有变更的，须重新提供；复印件须注明与原件一致，译本须注明与原本无异议，并加盖企业公章。

摘自2010年7月2日《国家税务总局关于发布〈企业境外所得税收抵免操作指南〉的公告》（国家税务总局公告2010年第1号）

八、其他规定

1. 建立境外税额抵免管理台账

税务机关、企业在年度企业所得税汇算清缴时，应对结转以后年度抵免的境外所得税额分国别（地区）建立台账管理，准确填写逐年抵免情况。

摘自 2010 年 7 月 2 日《国家税务总局关于发布〈企业境外所得税收抵免操作指南〉的公告》（国家税务总局公告 2010 年第 1 号）

2. 后续管理

企业境外所得符合《财政部　国家税务总局关于企业境外所得税收抵免有关问题的通知》（财税〔2009〕125 号）第十条第（一）项和第（二）项规定情形的，可以采取简易办法对境外所得已纳税额计算抵免。企业在年度汇算清缴期内，应向主管税务机关报送备案资料，备案资料的具体内容按照《国家税务总局关于发布〈企业境外所得税收抵免操作指南〉的公告》（国家税务总局公告 2010 年第 1 号）第 30 条的规定执行。

摘自 2015 年 10 月 10 日《国家税务总局关于企业境外所得适用简易征收和饶让抵免的核准事项取消后有关后续管理问题的公告》（国家税务总局公告 2015 年第 70 号）

3. 法定税率明显高于我国的境外所得来源国

法定税率明显高于我国的境外所得来源国有：美国、阿根廷、布隆迪、喀麦隆、古巴、法国、日本、摩洛哥、巴基斯坦、赞比亚、科威特、孟加拉国、叙利亚、约旦、老挝。①

摘自 2009 年 12 月 25 日《财政部　国家税务总局关于企业境外所得税收抵免有关问题的通知》（财税〔2009〕125 号）

4. 境外分支机构纳税年度的确定

企业在境外投资设立不具有独立纳税地位的分支机构，其计算生产、经营所得的纳税年度与我国规定的纳税年度不一致的，与我国纳税年度当年度相对应的

① 编者注：部分国家税改后法定税率发生变动。请读者以各国公布的最新法定税率为准。

境外纳税年度，应为在我国有关纳税年度中任何一日结束的境外纳税年度。

摘自2009年12月25日《财政部　国家税务总局关于企业境外所得税收抵免有关问题的通知》（财税〔2009〕125号）

第五节　境外注册中资控股企业的税收管理

一、基本规定

1. 境外中资控股企业的含义

境外注册中资控股企业（以下简称境外中资企业）是指由中国内地企业或者企业集团作为主要控股投资者，在中国内地以外国家或地区（含香港、澳门、台湾）注册成立的企业。

摘自2011年7月27日《国家税务总局关于印发〈境外注册中资控股居民企业所得税管理办法（试行）〉的公告》（国家税务总局公告2011年第45号）

2. 非境内注册居民企业的含义

境外注册中资控股居民企业（以下简称非境内注册居民企业）是指因实际管理机构在中国境内而被认定为中国居民企业的境外注册中资控股企业。

非境内注册居民企业应当按照企业所得税法及其实施条例和相关管理规定的要求，履行居民企业所得税纳税义务，并在向非居民企业支付企业所得税法第三条第三款规定的款项时，依法代扣代缴企业所得税。

摘自2011年7月27日《国家税务总局关于印发〈境外注册中资控股居民企业所得税管理办法（试行）〉的公告》（国家税务总局公告2011年第45号）

3. 非境内注册居民企业的判定条件

境外中资企业同时符合以下条件的，根据企业所得税法第二条第二款和实施条例第四条的规定，应判定其为实际管理机构在中国境内的居民企业（以下称非境内注册居民企业），并实施相应的税收管理，就其来源于中国境内、境外的所得征收企业所得税。

（1）企业负责实施日常生产经营管理运作的高层管理人员及其高层管理部门履行职责的场所主要位于中国境内；

（2）企业的财务决策（如借款、放款、融资、财务风险管理等）和人事决策（如任命、解聘和薪酬等）由位于中国境内的机构或人员决定，或需要得到位于中国境内的机构或人员批准；

（3）企业的主要财产、会计账簿、公司印章、董事会和股东会议纪要档案等位于或存放于中国境内；

（4）企业1/2（含1/2）以上有投票权的董事或高层管理人员经常居住于中国境内。

对于实际管理机构的判断，应当遵循实质重于形式的原则。

摘自2009年4月22日《国家税务总局关于境外注册中资控股企业依据实际管理机构标准认定为居民企业有关问题的通知》（国税发〔2009〕82号）

4. 对非境内注册居民企业的相关规定

（1）权益性投资收益的规定

非境内注册居民企业从中国境内其他居民企业取得的股息、红利等权益性投资收益，按照企业所得税法第二十六条和实施条例第八十三条的规定，作为其免税收入。非境内注册居民企业的投资者从该居民企业分得的股息红利等权益性投资收益，根据实施条例第七条第（四）款的规定，属于来源于中国境内的所得，应当征收企业所得税；该权益性投资收益中符合企业所得税法第二十六条和实施条例第八十三条规定的部分，可作为收益人的免税收入。

摘自2009年4月22日《国家税务总局关于境外注册中资控股企业依据实际管理机构标准认定为居民企业有关问题的通知》（国税发〔2009〕82号）

境外注册中资控股企业自其被认定为居民企业的年度起，从中国境内其他居民企业取得以前年度（限于2008年1月1日以后）的股息、红利等权益性投资收益，应按照《中华人民共和国企业所得税法》第二十六条及其实施条例第十七条、第八十三条的规定处理。

摘自2014年1月29日《国家税务总局关于依据实际管理机构标准实施居民企业认定有关问题的公告》（国家税务总局公告2014年第9号）

（2）投资企业法律地位的规定

非境内注册居民企业在中国境内投资设立的企业，其外商投资企业的税收法律地位不变。

摘自2009年4月22日《国家税务总局关于境外注册中资控股企业依据实际管理机构标准认定为居民企业有关问题的通知》（国税发〔2009〕82号）

（3）不视为受控外国企业的规定

境外中资企业被判定为非境内注册居民企业的，按照企业所得税法第四十五条以及受控外国企业管理的有关规定，不视为受控外国企业，但其所控制的其他受控外国企业仍应按照有关规定进行税务处理。

摘自2009年4月22日《国家税务总局关于境外注册中资控股企业依据实际管理机构标准认定为居民企业有关问题的通知》（国税发〔2009〕82号）

5. 主管税务机关的确定

本办法所称主管税务机关是指境外注册中资控股居民企业中国境内主要投资者登记注册地主管税务机关。

摘自2015年4月17日《国家税务总局关于修改〈非居民企业所得税核定征收管理办法〉等文件的公告》（国家税务总局公告2015年第22号）

二、居民身份认定管理

1. 认定程序

境外中资企业居民身份的认定，采用企业自行判定提请税务机关认定和税务机关调查发现予以认定两种形式。

摘自2011年7月27日《国家税务总局关于印发〈境外注册中资控股居民企业所得税管理办法（试行）〉的公告》（国家税务总局公告2011年第45号）

2. 企业自行判定

境外中资企业应当根据生产经营和管理的实际情况，自行判定实际管理机构是否设立在中国境内。如其判定符合《通知》[①] 第二条规定的居民企业条件，应当向其主管税务机关书面提出居民身份认定申请，同时提供以下资料：

（1）企业法律身份证明文件；

（2）企业集团组织结构说明及生产经营概况；

（3）企业上一个纳税年度的公证会计师审计报告；

（4）负责企业生产经营等事项的高层管理机构履行职责场所的地址证明；

（5）企业上一年度及当年度董事及高层管理人员在中国境内居住的记录；

（6）企业上一年度及当年度重大事项的董事会决议及会议记录；

（7）主管税务机关要求提供的其他资料。

摘自2011年7月27日《国家税务总局关于印发〈境外注册中资控股居民企业所得税管理办法（试行）〉的公告》（国家税务总局公告2011年第45号）

3. 税务机关调查发现

主管税务机关发现境外中资企业符合《通知》[②] 第二条规定但未申请成为中国居民企业的，可以对该境外中资企业的实际管理机构所在地情况进行调查，并要求境外中资企业提供本办法第七条规定的资料。调查过程中，主管税务机关有权要求该企业的境内投资者提供相关资料。

摘自2011年7月27日《国家税务总局关于印发〈境外注册中资控股居民企业所得税管理办法（试行）〉的公告》（国家税务总局公告2011年第45号）

4. 税务机关认定程序

主管税务机关依法对企业提供的相关资料进行审核，提出初步认定意见，将据以做出初步认定的相关事实（资料）、认定理由和结果层报税务总局确认。

税务总局认定境外中资企业居民身份的，应当将相关认定结果同时书面告知境内投资者、境内被投资者的主管税务机关。

①② 编者注：《通知》是指《国家税务总局关于境外注册中资控股企业依据实际管理机构标准认定为居民企业有关问题的通知》（国税发〔2009〕82号）。

非境内注册居民企业的主管税务机关收到税务总局关于境外中资企业居民身份的认定结果后，应当在10日内向该企业下达《境外注册中资控股企业居民身份认定书》，通知其从企业居民身份确认年度开始按照我国居民企业所得税管理规定及本办法规定办理有关税收事项。

摘自2011年7月27日《国家税务总局关于印发〈境外注册中资控股居民企业所得税管理办法（试行）〉的公告》（国家税务总局公告2011年第45号）

符合《通知》[①] 第二条规定的居民企业认定条件的境外中资企业，须向其中国境内主要投资者登记注册地主管税务机关提出居民企业认定申请，主管税务机关对其居民企业身份进行初步判定后，层报省级税务机关确认。经省级税务机关确认后抄送其境内其他投资地相关省级税务机关。

按本公告实施居民企业认定时，经省级税务机关确认后，30日内抄报国家税务总局，由国家税务总局网站统一对外公布。国家税务总局适时开展检查，对不符合条件的，责令其纠正。

摘自2014年1月29日《国家税务总局关于依据实际管理机构标准实施居民企业认定有关问题的公告》（国家税务总局公告2014年第9号）

5. 重大变化的税务处理

非境内注册居民企业发生下列重大变化情形之一的，应当自变化之日起15日内报告主管税务机关，主管税务机关应当按照本办法规定层报税务总局确定是否取消其居民身份。

（1）企业实际管理机构所在地变更为中国境外的；

（2）中方控股投资者转让企业股权，导致中资控股地位发生变化的。

税务总局认定终止非境内注册居民企业居民身份的，应当将相关认定结果同时书面告知境内投资者、境内被投资者的主管税务机关。企业应当自主管税务机关书面告知之日起停止履行中国居民企业的所得税纳税义务与扣缴义务，同时停止享受中国居民企业税收待遇。上述主管税务机关应当依法做好减免税款追缴等

① 编者注：《通知》是指《国家税务总局关于境外注册中资控股企业依据实际管理机构标准认定为居民企业有关问题的通知》（国税发〔2009〕82号）。

后续管理工作。

摘自2011年7月27日《国家税务总局关于印发〈境外注册中资控股居民企业所得税管理办法（试行）〉的公告》（国家税务总局公告2011年第45号）

三、税务登记管理

1. 办理税务登记

非境内注册居民企业应当自收到居民身份认定书之日起30日内向主管税务机关提供以下资料申报办理税务登记，主管税务机关核发临时税务登记证及副本：

（1）居民身份认定书；

（2）境外注册登记证件；

（3）税务机关要求提供的其他资料。

摘自2011年7月27日《国家税务总局关于印发〈境外注册中资控股居民企业所得税管理办法（试行）〉的公告》（国家税务总局公告2011年第45号）

2. 注销税务登记

非境内注册居民企业经税务总局确认终止居民身份的，应当自收到主管税务机关书面通知之日起15日内向主管税务机关申报办理注销税务登记。

摘自2011年7月27日《国家税务总局关于印发〈境外注册中资控股居民企业所得税管理办法（试行）〉的公告》（国家税务总局公告2011年第45号）

3. 扣缴税款登记

发生本办法第四条扣缴义务的非境内注册居民企业应当自扣缴义务发生之日起30日内，向主管税务机关申报办理扣缴税款登记。

摘自2011年7月27日《国家税务总局关于印发〈境外注册中资控股居民企业所得税管理办法（试行）〉的公告》（国家税务总局公告2011年第45号）

四、账簿凭证管理

1. 账簿要求

非境内注册居民企业应当按照中国有关法律、法规和国务院财政、税务主管部门的规定，编制财务、会计报表，并在领取税务登记证件之日起 15 日内将企业的财务、会计制度或者财务会计、处理办法及有关资料报送主管税务机关备案。

发生扣缴义务的非境内注册居民企业应当设立代扣代缴税款账簿和合同资料档案，准确记录扣缴企业所得税情况。

摘自 2011 年 7 月 27 日《国家税务总局关于印发〈境外注册中资控股居民企业所得税管理办法（试行）〉的公告》（国家税务总局公告 2011 年第 45 号）

2. 文本要求

非境内注册居民企业存放在中国境内的会计账簿和境内税务机关要求提供的报表等资料，应当使用中文。

摘自 2011 年 7 月 27 日《国家税务总局关于印发〈境外注册中资控股居民企业所得税管理办法（试行）〉的公告》（国家税务总局公告 2011 年第 45 号）

3. 发票管理

非境内注册居民企业与境内单位或者个人发生交易的，应当按照发票管理办法规定使用发票，发票存根应当保存在中国境内，以备税务机关查验。

摘自 2011 年 7 月 27 日《国家税务总局关于印发〈境外注册中资控股居民企业所得税管理办法（试行）〉的公告》（国家税务总局公告 2011 年第 45 号）

五、申报征收管理

1. 纳税申报方式

非境内注册居民企业按照分季预缴、年度汇算清缴方法申报缴纳所得税。

非境内注册居民企业发生终止生产经营或者居民身份变化情形的，应当自停止生产经营之日或者省级税务机关取消其居民企业之日起60日内，向其主管税务机关办理当期企业所得税汇算清缴。

非境内注册居民企业需要申报办理注销税务登记的，应在注销税务登记前，就其清算所得向主管税务机关申报缴纳企业所得税。

摘自2011年7月27日《国家税务总局关于印发〈境外注册中资控股居民企业所得税管理办法（试行）〉的公告》（国家税务总局公告2011年第45号）

2. 外币折算

非境内注册居民企业应当以人民币计算缴纳企业所得税；所得以人民币以外的货币计算的，应当按照企业所得税法及其实施条例有关规定折合成人民币计算并缴纳企业所得税。

摘自2011年7月27日《国家税务总局关于印发〈境外注册中资控股居民企业所得税管理办法（试行）〉的公告》（国家税务总局公告2011年第45号）

3. 税务管理和法律责任

对非境内注册居民企业未依法履行居民企业所得税纳税义务的，主管税务机关应依据税收征管法及其实施细则的有关规定追缴税款、加收滞纳金，并处罚款。

主管税务机关应当在非境内注册居民企业年度申报和汇算清缴结束后两个月内，判定其构成居民身份的条件是否发生实质性变化。对实际管理机构转移至境外或者企业中资控股地位发生变化的，主管税务机关应层报省级税务机关终止其居民身份。

对于境外中资企业频繁转换企业身份，又无正当理由的，主管税务机关应层报省级税务机关核准后追回其已按居民企业享受的股息免税待遇。

摘自2011年7月27日《国家税务总局关于印发〈境外注册中资控股居民企业所得税管理办法（试行）〉的公告》（国家税务总局公告2011年第45号）

主管税务机关应按季度核查非境内注册居民企业向非居民企业支付股息、利息、租金、特许权使用费、转让财产收入及其他收入依法扣缴企业所得税的情况，发现该企业未依法履行相关扣缴义务的，应按照税收征管法及其实施细则和企业所得税法及其实施条例等有关规定对其进行处罚，并向非居民企业追缴税款。

摘自2011年7月27日《国家税务总局关于印发〈境外注册中资控股居民企业所得税管理办法（试行）〉的公告》（国家税务总局公告2011年第45号）

六、特定事项管理

1. 取得有关所得的处理

非境内注册居民企业取得来源于中国境内的股息、红利等权益性投资收益和利息、租金、特许权使用费所得、转让财产所得以及其他所得，应当向相关支付方出具本企业的《境外注册中资控股企业居民身份认定书》复印件。

相关支付方凭上述复印件不予履行该所得的税款扣缴义务，并在对外支付上述外汇资金时凭该复印件向主管税务机关申请开具相关税务证明。其中涉及个人所得税、营业税等其他税种纳税事项的，仍按对外支付税务证明开具的有关规定办理。

摘自2011年7月27日《国家税务总局关于印发〈境外注册中资控股居民企业所得税管理办法（试行）〉的公告》（国家税务总局公告2011年第45号）

2. 涉及股权转让的处理

非居民企业转让非境内注册居民企业股权所得，属于来源于中国境内所得，被转让的非境内注册居民企业应当自股权转让协议签订之日起30日内，向其主管税务机关报告并提供股权转让合同及相关资料。

摘自2011年7月27日《国家税务总局关于印发〈境外注册中资控股居民企业所得税管理办法（试行）〉的公告》（国家税务总局公告2011年第45号）

3. 关联申报和同期资料

非境内注册居民企业应当按照相关规定，履行关联申报及同期资料准备等义务。

摘自2011年7月27日《国家税务总局关于印发〈境外注册中资控股居民企业所得税管理办法（试行）〉的公告》（国家税务总局公告2011年第45号）

4. 启动相互协商程序的规定

境外税务当局拒绝给予非境内注册居民企业税收协定待遇，或者将其认定为所在国家（地区）税收居民的，该企业可按有关规定书面申请启动税务相互协商程序。

主管税务机关受理企业提请协商的申请后，应当及时将申请及有关资料层报税务总局，由税务总局与有关国家（地区）税务当局进行协商。

摘自2011年7月27日《国家税务总局关于印发〈境外注册中资控股居民企业所得税管理办法（试行）〉的公告》（国家税务总局公告2011年第45号）

政策依据

1.《中华人民共和国企业所得税法》（中华人民共和国主席令第23号）

2.《中华人民共和国企业所得税法实施条例》（中华人民共和国国务院令第714号）

3.《国家税务总局关于修改〈税务登记管理办法〉的决定》（国家税务总局令第36号）

4.《国家税务总局关于做好我国企业境外投资税收服务与管理工作的意见》（国税发〔2007〕32号）

5.《国家税务总局关于境外注册中资控股企业依据实际管理机构标准认定为居民企业有关问题的通知》（国税发〔2009〕82号）

6.《财政部　国家税务总局关于企业重组业务企业所得税处理若干问题的通知》（财税〔2009〕59号）

7.《财政部　国家税务总局关于企业境外所得税收抵免有关问题的通知》(财税〔2009〕125号)

8.《国家税务总局关于发布〈企业境外所得税收抵免操作指南〉的公告》(国家税务总局公告2010年第1号)

9.《国家税务总局关于进一步做好"走出去"企业税收服务与管理工作的意见》(国税发〔2010〕59号)

10.《财政部　国家税务总局关于我国石油企业在境外从事油(气)资源开采所得税收抵免有关问题的通知》(财税〔2011〕23号)

11.《国家税务总局关于印发〈境外注册中资控股居民企业所得税管理办法(试行)〉的公告》(国家税务总局公告2011年第45号)

12.《财政部　国家税务总局关于高新技术企业境外所得适用税率及税收抵免问题的通知》(财税〔2011〕47号)

13.《国家税务总局关于依据实际管理机构标准实施居民企业认定有关问题的公告》(国家税务总局公告2014年第9号)

14.《财政部　国家税务总局　证监会关于沪港股票市场交易互联互通机制试点有关税收政策的通知》(财税〔2014〕81号)

15.《国家税务总局关于落实"一带一路"发展战略要求　做好税收服务与管理工作的通知》(税总发〔2015〕60号)

16.《国家税务总局关于企业境外所得适用简易征收和饶让抵免的核准事项取消后有关后续管理问题的公告》(国家税务总局公告2015年第70号)

17.《国家税务总局关于开具〈中国税收居民身份证明〉有关事项的公告》(国家税务总局公告2016年第40号)

18.《财政部　国家税务总局　证监会关于深港股票市场交易互联互通机制试点有关税收政策的通知》(财税〔2016〕127号)

19.《国家税务总局关于企业境外承包工程税收抵免凭证有关问题的公告》(国家税务总局公告2017年第41号)

20.《财政部　税务总局关于完善企业境外所得税收抵免政策问题的通知》(财税〔2017〕84号)

21.《国家税务总局关于哈萨克斯坦超额利润税税收抵免有关问题的公告》(国家税务总局公告2019年第1号)

22.《国家税务总局关于调整〈中国税收居民身份证明〉有关事项的公告》

（国家税务总局公告 2019 年第 17 号）

23.《国家税务总局关于部分税务证明事项实行告知承诺制　进一步优化纳税服务的公告》（国家税务总局公告 2021 年第 21 号）

24.《国家税务总局关于优化纳税服务　简并居民企业报告境外投资和所得信息有关报表的公告》（国家税务总局公告 2023 年第 17 号）

第五章 税收情报交换

税收情报交换是税收协定、情报交换、协定或征管互助协议缔约方主管当局，为实施协定、协议以及协定、协议所含税种相应的国内法律、法规，而相互交换所需信息的行为。它是维护国家税收权益和国际税收征管秩序的重要手段，是缔约方应当承担的一项国际义务。目前，我国已与巴哈马、英属维尔京、马恩岛、根西、泽西、百慕大、阿根廷、开曼、圣马力诺、列支登士敦等国家（地区）签署了关于税收情报交换的协定（协议）。

本章根据《国家税务总局关于〈多边税收征管互助公约〉生效执行的公告》（国家税务总局公告2016年第4号）、《国家税务总局　财政部　中国人民银行　中国银行业监督管理委员会　中国证券监督管理委员会　中国保险监督管理委员会关于发布〈非居民金融账户涉税信息尽职调查管理办法〉的公告》（国家税务总局公告2017年第14号）等文件规定，对税收情报交换的相关内容予以归类编辑。

第一节　多边税收征管互助公约

1.《多边税收征管互助公约》（以下简称《公约》）适用的税种

《公约》适用于根据我国法律由税务机关征收管理的税种，具体包括：企业所得税、个人所得税、城镇土地使用税、房产税、土地增值税、增值税、营业税、消费税、烟叶税、车辆购置税、车船税、资源税、城市维护建设税、耕地占用税、印花税、契税。

摘自2016年1月18日《国家税务总局关于〈多边税收征管互助公约〉生效执行的公告》（国家税务总局公告2016年第4号）

2. 我国与《公约》其他缔约方开展征管协助的形式

我国税务机关现阶段与《公约》其他缔约方之间开展征管协助的形式为情报交换，有关具体要求按照《国家税务总局关于印发〈国际税收情报交换工作规程〉的通知》（国税发〔2006〕70号）规定执行。

摘自2016年1月18日《国家税务总局关于〈多边税收征管互助公约〉生效执行的公告》（国家税务总局公告2016年第4号）

3.《公约》批准书中我国声明保留内容

以下事项属于《公约》批准书中我国声明保留内容：

（1）对上述税种以外的税种，不提供任何形式的协助；

（2）不协助其他缔约方追缴税款，不协助提供保全措施；

（3）不提供文书送达方面的协助；

（4）不允许通过邮寄方式送达文书。

摘自2016年1月18日《国家税务总局关于〈多边税收征管互助公约〉生效执行的公告》（国家税务总局公告2016年第4号）

4. 特别说明

在我国政府另行通知前，《公约》暂不适用于香港特别行政区和澳门特别行政区。

摘自 2016 年 1 月 18 日《国家税务总局关于〈多边税收征管互助公约〉生效执行的公告》（国家税务总局公告 2016 年第 4 号）

第二节 非居民金融账户涉税信息尽职调查

一、基本原则

1.《非居民金融账户涉税信息尽职调查管理办法》的适用

为了履行《多边税收征管互助公约》和《金融账户涉税信息自动交换多边主管当局间协议》规定的义务，规范金融机构对非居民金融账户涉税信息的尽职调查行为，根据《中华人民共和国税收征收管理法》《中华人民共和国反洗钱法》等法律、法规的规定，制定本办法。

依法在中华人民共和国境内设立的金融机构开展非居民金融账户涉税信息尽职调查工作，适用本办法。

摘自 2017 年 5 月 9 日《国家税务总局 财政部 中国人民银行 中国银行业监督管理委员会 中国证券监督管理委员会 中国保险监督管理委员会关于发布〈非居民金融账户涉税信息尽职调查管理办法〉的公告》（国家税务总局公告 2017 年第 14 号）

2. 责任和义务

（1）金融机构的义务

金融机构应当遵循诚实信用、谨慎勤勉的原则，针对不同类型账户，按照本办法规定，了解账户持有人或者有关控制人的税收居民身份，识别非居民金融账户，收集并报送账户相关信息。

金融机构应当建立完整的非居民金融账户尽职调查管理制度，设计合理的业务流程和操作规范，并定期对本办法执行落实情况进行评估，妥善保管尽职调查过程中收集的资料，严格进行信息保密。金融机构应当对其分支机构执行本办法规定的尽职调查工作作出统一要求并进行监督管理。

金融机构应当向账户持有人充分说明本机构需履行的信息收集和报送义务，不得明示、暗示或者帮助账户持有人隐匿身份信息，不得协助账户持有人隐匿资产。

摘自2017年5月9日《国家税务总局 财政部 中国人民银行 中国银行业监督管理委员会 中国证券监督管理委员会 中国保险监督管理委员会关于发布〈非居民金融账户涉税信息尽职调查管理办法〉的公告》（国家税务总局公告2017年第14号）

（2）账户持有人的义务

账户持有人应当配合金融机构的尽职调查工作，真实、及时、准确、完整地向金融机构提供本办法规定的相关信息，并承担未遵守本办法规定的责任和风险。

摘自2017年5月9日《国家税务总局 财政部 中国人民银行 中国银行业监督管理委员会 中国证券监督管理委员会 中国保险监督管理委员会关于发布〈非居民金融账户涉税信息尽职调查管理办法〉的公告》（国家税务总局公告2017年第14号）

二、基本定义

1. 金融机构

本办法所称金融机构，包括存款机构、托管机构、投资机构、特定的保险机构及其分支机构：

（1）存款机构是指在日常经营活动中吸收存款的机构；

（2）托管机构是指近三个会计年度总收入的百分之二十以上来源于为客户持有金融资产的机构，机构成立不满三年的，按机构存续期间计算；

（3）投资机构是指符合以下条件之一的机构：

①近三个会计年度总收入的百分之五十以上来源于为客户投资、运作金融资产的机构，机构成立不满三年的，按机构存续期间计算；

②近三个会计年度总收入的百分之五十以上来源于投资、再投资或者买卖金融资产，且由存款机构、托管机构、特定的保险机构或者本项第1目所述投资机构进行管理并作出投资决策的机构，机构成立不满三年的，按机构存续期间计算；

③证券投资基金、私募投资基金等以投资、再投资或者买卖金融资产为目的而设立的投资实体。

（4）特定的保险机构是指开展有现金价值的保险或者年金业务的机构。本办法所称保险机构是指上一公历年度内，保险、再保险和年金合同的收入占总收入比重百分之五十以上的机构，或者在上一公历年度末拥有的保险、再保险和年金合同的资产占总资产比重百分之五十以上的机构。

本办法所称金融资产包括证券、合伙权益、大宗商品、掉期、保险合同、年金合同或者上述资产的权益，前述权益包括期货、远期合约或者期权。金融资产不包括实物商品或者不动产非债直接权益。

摘自2017年5月9日《国家税务总局　财政部　中国人民银行　中国银行业监督管理委员会　中国证券监督管理委员会　中国保险监督管理委员会关于发布〈非居民金融账户涉税信息尽职调查管理办法〉的公告》（国家税务总局公告2017年第14号）

下列机构属于本办法第六条规定的金融机构：

（1）商业银行、农村信用合作社等吸收公众存款的金融机构以及政策性银行；

（2）证券公司；

（3）期货公司；

（4）证券投资基金管理公司、私募基金管理公司、从事私募基金管理业务的合伙企业；

（5）开展有现金价值的保险或者年金业务的保险公司、保险资产管理公司；

（6）信托公司；

（7）其他符合条件的机构。

摘自2017年5月9日《国家税务总局　财政部　中国人民银行　中国银行业监督管理委员会　中国证券监督管理委员会　中国保险监督管理委员会关于发布〈非居民金融账户涉税信息尽职调查管理办法〉的公告》（国家税务总局公告2017年第14号）

下列机构不属于本办法第六条规定的金融机构：

（1）金融资产管理公司；

（2）财务公司；

（3）金融租赁公司；

（4）汽车金融公司；

（5）消费金融公司；

（6）货币经纪公司；

（7）证券登记结算机构；

（8）其他不符合条件的机构。

摘自2017年5月9日《国家税务总局　财政部　中国人民银行　中国银行业监督管理委员会　中国证券监督管理委员会　中国保险监督管理委员会关于发布〈非居民金融账户涉税信息尽职调查管理办法〉的公告》（国家税务总局公告2017年第14号）

2. 金融账户

本办法所称金融账户包括：

（1）存款账户，是指开展具有存款性质业务而形成的账户，包括活期存款、定期存款、旅行支票、带有预存功能的信用卡等。

（2）托管账户，是指开展为他人持有金融资产业务而形成的账户，包括代理客户买卖金融资产的业务以及接受客户委托、为客户管理受托资产的业务：

①代理客户买卖金融资产的业务包括证券经纪业务、期货经纪业务、代理客户开展贵金属、国债业务或者其他类似业务；

②接受客户委托、为客户管理受托资产的业务包括金融机构发起、设立或者管理不具有独立法人资格的理财产品、基金、信托计划、专户/集合类资产管理计划或者其他金融投资产品。

（3）其他账户，是指符合以下条件之一的账户：

①投资机构的股权或者债权权益，包括私募投资基金的合伙权益和信托的受益权；

②具有现金价值的保险合同或者年金合同。

摘自2017年5月9日《国家税务总局　财政部　中国人民银行　中国银行业监督管理委员会　中国证券监督管理委员会　中国保险监督管理委员会关于发布〈非居民金融账户涉税信息尽职调查管理办法〉的公告》（国家税务总局公告2017年第14号）

3. 非居民

本办法所称非居民是指中国税收居民以外的个人和企业（包括其他组织），但不包括政府机构、国际组织、中央银行、金融机构或者在证券市场上市交易的公司及其关联机构。前述证券市场是指被所在地政府认可和监管的证券市场。中国税收居民是指中国税法规定的居民企业或者居民个人。

摘自2017年5月9日《国家税务总局　财政部　中国人民银行　中国银行业监督管理委员会　中国证券监督管理委员会　中国保险监督管理委员会关于发布〈非居民金融账户涉税信息尽职调查管理办法〉的公告》（国家税务总局公告2017年第14号）

4. 非居民金融账户

本办法所称非居民金融账户是指在我国境内的金融机构开立或者保有的、由非居民或者有非居民控制人的消极非金融机构持有的金融账户。金融机构应当在识别出非居民金融账户之日起将其归入非居民金融账户进行管理。

账户持有人同时构成中国税收居民和其他国家（地区）税收居民的，金融机构应当按照本办法规定收集并报送其账户信息。

摘自2017年5月9日《国家税务总局　财政部　中国人民银行　中国银行业监督管理委员会　中国证券监督管理委员会　中国保险监督管理委员会关于发布〈非居民金融账户涉税信息尽职调查管理办法〉的公告》（国家税务总局公告2017年第14号）

5. 账户持有人

本办法所称账户持有人是指由金融机构登记或者确认为账户所有者的个人或者机构，不包括代理人、名义持有人、授权签字人等为他人利益而持有账户的个人或者机构。

现金价值保险合同或者年金合同的账户持有人是指任何有权获得现金价值或者变更合同受益人的个人或者机构，不存在前述个人或者机构的，则为合同所有者以及根据合同条款对支付款项拥有既得权利的个人或者机构。现金价值保险合同或者年金合同到期时，账户持有人包括根据合同规定有权领取款项的个人或者机构。

摘自2017年5月9日《国家税务总局　财政部　中国人民银行　中国银行业监督管理委员会　中国证券监督管理委员会　中国保险监督管理委员会关于发布〈非居民金融账户涉税信息尽职调查管理办法〉的公告》（国家税务总局公告2017年第14号）

6. 消极金融机构

本办法所称消极非金融机构是指符合下列条件之一的机构：

（1）上一公历年度内，股息、利息、租金、特许权使用费收入等不属于积极经营活动的收入，以及据以产生前述收入的金融资产的转让收入占总收入比重百分之五十以上的非金融机构；

（2）上一公历年度末，拥有可以产生本款第一项所述收入的金融资产占总资产比重百分之五十以上的非金融机构；

（3）税收居民国（地区）不实施金融账户涉税信息自动交换标准的投资机构。

下列非金融机构不属于消极非金融机构：

（1）上市公司及其关联机构；

（2）政府机构或者履行公共服务职能的机构；

（3）仅为了持有非金融机构股权或者向其提供融资和服务而设立的控股公司；

（4）成立时间不足二十四个月且尚未开展业务的企业；

（5）正处于资产清算或者重组过程中的企业；

（6）仅与本集团（该集团内机构均为非金融机构）内关联机构开展融资或者对冲交易的企业；

（7）非营利组织。

摘自2017年5月9日《国家税务总局　财政部　中国人民银行　中国银行业监督管理委员会　中国证券监督管理委员会　中国保险监督管理委员会关于发布〈非居民金融账户涉税信息尽职调查管理办法〉的公告》（国家税务总局公告2017年第14号）

7. 控制人

本办法所称控制人是指对某一机构实施控制的个人。

公司的控制人按照以下规则依次判定：

（1）直接或者间接拥有超过百分之二十五公司股权或者表决权的个人；

（2）通过人事、财务等其他方式对公司进行控制的个人；

（3）公司的高级管理人员。

合伙企业的控制人是拥有超过百分之二十五合伙权益的个人。

信托的控制人是指信托的委托人、受托人、受益人以及其他对信托实施最终有效控制的个人。

基金的控制人是指拥有超过百分之二十五权益份额或者其他对基金进行控制的个人。

摘自2017年5月9日《国家税务总局　财政部　中国人民银行　中国银行业监督管理委员会　中国证券监督管理委员会　中国保险监督管理委员会关于发布〈非居民金融账户涉税信息尽职调查管理办法〉的公告》（国家税务总局公告2017年第14号）

8. 关联机构

本办法所称关联机构是指一个机构控制另一个机构，或者两个机构受到共同控制，则该两个机构互为关联机构。

前款所称控制是指直接或者间接拥有机构百分之五十以上的股权和表决权。

摘自2017年5月9日《国家税务总局　财政部　中国人民银行　中国银行业监督管理委员会　中国证券监督管理委员会　中国保险监督管理委员会关于发布〈非居民金融账户涉税信息尽职调查管理办法〉的公告》（国家税务总局公告2017年第14号）

9. 金融账户的分类

本办法所称金融账户包括存量账户和新开账户。

存量账户是指符合下列条件之一的账户，包括存量个人账户和存量机构账户：

（1）截至2017年6月30日由金融机构保有的、由个人或者机构持有的金融账户；

（2）2017年7月1日（含当日，下同）以后开立并同时符合下列条件的金融账户：

①账户持有人已在同一金融机构开立了本款第一项所述账户的；

②上述金融机构在确定账户加总余额时将本款第二项所述账户与本款第一项所述账户视为同一账户的；

③金融机构已经对本款第一项所述账户进行反洗钱客户身份识别的；

④账户开立时，账户持有人无需提供除本办法要求以外的其他信息的。

存量个人账户包括低净值账户和高净值账户，低净值账户是指截至2017年6

月 30 日账户加总余额不超过相当于一百万美元（简称“一百万美元”，下同）的账户，高净值账户是指截至 2017 年 6 月 30 日账户加总余额超过一百万美元的账户。

新开账户是指 2017 年 7 月 1 日以后在金融机构开立的，除第二款第二项规定账户外，由个人或者机构持有的金融账户，包括新开个人账户和新开机构账户。

摘自 2017 年 5 月 9 日《国家税务总局　财政部　中国人民银行　中国银行业监督管理委员会　中国证券监督管理委员会　中国保险监督管理委员会关于发布〈非居民金融账户涉税信息尽职调查管理办法〉的公告》(国家税务总局公告 2017 年第 14 号)

10. 账户加总余额

本办法所称账户加总余额是指账户持有人在同一金融机构及其关联机构所持有的全部金融账户余额或者资产的价值之和。

金融机构需加总的账户限于通过计算机系统中客户号、纳税人识别号等关键数据项能够识别的所有金融账户。

联名账户的每一个账户持有人，在加总余额时应当计算该联名账户的全部余额。

在确定是否为高净值账户时，客户经理知道或者应当知道在其供职的金融机构内几个账户直接或者间接由同一个人拥有或者控制的，应当对这些账户进行加总。

金融机构在计算账户加总余额时，账户币种为非美元的，应当按照计算日当日中国人民银行公布的外汇中间价折合为美元计算。折合美元时，可以根据原币种金额折算，也可以根据该金融机构记账本位币所记录的金额进行折算。

摘自 2017 年 5 月 9 日《国家税务总局　财政部　中国人民银行　中国银行业监督管理委员会　中国证券监督管理委员会　中国保险监督管理委员会关于发布〈非居民金融账户涉税信息尽职调查管理办法〉的公告》(国家税务总局公告 2017 年第 14 号)

11. 非居民标识

本办法所称非居民标识是指金融机构用于检索判断存量个人账户持有人是否为非居民个人的有关要素，具体包括：

（1）账户持有人的境外身份证明；

（2）账户持有人的境外现居地址或者邮寄地址，包括邮政信箱；

（3）账户持有人的境外电话号码，且没有我国境内电话号码；

（4）存款账户以外的账户向境外账户定期转账的指令；

（5）账户代理人或者授权签字人的境外地址；

（6）境外的转交地址或者留交地址，并且是唯一地址。转交地址是指账户持有人要求将其相关信函寄给转交人的地址，转交人收到信函后再交给账户持有人。留交地址是指账户持有人要求将其相关信函暂时存放的地址。

摘自2017年5月9日《国家税务总局　财政部　中国人民银行　中国银行业监督管理委员会　中国证券监督管理委员会　中国保险监督管理委员会关于发布〈非居民金融账户涉税信息尽职调查管理办法〉的公告》（国家税务总局公告2017年第14号）

12. 证明材料

本办法所称证明材料是指：

（1）由政府出具的税收居民身份证明；

（2）由政府出具的含有个人姓名且通常用于身份识别的有效身份证明，或者由政府出具的含有机构名称以及主要办公地址或者注册成立地址等信息的官方文件。

摘自2017年5月9日《国家税务总局　财政部　中国人民银行　中国银行业监督管理委员会　中国证券监督管理委员会　中国保险监督管理委员会关于发布〈非居民金融账户涉税信息尽职调查管理办法〉的公告》（国家税务总局公告2017年第14号）

三、个人账户尽职调查规定

1. 对新开个人账户的尽职调查规定

金融机构应当按照以下规定，对新开个人账户开展尽职调查：

（1）个人开立账户时，金融机构应当获取由账户持有人签署的税收居民身份声明文件（以下简称"声明文件"），识别账户持有人是否为非居民个人。金融机构通过本机构电子渠道接收个人账户开户申请时，应当要求账户持有人提供电子声明文件。声明文件应当作为开户资料的一部分，声明文件相关信息可并入开户申请书中。个人代理他人开立金融账户以及单位代理个人开立金融账户时，经账户持有人书面授权后可由代理人签署声明文件。

（2）金融机构应当根据开户资料（包括通过反洗钱客户身份识别程序收集的资料），对声明文件的合理性进行审核，主要确认填写信息是否与其他信息存在明显矛盾。金融机构认为声明文件存在不合理信息时，应当要求账户持有人提供有效声明文件或者进行解释。不提供有效声明文件或者合理解释的，不得开立账户。

（3）识别为非居民个人的，金融机构应当收集并记录报送所需信息。

（4）金融机构知道或者应当知道新开个人账户情况发生变化导致原有声明文件信息不准确或者不可靠的，应当要求账户持有人提供有效声明文件。账户持有人自被要求提供之日起九十日内未能提供声明文件的，金融机构应当将其账户视为非居民账户管理。

摘自2017年5月9日《国家税务总局　财政部　中国人民银行　中国银行业监督管理委员会　中国证券监督管理委员会　中国保险监督管理委员会关于发布〈非居民金融账户涉税信息尽职调查管理办法〉的公告》（国家税务总局公告2017年第14号）

2. 对存量个人低净值账户的尽职调查规定

金融机构应当于2018年12月31日前选择以下方式完成对存量个人低净值账户的尽职调查：

（1）对于在现有客户资料（包括通过反洗钱客户身份识别程序收集的资料，下同）中留有地址，且有证明材料证明是现居地址或者地址位于现居国家（地区）的账户持有人，可以根据账户持有人的地址确定是否为非居民个人。邮寄无法送达的，不得将客户资料所留地址视为现居地址。

（2）利用现有信息系统开展电子记录检索，识别账户是否存在任一非居民标识。

现有客户资料中没有现居地址信息的，或者账户情况发生变化导致现居地址证明材料不再准确的，金融机构应当采用前款第二项方式开展尽职调查。

摘自2017年5月9日《国家税务总局　财政部　中国人民银行　中国银行业监督管理委员会　中国证券监督管理委员会　中国保险监督管理委员会关于发布〈非居民金融账户涉税信息尽职调查管理办法〉的公告》（国家税务总局公告2017年第14号）

对于存量个人低净值账户，2017 年 6 月 30 日之后任一公历年度末账户加总余额超过一百万美元时，金融机构应当在次年 12 月 31 日前，按照存量个人高净值账户的调查程序完成对账户的尽职调查。

摘自 2017 年 5 月 9 日《国家税务总局　财政部　中国人民银行　中国银行业监督管理委员会　中国证券监督管理委员会　中国保险监督管理委员会关于发布〈非居民金融账户涉税信息尽职调查管理办法〉的公告》（国家税务总局公告 2017 年第 14 号）

3. 对存量个人高净值账户的尽职调查规定

金融机构应当在 2017 年 12 月 31 日前对存量个人高净值账户依次完成以下尽职调查程序：

（1）开展电子记录检索和纸质记录检索，识别账户是否存在任一非居民标识。应当检索的纸质记录包括过去五年中获取的、与账户有关的全部纸质资料。

金融机构利用现有信息系统可电子检索出全部非居民标识字段信息的，可以不开展纸质记录检索。

（2）询问客户经理其客户是否为非居民个人。

摘自 2017 年 5 月 9 日《国家税务总局　财政部　中国人民银行　中国银行业监督管理委员会　中国证券监督管理委员会　中国保险监督管理委员会关于发布〈非居民金融账户涉税信息尽职调查管理办法〉的公告》（国家税务总局公告 2017 年第 14 号）

4. 对存在非居民标识的存量个人账户的身份识别

对发现存在非居民标识的存量个人账户，金融机构可以通过现有客户资料确认账户持有人为非居民个人的，应当收集并记录报送所需信息。无法确认的，应当要求账户持有人提供声明文件。声明为中国税收居民个人的，金融机构应当要求其提供相应证明材料；声明为非居民个人的，金融机构应当收集并记录报送所需信息。账户持有人自被要求提供之日起九十日内未能提供声明文件的，金融机构应当将其账户视为非居民账户管理。

对未发现存在非居民标识的存量个人账户，金融机构无需作进一步处理，但应当建立持续监控机制。当账户情况变化出现非居民标识时，应当执行前款规定程序。

摘自 2017 年 5 月 9 日《国家税务总局　财政部　中国人民银行　中国银

行业监督管理委员会　中国证券监督管理委员会　中国保险监督管理委员会关于发布〈非居民金融账户涉税信息尽职调查管理办法〉的公告》（国家税务总局公告2017年第14号）

5. 对现金价值保险合同或者年金合同的规定

对于现金价值保险合同或者年金合同，金融机构知道或者应当知道获得死亡保险金的受益人为非居民个人的，应当将其账户视为非居民账户管理。

摘自2017年5月9日《国家税务总局　财政部　中国人民银行　中国银行业监督管理委员会　中国证券监督管理委员会　中国保险监督管理委员会关于发布〈非居民金融账户涉税信息尽职调查管理办法〉的公告》（国家税务总局公告2017年第14号）

四、机构账户尽职调查规定

1. 对新开机构账户的尽职调查规定

金融机构应当按照以下规定，对新开机构账户开展尽职调查：

（1）机构开立账户时，金融机构应当获取由该机构授权人签署的声明文件，识别账户持有人是否为非居民企业和消极非金融机构。声明文件应当作为开户资料的一部分，声明文件相关信息可并入开户申请书中。

（2）金融机构应当根据开户资料（包括通过反洗钱客户身份识别程序收集的资料）或者公开信息对声明文件的合理性进行审核，主要确认填写信息是否与其他信息存在明显矛盾。金融机构认为声明文件存在不合理信息时，应当要求账户持有人提供有效声明文件或者进行解释。不提供有效声明文件或者合理解释的，不得开立账户。

（3）识别为非居民企业的，金融机构应当收集并记录报送所需信息。合伙企业等机构声明不具有税收居民身份的，金融机构可按照其实际管理机构所在地确定其税收居民国（地区）。

（4）识别为消极非金融机构的，金融机构应当依据反洗钱客户身份识别程序收集的资料识别其控制人，并且获取机构授权人或者控制人签署的声明文件，识别控制人是否为非居民个人。识别为有非居民控制人的消极非金融机构的，金融机构应当收集并记录消极非金融机构及其控制人相关信息。

账户持有人为非居民企业的，也应当进一步识别其是否同时为有非居民控制人的消极非金融机构。

（5）金融机构知道或者应当知道新开机构账户情况发生变化导致原有声明文件信息不准确或者不可靠的，应当要求机构授权人提供有效声明文件。机构授权人自被要求提供之日起九十日内未能提供声明文件的，金融机构应当将其账户视为非居民账户管理。

摘自2017年5月9日《国家税务总局　财政部　中国人民银行　中国银行业监督管理委员会　中国证券监督管理委员会　中国保险监督管理委员会关于发布〈非居民金融账户涉税信息尽职调查管理办法〉的公告》（国家税务总局公告2017年第14号）

2. 对存量机构账户持有人身份的识别

（1）识别非居民企业

金融机构应当根据现有客户资料或者境外机构境内外汇账户标识，识别存量机构账户持有人是否为非居民企业。

除通过机构授权人签署的声明文件或者公开信息能确认为中国税收居民企业的外，上述信息表明该机构为非居民企业的，应当识别为非居民企业。

识别为非居民企业的，金融机构应当收集并记录报送所需信息。

摘自2017年5月9日《国家税务总局　财政部　中国人民银行　中国银行业监督管理委员会　中国证券监督管理委员会　中国保险监督管理委员会关于发布〈非居民金融账户涉税信息尽职调查管理办法〉的公告》（国家税务总局公告2017年第14号）

（2）识别消极非金融机构

金融机构应当识别存量机构账户持有人是否为消极非金融机构。通过现有客户资料或者公开信息确认不是消极非金融机构的，无需进一步处理。无法确认的，金融机构应当获取由机构授权人签署的声明文件。声明为消极非金融机构的，应当按照第二款规定进一步识别其控制人。无法获取声明文件的，金融机构应当将账户持有人视为消极非金融机构。

识别为消极非金融机构并且截至2017年6月30日账户加总余额超过一百万美元的，金融机构应当获取由机构控制人或者授权人签署的声明文件，识别控制人是否为非居民个人。无法获取声明文件的，金融机构应当针对控制人开展非居民标识检索，识别其是否为非居民个人。账户加总余额不超过一百万美元的，金融机构可以根据现有客户资料识别消极非金融机构控制人是否为非居民个人。根据现有客户资料无法识别的，金融机构可以不收集控制人相关信息。

识别为有非居民控制人的消极非金融机构的，金融机构应当收集并记录消极非金融机构及其控制人相关信息。

摘自2017年5月9日《国家税务总局　财政部　中国人民银行　中国银行业监督管理委员会　中国证券监督管理委员会　中国保险监督管理委员会关于发布〈非居民金融账户涉税信息尽职调查管理办法〉的公告》（国家税务总局公告2017年第14号）

3. 对存量机构账户尽职调查的时限

截至2017年6月30日账户加总余额超过二十五万美元的存量机构账户，金融机构应当在2018年12月31日前完成对账户的尽职调查。

截至2017年6月30日账户加总余额不超过二十五万美元的存量机构账户，金融机构无需开展尽职调查。但当之后任一公历年度末账户加总余额超过二十五万美元时，金融机构应当在次年12月31日前，按照本办法第二十六条和第二十七条规定完成对账户的尽职调查。

摘自2017年5月9日《国家税务总局　财政部　中国人民银行　中国银行业监督管理委员会　中国证券监督管理委员会　中国保险监督管理委员会关于发布〈非居民金融账户涉税信息尽职调查管理办法〉的公告》（国家税务总局公告2017年第14号）

五、其他合规要求

1. 存量账户尽职调查程序的选择

金融机构可以根据自身业务需要，将新开账户的尽职调查程序适用于存量账户。

摘自2017年5月9日《国家税务总局　财政部　中国人民银行　中国银行业监督管理委员会　中国证券监督管理委员会　中国保险监督管理委员会关于发布〈非居民金融账户涉税信息尽职调查管理办法〉的公告》（国家税务总局公告2017年第14号）

2. 尽职调查的责任确定

金融机构委托其他机构向客户销售金融产品的，代销机构应当配合委托机构开展本办法所要求的尽职调查工作，并向委托机构提供本办法要求的信息。

金融机构可以委托第三方开展尽职调查，但相关责任仍应当由金融机构承担。基金、信托等属于投资机构的，可以分别由基金管理公司、信托公司作为第三方完成尽职调查相关工作。

摘自2017年5月9日《国家税务总局　财政部　中国人民银行　中国银行业监督管理委员会　中国证券监督管理委员会　中国保险监督管理委员会关于发布〈非居民金融账户涉税信息尽职调查管理办法〉的公告》(国家税务总局公告2017年第14号)

3. 无需开展尽职调查的账户范围

对下列账户无需开展尽职调查：

（1）同时符合下列条件的退休金账户：

①受政府监管；

②享受税收优惠；

③向税务机关申报账户相关信息；

④达到规定的退休年龄等条件时才可取款；

⑤每年缴款不超过五万美元，或者终身缴款不超过一百万美元。

（2）同时符合下列条件的社会保障类账户：

①受政府监管；

②享受税收优惠；

③取款应当与账户设立的目的相关，包括医疗等；

④每年缴款不超过五万美元。

（3）同时符合下列条件的定期人寿保险合同：

①在合同存续期内或者在被保险人年满九十岁之前（以较短者为准），至少按年度支付保费，且保费不随时间递减；

②在不终止合同的情况下，任何人均无法获取保险价值；

③合同解除或者终止时，应付金额（不包括死亡抚恤金）在扣除合同存续期间相关支出后，不得超过为该合同累计支付的保费总额；

④合同不得通过有价方式转让。

（4）为下列事项而开立的账户：

①法院裁定或者判决；

②不动产或者动产的销售、交易或者租赁；

③不动产抵押贷款情况下，预留部分款项便于支付与不动产相关的税款或者保险；

④专为支付税款。

（5）同时符合下列条件的存款账户：

①因信用卡超额还款或者其他还款而形成，且超额款项不会立即返还账户持有人；

②禁止账户持有人超额还款五万美元以上，或者账户持有人超额还款五万美元以上的款项应当在六十日内返还账户持有人。

（6）上一公历年度余额不超过一千美元的休眠账户。休眠账户是满足下列条件之一的账户（不包括年金合同）：

①过去三个公历年度中，账户持有人未向金融机构发起任何与账户相关的交易；

②过去六个公历年度中，账户持有人未与金融机构沟通任何与账户相关的事宜；

③对于具有现金价值的保险合同，在过去六个公历年度中，账户持有人未与金融机构沟通任何与账户相关的事宜。

（7）由我国政府机关、事业单位、军队、武警部队、居民委员会、村民委员会、社区委员会、社会团体等单位持有的账户；由军人（武装警察）持军人（武装警察）身份证件开立的账户。

（8）政策性银行为执行政府决定开立的账户。

（9）保险公司之间的补偿再保险合同。

摘自2017年5月9日《国家税务总局　财政部　中国人民银行　中国银行业监督管理委员会　中国证券监督管理委员会　中国保险监督管理委员会关于发布〈非居民金融账户涉税信息尽职调查管理办法〉的公告》（国家税务总局公告2017年第14号）

4. 对金融机构建立监控机制的规定

金融机构应当建立账户持有人信息变化监控机制，包括要求账户持有人在本办法规定的相关信息变化之日起三十日内告知金融机构。金融机构在知道或者应当知道账户持有人相关信息发生变化之日起九十日内或者本年度 12 月 31 日前根据有关尽职调查程序重新识别账户持有人或者有关控制人是否为非居民。

摘自 2017 年 5 月 9 日《国家税务总局　财政部　中国人民银行　中国银行业监督管理委员会　中国证券监督管理委员会　中国保险监督管理委员会关于发布〈非居民金融账户涉税信息尽职调查管理办法〉的公告》（国家税务总局公告 2017 年第 14 号）

金融机构应当建立实施监控机制，按年度评估本办法执行情况，及时发现问题、进行整改，并于次年 6 月 30 日前向相关行业监督管理部门和国家税务总局书面报告。

摘自 2017 年 5 月 9 日《国家税务总局　财政部　中国人民银行　中国银行业监督管理委员会　中国证券监督管理委员会　中国保险监督管理委员会关于发布〈非居民金融账户涉税信息尽职调查管理办法〉的公告》（国家税务总局公告 2017 年第 14 号）

5. 对金融机构资料保存的规定

金融机构应当妥善保管本办法执行过程中收集的资料，保存期限为自报送期末起至少五年。相关资料可以以电子形式保存，但应当确保能够按照相关行业监督管理部门和国家税务总局的要求提供纸质版本。

摘自 2017 年 5 月 9 日《国家税务总局　财政部　中国人民银行　中国银行业监督管理委员会　中国证券监督管理委员会　中国保险监督管理委员会关于发布〈非居民金融账户涉税信息尽职调查管理办法〉的公告》（国家税务总局公告 2017 年第 14 号）

6. 报送非居民账户信息的内容

金融机构应当汇总报送境内分支机构的下列非居民账户信息，并注明报送信息的金融机构名称、地址以及纳税人识别号：

（1）个人账户持有人的姓名、现居地址、税收居民国（地区）、居民国（地区）纳税人识别号、出生地、出生日期；机构账户持有人的名称、地址、税收居民国（地区）、居民国（地区）纳税人识别号；机构账户持有人是有非居民控制人的消极非金融机构的，还应当报送非居民控制人的姓名、现居地址、税收居民国（地区）、居民国（地区）纳税人识别号、出生地、出生日期。

（2）账号或者类似信息。

（3）公历年度末单个非居民账户的余额或者净值（包括具有现金价值的保险合同或者年金合同的现金价值或者退保价值）。账户在本年度内注销的，余额为零，同时应当注明账户已注销。

（4）存款账户，报送公历年度内收到或者计入该账户的利息总额。

（5）托管账户，报送公历年度内收到或者计入该账户的利息总额、股息总额以及其他因被托管资产而收到或者计入该账户的收入总额。报送信息的金融机构为代理人、中间人或者名义持有人的，报送因销售或者赎回金融资产而收到或者计入该托管账户的收入总额。

（6）其他账户，报送公历年度内收到或者计入该账户的收入总额，包括赎回款项的总额。

（7）国家税务总局要求报送的其他信息。

上述信息中涉及金额的，应当按原币种报送并且标注原币种名称。

对于存量账户，金融机构现有客户资料中没有居民国（地区）纳税人识别号、出生日期或者出生地信息的，无需报送上述信息。但是，金融机构应当在上述账户被认定为非居民账户的次年 12 月 31 日前，积极采取措施，获取上述信息。

非居民账户持有人无居民国（地区）纳税人识别号的，金融机构无需收集并报送纳税人识别号信息。

摘自 2017 年 5 月 9 日《国家税务总局　财政部　中国人民银行　中国银行业监督管理委员会　中国证券监督管理委员会　中国保险监督管理委员会关于发布〈非居民金融账户涉税信息尽职调查管理办法〉的公告》（国家税务总局公告 2017 年第 14 号）

7. 报送非居民账户信息的时间要求

金融机构应当于 2017 年 12 月 31 日前登录国家税务总局网站办理注册登记，并且于每年 5 月 31 日前按要求报送第三十五条所述信息。

摘自 2017 年 5 月 9 日《国家税务总局　财政部　中国人民银行　中国银行业监督管理委员会　中国证券监督管理委员会　中国保险监督管理委员会关于发布〈非居民金融账户涉税信息尽职调查管理办法〉的公告》（国家税务总局公告 2017 年第 14 号）

六、监督管理

1. 对金融机构的惩罚措施

（1）金融机构有下列情形之一的，由国家税务总局责令其限期改正：

①未按照本办法规定开展尽职调查的；

②未按照本办法建立实施监控机制的；

③故意错报、漏报账户持有人信息的；

④帮助账户持有人隐藏真实信息或者伪造信息的；

⑤其他违反本办法规定的。

逾期不改正的，税务机关将记录相关纳税信用信息，并用于纳税信用评价。有关违规情形通报相关金融主管部门。

摘自 2017 年 5 月 9 日《国家税务总局　财政部　中国人民银行　中国银行业监督管理委员会　中国证券监督管理委员会　中国保险监督管理委员会关于发布〈非居民金融账户涉税信息尽职调查管理办法〉的公告》（国家税务总局公告 2017 年第 14 号）

（2）对于金融机构的严重违规行为，有关金融主管部门可以采取下列措施：

①责令金融机构停业整顿或者吊销其经营许可证；

②取消金融机构直接负责的董事、高级管理人员和其他直接责任人员的任职资格、禁止其从事有关金融行业的工作；

③责令金融机构对直接负责的董事、高级管理人员和其他直接责任人给予纪律处分。

摘自 2017 年 5 月 9 日《国家税务总局　财政部　中国人民银行　中国银行业监督管理委员会　中国证券监督管理委员会　中国保险监督管理委员会关于发布〈非居民金融账户涉税信息尽职调查管理办法〉的公告》（国家税务总局公告 2017 年第 14 号）

2. 对账户持有人的惩罚措施

对于账户持有人的严重违规行为，有关金融主管部门依据相关法律、法规进行处罚，涉嫌犯罪的，移送司法机关进行处理。

摘自 2017 年 5 月 9 日《国家税务总局　财政部　中国人民银行　中国银行业监督管理委员会　中国证券监督管理委员会　中国保险监督管理委

员会关于发布〈非居民金融账户涉税信息尽职调查管理办法〉的公告》（国家税务总局公告2017年第14号）

政策依据

1.《国家税务总局关于〈多边税收征管互助公约〉生效执行的公告》（国家税务总局公告2016年第4号）

2.《国家税务总局　财政部　中国人民银行　中国银行业监督管理委员会　中国证券监督管理委员会　中国保险监督管理委员会关于发布〈非居民金融账户涉税信息尽职调查管理办法〉的公告》（国家税务总局公告2017年第14号）